本书为广东省科技计划项目"专业镇中小微企业服务平台支撑建设与公共服务创新研究"（2013B091605004）、"专业镇产学研协同创新"大数据"平台建设研究"（2014A080804003）研究成果

专业镇与协同创新平台

苏 炜 谷 雨 陈丽静 编著

中国财经出版传媒集团

经济科学出版社

图书在版编目（CIP）数据

专业镇与协同创新平台 / 苏炜，谷雨，陈丽静编著.
—北京：经济科学出版社，2016. 8
ISBN 978 - 7 - 5141 - 7177 - 8

Ⅰ. ①专…　Ⅱ. ①苏…　②谷…　③陈…　Ⅲ. ①城镇
经济 - 经济发展 - 研究 - 中国　Ⅳ. ①F299. 27

中国版本图书馆 CIP 数据核字（2016）第 197038 号

责任编辑：白留杰
责任校对：隗立娜
责任印制：李　鹏

专业镇与协同创新平台

苏　炜　谷　雨　陈丽静　编著

经济科学出版社出版、发行　新华书店经销

社址：北京市海淀区阜成路甲 28 号　邮编：100142

教材分社电话：010 - 88191354　发行部电话：010 - 88191522

网址：www. esp. com. cn

电子邮箱：bailiujie518@ 126. com

天猫网店：经济科学出版社旗舰店

网址：http：//jjkxcbs. tmall. com

北京密兴印刷有限公司印装

710 × 1000　16 开　17. 75 印张　320000 字

2016 年 9 月第 1 版　2016 年 9 月第 1 次印刷

ISBN 978 - 7 - 5141 - 7177 - 8　定价：53. 00 元

（图书出现印装问题，本社负责调换。电话：010 - 88191502）

（版权所有　侵权必究　举报电话：010 - 88191586

电子邮箱：dbts@ esp. com. cn）

序

集群创新面临的现实：公共创新的缺失与公共创新平台的建设

在地区经济发展中，产业集聚是一种普遍且合理的经济现象，广泛的集群式创新网络和集聚而带来的创新总成本的降低被认为是产业集聚的重要原因之一。然而，创新网络和创新的低成本并不直接导致创新活动的发生，事实上中小企业集群从模仿走向技术创新通常面临着资金、人才、信息与技术等方面的不足。这些不足在易于模仿的集群创新环境中，可能导致中小企业在新产品开发方面倾向于"搭便车"而不愿意自主开发，这反而大大限制了中小企业集群创新的活力和动力。

1996年，意大利学者比奇安（Bianchi）提出，在中小企业缺乏创新动机与能力条件下，引入一个扶持性的技术组织是中小企业突破自身困境所必须的；在理论方面将公共技术组织引入集群。2003年，瑞典地理经济学家阿歇姆（Asheim）研究发现，在一个集群内是否存在公共的技术创新服务组织对中小企业创新的影响是不同的。

基于理论的思考和实践的观察，2000年前后，我们根据广东产业集群发展的特点，提出了"专业镇"的概念和在集群中设立以扶持企业创新为主的公共性技术服务组织的建议。这项建议在2000年以"技术创新专业镇试点"政策的形式得以实施，并在其后15年陆续在全省专业镇建立了200余家专业镇创新服务平台。

而公共创新服务平台应该如何建？平台功能该如何设计？平台该采用何种组织形式？采用何种运行机制？这些关键而重要的理论问题不但是专业镇创新政策的重点，也是政策实践中的难点。《专业镇与协同创新平台》采用"协同创新"这个理论工具来分析在产业集群的公共技术组织，理论视角更为新颖，理论分析更为具体，这是对专业镇创新理论的一项贡献。

集群创新政策变迁：从公共创新到协同创新

2015 年，全省专业镇的全社会科技投入达 395.5 亿元，同比增长 12.71%；R&D 人员共 31.02 万人，每万人口中的 R&D 人员数达 71 人；拥有高新技术企业 2654 家，连续 5 年年均增长率 21.2%，数量占全省的 1/3；专利申请和专利授权总量分别为 140151 件和 94396 件，连续 5 年年均增长率达 14.56% 和 11%，分别占全省专利申请量和授权量的 39.4% 和 39.1%。专业镇已成为广东城市经济体以外重要的创新基地。

在这个过程中，不容忽视的是广东产业集群创新政策对发展现实的适应性调整和对专业镇创新的持续扶持。从 2000 年的"技术创新专业镇试点政策"、2005 年"省市联动推进专业镇建设"、2007 年"创新示范专业镇"，到 2009 年"专业镇产业联盟"和"双提升专业镇"、2011 年"专业镇一镇一策"及"校镇、院镇、所镇"产学研合作计划等等，广东产业集群创新政策从研发引导转向环境营造和创新资源集聚，从"创新公共品提供"的理念转向"引入多层次创新资源协同创新"。

针对广东专业镇创新政策的变迁及其效果，《专业镇与协同创新平台》做了细致的梳理，对之后的集群创新政策的研究积累了宝贵的研究资料，这是本书的第二项贡献。

集群创新的体制机制：从产学研到"官产学研用中金"的协同创新

广东专业镇肇始于体制外的"野蛮生长"，如佛山陶瓷就虽然在技术脱胎于体制内的佛山陶瓷集团，但产业则孵化自千千万万陶瓷民营企业、村办企业、集体企业。而广东专业镇后来的体制机制创新，也多采用体制外的改革的做法。例如，在全省科技机构体系之外新建专业镇技术创新平台体系，通过数十个有效运作的平台，高校、科研院所及科研团队被"中介"到专业镇企业，形成有效的专业镇产学研合作关系和产学研联盟。

2006 年开始的专业镇战略产学研、2008 年以后逐渐开始的科技金融工作都将体制外和区外的创新要素引入广东、引入专业镇、引入中小企业，形成以市场为纽带、政府予补贴的专业镇创新系统。"十八大"以后，专业镇创新的体制机制改革也进入深入区，大量新兴科技机构、孵化器、创业投资、风险投资涌入专业镇，大大改变了专业镇的创新生态面貌。在此背景下，专业镇正在跳出产学研合作的束缚，将金融、专业化 NGO 等资源引入专业镇，形成"政产学研用金中"多层次协同创新的新局面。

专业镇创新体制机制的变化，是一个政策与实践相互调适的过程，《专业镇与协同创新平台》详细归纳了专业镇协同创新过程中各种主体、不同载体的建设模式和协同模式，总结了不同类型协同创新的合作机制。这是本书的第三项贡献。

集群创新的评价和实证：从数据中来，到实践中去

在以往的集群研究中，数理模型方法、案例研究方法等是较为常见的研究办法，由于缺乏系统的数据统计资料，直接针对产业集群的实证研究较为少见。《专业镇与协同创新平台》采用目前世界唯一的连续型集群统计系统（广东技术创新专业镇统计调查系统），先后采用指数评价方法和 DEA 模型，对广东集群创新进行了评价、实证和分析，是十分难得的研究工作。

除了基于系统数据的实证研究，集群创新的研究更需要鲜活的实践案例。在以往的研究中，广东已积累了许多详细的集群研究案例，如岳芳敏关于西樵的研究，符正平关于张槎的研究，丘海雄关于南海的研究等。《专业镇与协同创新平台》从协同创新的视角，为我们整理呈现了东莞、中山两个可资研究的新"故事"。这是本书的第四项贡献。

当前，广东集群研究乃至全国的集群研究亟需兼具实践导向和创新导向的研究，《专业镇与协同创新平台》正具备了这样的特点，既重视集群创新政策实践的总结，也重视集群创新理论系统的构建；既重视集群创新实践案例的分析，也重视集群创新数据实证的研究。当然，这部研究成果的贡献得以进一步释放，还需读者深入挖掘产业集群协同创新的理论内涵，基于本书提供的政策梳理、实证数据和案例研究，更深刻地分析集群创新的机理和实践背后的原理。愿读者在集群创新研究的实践中，能从本书中汲取更多的营养。

广东省社会科学院党组副书记、院长　王　珺

2016 年 8 月

目　　录

理 论 篇

│实　践　篇│

实 证 篇

|案例篇|

理 论 篇

第一章　协同创新平台的理论研究

第一节　协同创新的理论基础

一、协同创新的含义及内涵

（一）协同的含义及内涵

"协同"的思想最早由安索夫于 1965 年在《公司战略》一书中提出，其认为协同效应是一种系统联合效应，企业通过各业务单元之间的合作，达到总体收益大于各业务单元收益之和。此后，学者对"协同"进行了更加系统深入的研究，哈肯则是最早提出协同理论的学者，其认为协同是在系统中存在的大量子系统之间的相互协调合作，最终形成一个统一体的过程，这是一种"1 + 1 > 2"的放大效应，其认为，只有在各个子系统和系统的要素冲破壁垒，以共同利益进行相互配合，才能实现资源的效用最大化，如果在一个开放的体系中，各个子系统处于一种混乱的状态时，系统会很难发挥其整体功效，会最终导致系统的瓦解。

从学者的研究可以看出，协同是系统中各个要素主体冲破壁垒限制，以共同利益为目的相互协调合作，以实现资源的效用最大化，协同是可以实现"1 + 1 > 2"的效应。

（二）创新的含义及内涵

"创新"一词首先是熊彼特在《Theory of Economics Development》中提出，其认为创新是一种生产函数的转移，即把一种从来没有过的生产要素与生产条件的新组合引入到生产体系中。这个创新所指的内涵比较广泛，不仅包括市场创新、产品创新和工艺创新，还包括材料创新、体制和管理创新等。莫埃斯则在阅读350多篇技术创新领域的文献后总结了技术创新的概念，其认为技术创新是一种新设想、一种非连续的技术事件，是经过一定时间后发展到实际和成果应用的阶段。

（三）协同创新的含义及内涵

"协同创新"的内涵最早由麻省理工学院斯隆中心的 Peter Gloor 提出，其认为协同创新多为组织（企业）内部形成的知识（思想、专业技能或技术）分享机制，是由自我激励的人员所组成的网络小组形成集体愿景，借助网络交流思路、信息及工作状态，合作实现共同目标。协同创新的特点是参与者拥有共同目标、内在动力以及可直接沟通，并依靠现代信息技术构建资源平台，进行多方位交流、多样化协作。其认为协同创新的内涵主要通过将创新资源和创新要素的有效汇聚，突破创新主体间的壁垒，充分整合人力、资源、信息和技术等创新要素主体，实现各要素主体的深度合作。此后，学者逐步将研究重点从协调合作、集成创新转向协同创新。

目前，我国正大力推动高校产学研协同创新中心建设，协同创新成为学术界研究热点问题，我国学者也对协同创新的含义及内涵进行了研究。国内较早研究协同创新的学者是严雄，他认为协同创新是大学、科研院所和企业三个基本主体投入各自的优势资源和科研能力，在政府、科技中介机构等相关主体的协同合作下，共同进行技术创新的协同创新活动。

陈劲认为协同创新是政府、知识生产机构（大学、研究机构）、中介机构和用户等为实现重大科技创新而开展的大跨度整合的创新组织模式，其认为协同创新的关键在于形成以大学、企业、研究机构为核心，政府、金融机构、中介、创新平台为辅助要素的多元主体之间协同互动的网络创新模式，通过知识创造主体和技术创新主体之间的深入合作和资源整合产生"$1+1+1>3$"的协同效应。

邵云飞则认为产学研协同创新是高校协同科研院所、国外科研机构、行业企业等创新主体，在地方政府以及科技中介服务机构、金融机构的支持下，通过创新主体之间以及创新主体与外部环境的人力、知识、技术和资源等的互动，为实现人才培养、学科建设、研究发展而形成的前沿性、开放性、专业性、稳定性的组织系统，其进一步指出产学研协同创新模式可以分为面向学科前沿的学术协同、面向行业企业的技术协同、面向区域发展的区域协同、面向文化传承的文化协同等四种模式。

综合中外学者的研究，我们认为协同创新是政府、知识生产机构、创新中介机构和企业等创新要素主体组成的协作网络组织模式，各要素发挥自身的创新优势，共同进行技术开发和技术创新活动，通过协同创新实现"1+1+1+1>4"的放大效应。

二、协同创新的理论概述

（一）协同理论

协同理论是美国学者哈肯教授创立于 20 世纪 70 年代，是研究不同的系统在质变过程中所遵循的共同规律的科学。协同理论主要研究非平衡态下开放系统在与外界有物质或能量交换的情况下，如何通过内部协同作用，自发地出现时间、空间和功能上的有序结构，协同理论是描述各种系统和现象从无序到有序转变的共同规律。协同理论的研究内容主要包括以下三个方面：

第一，协同效应。协同效应是指复杂开放系统中大量子系统相互作用而产生的整体效应或集体效应，是由于协同作用而产生的结果。自然系统、社会系统等复杂系统都存在着协同作用，且协同作用是系统有序结构形成的内在驱动力。任何复杂系统，当存在外来能量的作用下或物质的凝聚态达到某种临界值时，子系统之间就会产生协同作用，这种协同作用能使系统在临界点发生质变产生协同效应，使系统从无序变成有序，从而产生某种稳定结构。

第二，伺服原理。伺服原理是从系统内稳定因素和不稳定因素间的相互作用方面描述系统的自组织的过程，是序参量支配子系统的行为。伺服原理依据快速衰减组态被迫跟随于缓慢增长的组态的简化原则——即系统在接近不稳定点或临界点时，系统的动力学和突现结构通常由少数几个集体变量即序参量决定的，而系统其他变量的行为由这些序参量支配或规定的。

第三，自组织原理。自组织是指系统在没有外部指令的条件下，其内部子系统之间能够按照某种规则自动形成一定的结构或功能，自组织具有内在性和自生性的特点。自组织原理是在一定的外部能量流、信息流和物质流输入的条件下，系统会通过大量子系统之间的协同作用而形成新的实践、空间或功能有序结构。

（二）创新理论

目前国外技术创新理论已经形成了新古典学派，新熊彼特学派、制度创新学派和国家创新系统学派等四大理论流派。其中新古典学派以 Solow 为代表，主要观点有：技术创新是经济增长的内生变量和基本因素。Solow（1957）的 Contribution to the Theory of Economic Growth 是该学派的代表作之一，该文对 1909 ～ 1949 年美国非农业部门的劳动生产率发展情况进行实证分析，发现在此期间劳动生产率提高的主要贡献来自于技术进步。新熊彼特学派是以 Mansfield 和 Kaman

为代表，该学派认为在经济发展中起核心作用的是技术创新和技术进步，并认为推动创新的主体是企业家，还提出了企业家创新、技术创新扩散和创新周期等模型。制度创新学派是以 Douglas North 和 Lance Davis 为代表，该学派利用一般静态均衡分析方法与比较静态均衡分析方法，对技术创新的外部环境进行了制度分析，认为由于技术创新活动的个人收益与社会收益存在巨大差距，只有建立一个能使人们持续创新的产权制度，人们才会有持续改进技术的动力，个人收益才会提高。国家创新系统学派是以 Chad Nelson 和 Christopher Freeman 为代表，该学派利用日本、美国等国家数据进行实证研究后，认为技术创新既不是企业的孤立行为，也不是企业家的功劳，而是由国家创新系统推动的。四大理论流派分别从不同角度阐述了技术创新的推动力，共同促进了技术创新理论的发展。

目前国际学术界根据技术创新的定义，从不同角度对其进行分类的方法主要有希克斯分类、苏塞克斯分类、厄利巴特分类和创新的战略分类四种。

1. 希克斯分类。是由希克斯大学于 20 世纪 30 年代提出，其从节约成本的角度将创新分为节约劳动力的创新、节约资本的创新和中性创新三类。

2. 苏塞克斯分类。是由苏塞克斯大学在 1980 年提出，其将技术创新分为渐进的技术创新、技术系统的创新、根本性创新和技术—经济范式创新四类。

3. 厄利巴特分类。将技术创新分为产品创新和过程创新。其中产品创新是指企业通过创新投入，研发新的产品或者更好的产品；过程创新也称为工艺创新，是指企业通过创新活动，改变企业的生产工艺、组织管理形式等内容降低产品的单位生产成本。

4. 创新的战略分类。按照企业通过创新取得的市场地位将创新分为自主创新（又称为独立创新）、模仿创新和合作创新。

（三）协同创新理论

协同创新的定义自提出以来，国内外学者积极开展协同创新的理论研究与实践。协同创新作为一种复杂的创新组织模式，整合了科研机构、企业、科技中介、金融机构、创新平台等要素主体参与到创新中来，实现了各要素主体的创新资源优势。协同创新的特点在于实现参与协同创新的整体性和动态性，是各种要素的有机集合，其存在方式、目标和功能都表现出统一的整体性，而且创新生态系统是处于动态变化的。协同创新理论的研究可分为创新系统论、复杂性理论和全面创新理论三类。

1. 创新系统论。创新系统论认为创新是一个系统，涉及生产、经营、管理、组织等各方面内容，需要融合技术创新、制度创新和管理创新。

2. 复杂性理论。复杂性理论将宏观和微观看成是一个系统中的不同层次，认为在微观个体的主动以及宏观环境的影响下，系统的整体性能会对主体间的作用产生影响。

3. 全面创新理论。郑刚对全面创新理论进行了诠释，提出了全要素、全员、全时空、全面协同的创新理论。其中全要素着眼于各要素的组合与协同，全员则是强调创新是全体员工的共同行为，全时空则是连续不断、全球化、全流程的有机结合，而全面协同则是全要素在全时空的框架下全员参与进行的一种全方位协同匹配，以实现"2＋2＞5"的协同效应。

目前我国积极开展协同创新实践，组建了一批产学研协同创新中心和产学研协同创新平台。目前，根据不同的分类标准，可以将协同创新分为基于合作主体的分类、基于合作类型的分类和基于组织模式等三种合作模式。

1. 基于合作主体的分类。协同创新合作主体主要包括政府、科研院所和企业等，根据合作主体的不同，可以分为政府主导型、企业主导型和科研院所主导型，其中政府主导型协同创新的建设载体主要包括协同创新中心、平台、研究院等，如东莞市虎门服装产业协同创新中心。企业主导型协同创新的建设载体主要包括工程中心、实验室、技术开发中心、中试基地等，如设置在专业镇企业的工程技术中心。科研院所主导型协同创新的建设载体主要体现在大学科技园建设，如顺德区容桂街道的南方医科大学科技园。

2. 基于合作类型的分类。根据协同创新合作内容的不同又可细分为以基础研究主导型、应用研究主导型、合作开发研究主导型。基础研究主导型合作模式主要开展基础研究，如位于顺德区容桂街道的国家（家电）重点实验室。应用研究主导型主要开展科技成果转化，此类合作模式是当前产学研协同创新的主要模式，如中山市小榄镇生产力促进中心。合作开发研究主导型主要是企业和科研机构合作进行技术开发和产业化，如中山大学（古镇）半导体照明技术研究中心。

3. 基于组织模式的分类。根据协同创新组织模式的不同，可以分为校企合作模式、人才定向培养合作模式，研发与人才培养合作模式等。校企合作模式是指高校与企业建立技术合作关系，联合开展技术开发和产业化，如专业镇的"一镇一校"和"一镇多校"政策。人才定向培养合作模式是高校开展企业人才定向培养，企业参与到人才培养的全过程中来，提高人才培养的针对性，如中山职业技术学院沙溪纺织服装学院。研发与人才培养合作模式是企业和高校互派研发人才到对方从事开发和交流工作。

三、协同创新的理论框架

协同创新是将各个创新主体要素进行系统优化、合作创新的过程，陈劲（2012）以及何郁冰（2012）等分别从不同角度介绍了协同创新的理论框架。根据专业镇产学研协同创新平台的特点，本书重点介绍何郁冰协同创新的理论框架模型（见图1-1）。协同创新理论框架包括支持层、核心层、辅助层、影响因素及协同创新绩效五个主体内容，其中支持层是政府的政策引导、项目推动和制度激励，是协同创新发展的重要推动力量。核心层包括战略协同层面、知识协同层面和组织协同层面三个要素层面，且核心层在协同过程中是按照"战略—知识—组织"的要素协同，核心层是协同创新的内在机制。辅助层是中介机构、金融机构以及其他组织的参与，有助于促进协同创新。协同创新的过程和模式选择受到参与协同创新的各主体的利益分配、合作历史、吸收能力、产业环节、创新复杂度和组织间关系等因素的影响，而提高协同创新绩效的关键在于综合考虑"互补性—差异性"和"成本—效率"的动态平衡。

协同创新的基本原理包括两个方面。

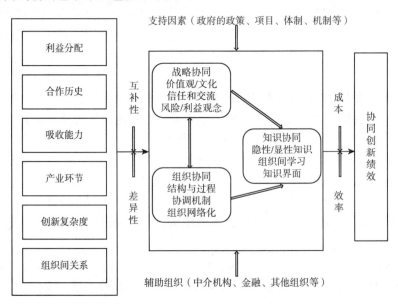

图1-1 产学研协同创新理论框架

（一）协同创新的影响因素

协同创新是政府、科研院所、企业、中介组织等参与主体基于优势互补开展的协同合作，是实现各自需求期望的合作。科研院所是知识的重要产生机构，在基础研究、人才、知识及技术信息、研究方法和经验等方面极具优势。企业是作为技术创新成果产业化的组织机构，在科技成果商业化、生产管理、生产试验设备、市场营销、市场化等方面极具优势，两者对知识扩散和知识需求共同构成了协同创新的供需市场。政府对于科技成果转化有积极性，在协同创新政策、项目申报、体制机制等方面支持科研院所与企业开展协同创新合作。科技创新中介机构、科技金融、知识产权机构等组织在某个领域具有专业性强的优势，可高效推动产学研协同创新活动。产学研协同创新的参与主体在利益分配、合作历史、创新成果吸收消化能力、产业化、创新的复杂程度和各主体的组织间关系等因素影响协同创新的过程和模式选择。

（二）协同创新的核心层面

1. 战略协同。产学研的深度合作需要战略协同。战略协同包括价值观和文化上的协同、信任和交流的协同、风险和利益的协同三个方面。

（1）价值观和文化上的协同。企业和科研院所在价值观和文化上存在差异，企业通常以追求利润最大化为目标，具有明显的利润导向，注重合作带来的经济价值，而科研院所是以科研为导向，注重的是协同创新能否有利于科学研究。因此，企业和科研院所需要相互认同和包容，科研院所应重视如何将知识研发、科技成果转化、企业管理人才和技术人才的培养等方面与企业需求对接，而企业则应向科研院所提出自身的知识需求，在知识产权归属、利益分配、科研院所的技术研发资金等方面与科研院所充分沟通，以共同推进协同创新。

（2）信任和交流的协同。信任在很大程度上取决于合作参与方对自身优势的准确判断，否则容易引发角色错位和过多干预的现象，从而导致合作失败。因此，协同创新要求合作各方需准确定位自身在协同创新中的角色，准确把握自身的资源优势，合理分工，实现创新链和产业链的有效衔接。交流也是协同创新合作中的重要因素，保持信息交流和沟通渠道的畅通，有利于增进各方对合作情况的了解，可以加强信任，从而实现合作双方的优势互补，促进协同创新。

（3）风险和利益上的协同。创新存在一定的风险，而一旦创新成功，则会产生巨大的经济效益。风险分担、知识产权归属、经济利益分配等均需产学研协同创新参与各方达成一致。研究结果显示，在合作初期，由于各方在合作中投入的资源存在一定差异，因此较容易达成合作协议，但随着合作的开展，各方的利益分配常常不能达成一致，容易引发矛盾。因此合作方需要在风险分担和利益分配上达成一致，才能推动合作持续开展。

2. 知识协同。知识协同是协同创新的核心部分，是知识管理的协同化发展阶段，是知识在合作组织间转移、消化、吸收、共享、集成、利用和再制造的阶段，本质上是企业和科研院所各自拥有的隐性知识与显性知识的相互转换和提升过程。知识协同的具体运作需要考虑应性知识协同、组织间学习、知识界面管理三个因素。

（1）重视隐性知识的协同。隐性知识是组织核心能力的关键，隐性知识的转移和共享对科研机构和企业来说都非常重要，但隐性知识通常难以互动，智能通过观察理解其含义，并通过实践获得。因此，加强企业和科研院所的人员互动是隐性知识协同的极佳方式，如送企业员工到科研院所开展科学研究，科研院所的科技人员到企业兼职或与企业联合开展人才培养。

（2）重视组织间学习。协同创新的参与方均具有自身独特的优势，此种组织间学习是一种非竞争性的合作学习，包括以往学习的经验、信息和概念的移植、外部知识的模仿等外部知识整合到内部知识结构中。加强组织间学习，可有效提高协同创新各参与方的知识水平。

（3）重视对知识界面管理。在产学研知识协同中，设计一种类似于组织内部知识互动的"场"，能确保知识在跨越不同组织的界面时得到最大程度的共享。产学研知识界面管理的核心在于通过互动创造一个共享的社会情境，拓展知识的组织氛围，使一方与其他组织分享知识时，不但自身可以获得信息，而且能够和另外组织进一步分享这些信息，并将问题反馈回来，进行放大和修正，从而提高了原始知识发送者的知识价值，推动产学研组织网络总体知识的指数级增长。

3. 组织协同。由于产学研协同创新涉及不同的创新主体，单个组织无法取得合作的全部控制权，需要新的管理技能和组织设计能力，从而形成了一种独特的混合型跨组织关系。目前国际上比较多的协同创新组织模式有产学研研发中心、工程研究合作中心、科学园、孵化器、共建实验室或研发中心等。组织协同的运作要点主要包括组织的结构协同和过程协同、组织的协调机制建设、组织的网络化协同。

（1）重视组织的结构协同和过程协同。企业和科研机构参与合作的资源、合作时间长短、合作关系的三个方面决定了组织的结构协同和过程协同的重要性。组织的结构协同包括协同创新参与各方对合作关系的重视程度、管理阶层对合作模式的支持，人力资源的分配等方面因素的影响。而过程协同则是在协同创新过程中参与各方对协同创新的管理，受到冲突解决程序、利益分配、成果归属等因素影响。

（2）加强组织的协调机制建设。组织的协调机制决定了协同创新的持续发展，可以考虑建立包括企业、科研院所、政府、辅助组织等在内的协同创新委员会，建立协调机制，有助于组织和协调知识在不同个体和组织领域的跨界流动。

（3）重视组织的网络化协同。实现基于协同的网络化模式，是基于现代网络技术发展和产学研合作活动深入开展的趋势所在。建立一种基于信息通讯技术的网络化协同新型组织结构，可以发挥组织结构柔性化和弹性化、信息网络化、研发活动并行化等优势，提高知识产权纠纷管理的难度，使得网络化组织的协同效应最大化。

4. "战略—知识—组织"之间的逻辑关系。协同创新核心层的战略协同、知识协同和组织协同是三者互为条件、相互促进，三者的关系可以概括为三点，第一，战略协同是基础，协同创新的参与各方只有找准了"利益—风险"的均衡点，建设战略性伙伴关系，才能实现产业链和创新链的互补、拓展和延伸。第二，知识协同是核心。知识是产学研协同创新的核心要素，科研院所和企业分别作为输出知识方和输入知识方，实现知识的供需有效对接，从而提高企业的技术创新能力，科研院所也可以获得新的研究信息。第三，组织协同是保证。建立包括政府、企业、科研院所和辅助组织在内的产学研协同创新组织机构，保障协同创新的持续有效开展。

第二节　协同创新的驱动机理

协同创新作为一种新型的创新组织模式，是知识生产机构、企业为核心要素，政府、金融机构、创新中介机构等辅助要素组成的多元主体协同互动的网络创新新模式。协同创新通过各要素主体深入合作，推动资源整合，发挥的创新优势，从而实现协同效应。协同创新主要表现为产学研深度合作，但由于参与协同创新的各个主体的出发点和利益诉求不一样，导致协同创新不是自动自发的，因此，分析协同创新的驱动因素，研究协同创新的驱动机理，有助于促进政产学研深度合作，形成多方共赢的格局，推动协同创新的持续有效开展。

一、协同创新的驱动因素分析

由于协同创新不是自发形成，而是受到一些因素的驱动，本书在前人研究结论的基础上，总结了专业镇协同创新的驱动因素，主要包括以下五点。

（一）政府引导

现阶段，我国正处于建设创新型国家的重要时期，创新驱动发展战略正加快实施，专业镇作为广东实施创新驱动战略的重要载体，新的时代专业镇承担了新的历史使命。公平的市场竞争环境、市场竞争状况、宏观经济的发展、知识产权保护制度等影响企业创新的重要因素，而政府是产学研协同创新的重要推动力量，其职责在于建立完善市场体系、健全经济环境和法律环境等，政府还能对技术创新给予直接的科技项目支持、税收优惠、财政补贴等政策，同时政府也在致力提高科技成果转化率，促进产学研协同创新。协同创新作为一种新型的组织创新模式，具有面向市场、资源互补等优势，对于发挥知识生产机构的外溢效应，提高企业创新能力具有极强现实意义。

（二）科技发展

当前，国际社会新一轮科技革命和产业变革迅速孕育兴起，以信息技术、云计算、大数据、物联网、智能制造、绿色环保等为代表的新技术快速发展，信息技术和制造技术深度融合、数字化网络化智能化制造引发了新一轮技术变革，这为专业镇产业发展带来新机遇。科技发展是协同创新的重要驱动因素，在知识经济时代，技术发展呈现多元化和融合化发展趋势，而企业由于创新人才、财力等因素的限制，企业无法通过内部自主创新实现技术多元化，必须利用外部创新资源实现技术进步，以降低研发成本，提高创新效率。大学、科研机构作为知识生产机构，在创新人才、科技成果、技术信息等方面极具资源优势，而企业在市场营销、生产管理、科技成果市场化等方面具有优势，两者合作有助于实现资源优势互补，实现共同发展。企业对多元技术的需求，加强了企业与知识生产机构的高校和科研院所合作的动力，推动了协同创新。

（三）协同创新需求

从市场层面看，产学研协同创新的需求极大。首先，从创新资源的互补性来看，大学和科研院所是科技的研发主体，研发经费主要来源于政府拨款，但这些拨款不足以满足大学和科研机构的巨大需求，而企业作为市场经营主体，在科研经费上面存在一定的优势，因此，知识生产机构与企业的合作有助于实现创新资源的优势互补。其次，产学研协同创新有助于加快科技成果转化为生产力，针对目前我国科研成果转化率不高的现状，高校、科研院所与企业合作，可以快速实现科技成果的产业化，高校和科研院所可以获得企业的科研经费支持，弥补科研经费缺口。而企业通过与高校、科研院所合作，可以缩短创新实践，提高创新效率，增强企业的市场竞争地位，提高企业的经济效益。因此，高校和科研院所具有与企业协同创新的内在需求，企业也有为企业可持续发展与高校、科研院所开展合作的需求，企业与高校、科研院所的合作需求是协同创新的驱动因素之一。

（四）企业发展战略需要

由于企业受到市场竞争的激烈程度、企业自身发展战略等因素影响，以及受到科技创新能力、企业规模、创新成本等限制，企业无法获得足够的创新资源，无法有效开展创新活动，但是企业基于自身发展需要，对科技创新需求极大。因为科技创新有助于实现企业的差异化发展，降低市场竞争的激烈程度，提高产品竞争力，实现产品价值。因此，企业发展战略需要是产学研协同创新的重要驱动因素之一。

（五）利益驱动

产学研协同创新的过程实质上是追求价值创新或价值改善的过程。追求利益是各协同主体参与协同创新的前提和基本动力，也是协同主体最为关注的问题。对于企业而言，企业通过协同创新提高自身产品开发和技术创新能力，可以实现产品差异化，并获得产品超额利润。对于高校和科研院所而言，参与协同创新的利益主要在于人才培养和科学研究。因此，只要符合高校、科研院所与企业的利益的出发点，以利益为纽带，实现协同创新的可持续发展。

二、协同创新的驱动机理

专业镇政府引导、科技发展、协同创新需求、企业发展战略需要和利益驱动等是协同创新的五种驱动力，其中既有外部驱动力，也有内部驱动力。各个驱动因素对协同创新的驱动机理可以概括为以下四点。

1. 政府积极推动协同创新平台建设。政府引导是协同创新的外部驱动力。协同创新对于专业镇而言，可以提高企业创新能力，增加当地就业和税收，实施创新驱动战略，促进专业镇产业转型升级，因此专业镇积极牵头组织实施协同创新，促进创新链与产业链对接。广东省各级政府高度重视协同创新工作，如广东省科技厅设立了协同创新平台与环境建设专项资金支持协同创新，部分地市也设立协同创新专项资金，专业镇则在协同创新平台的建设方面出台相关优惠政策。

2. 科学与技术融合发展以及技术的多元化发展。科技发展作为协同创新的外部驱动力。科技发展日新月异，科学与技术的融合以及技术的多元化共同驱动协同创新，科学与技术的融合推动了高校、科研院所及企业的合作，技术的多元性又有利于促使企业实现创新，增加市场需求，促进经济发展。同时协同创新有助于专业镇、企业占领产业制高点，建设创新型专业镇。如近年来，国家以协同创新中心为载体，鼓励高校以国家急需的科学技术尖端领域的前瞻性问题为研究选题，建立协同创新模式，凝聚相关技术领域优秀创新团队，培养创新人才，形成创新成果，促进校校、校所、校企、校地以及国际间合作，重点建设了面向科学前沿、面向文化传承创新、面向行业产业和面向区域发展等四种协同创新中心，截至2014年底，共有43家协同创新中心被认定为国家协同创新中心。

3. 协同创新需求对接驱动。针对企业和高校、科研院所的协同创新需求，实现协同创新需求的对接，需要企业和科研院所主动寻找适合自身要求的合作主体，也需要政府主动推动，为企业、高校和科研院所的合作创造条件。如广东省科技厅近年来每年都要举办科技成果对接会，促进产学研合作。

4. 合作成果分配驱动。利益是协同创新的重要驱动力，利益分配关系到协同创新的可持续发展，由于企业、高校和科研院所对利益的出发点不同，因此，基于协同创新各主体的利益，建立利益分配机制和纷争调解制度，保障合作持续开展。

第三节 协同创新的运行机制

协同创新的运行机制是指从各协同主体产生组建协同创新联盟意愿开始，到协同利益分配结束，过程中涉及环境的运行原理、运行制度及作用方式，协同创新运行机制是根据协同内部的系统性原理而建立的。协同创新的运行机制主要包括激励机制、风险分担机制、利益分配机制和保障机制等。

一、协同创新激励机制

建立协同创新激励机制，有助于提高高校、科研院所和企业参与创新的积极性，增强专业镇创新活力，加快建设创新型专业镇。目前国内外对协同创新的激励方式主要包括政府激励、产权激励、创新资源共享激励和创新文化激励四种。

（一）政府激励

目前，政府在我国协同创新的激励中具有重要作用，政府可以通过调节宏观经济，在政策支持和引导、创新资源投入、科技成果转化等方面促进协同创新发展。政府在产学研协同创新中的激励作用包括以下几点：第一，支持科技创新基础设施建设，政府根据高校、科研院所、企业进行科技创新的基础设施要求，在仪器设备购买、进口设备的关税补贴、科研场地建设等方面对协同创新进行支持，加强协同创新科研条件建设。第二，在科技创新投入补贴、税收减免、知识产权归属、研究成果市场化等方面出台激励政策，最大限度发挥政策在协同创新中的激励和引导作用。第三，对协同创新的资助与奖励，由于创新存在一定的风险，政府可以在风险分担、科研经费资助和奖励等方面加强政策指引，提高高校、科研院所、企业参与协同创新的积极性，同时加强协同创新平台建设的考核工作，促进协同创新平台的可持续发展。第四，积极引进协同创新人才，专业镇应根据当地特色产业发展要求，积极引进行业领军人才、企业科技特派员、创新团队等高素质创新人才，完善专业镇人才政策，营造良好的创新环境，吸引优秀人才落户专业镇。如广东省科技厅为促进产学研协同创新，在科技企业孵化器建设、新型研发机构建设、研发补助、创新团队引进、科技特派员工作站等方面出台了相关政策文件，设立了广东省协同创新与平台建设专项资金，并且每年度组织全国各地高校与广东企业开展科技成果对接活动，从而推进广东协同创新深入发展。

（二）产权激励

产权激励是对创新人力资本的首要激励，是最具激励效益的途径与方法，产权激励通过将企业所有权以合约的形式卖给创新人才，是长期激励的一种有效形式。高校、科研院所、创新人才以科技成果的形式入股企业、与企业设立合资公司或以企业期权等形式拥有企业的部分所有权，让协同创新的各参与方分享科技成果转化的收益，提高协同创新各参与方的积极性。

（三）创新资源共享激励

相对于企业创新或高校、科研院所创新，协同创新的优势在于整合了高校、科研机构和企业的创新资源，实现了三者之间的资源共享，优势互补。创新资源共享激励可概括为两个方面：一方面，高校和科研机构以契约的形式参与协同创新，有助于实现知识生产机构的知识外溢，企业可以共享高校、科研院所创造的知识，并且企业根据自身要求，对这些知识进行内部化加工，并用于生产实践，还可根据生产实践结果反馈给知识生产机构，从而促进高校、科研院所创新。另一方面，企业在生产管理、人力资源、资金管理、市场营销等方面具有知识优势，科研院所和高校可以共享企业的这些知识，从而促进各参与方的相互学习，推动协同创新。

（四）创新文化激励

创新文化可以使参与各方形成凝聚力，引导创新向积极方向发展，同时还可以激励创新。文化在协同创新中的激励作用可以总结为三点：首先，协同创新将政府、企业、高校和科研院所等不同系统的组织整合在一起，形成了一个各方均认可的协同创新文化，引导各协同主体相互合作，引导协同创新向积极方向发展。其次，通过必要的文化机制来协调、控制各协同主体，增强他们之间的凝聚力。最后，通过整合协同创新文化，激励高校、企业和科研院所进行强强联合，从而提升专业镇科技创新能力。

二、协同创新风险分担机制

由于创新环境变化、技术发展、企业战略发展等协同创新内外环境的变化，导致创新存在一定的不确定性，建立风险分担机制，对协同创新的风险进行有效管理，对于协同创新的可持续发展具有重要意义。协同创新风险分担的主体是高校、科研机构、企业和各类辅助创新机构。分析风险来源和分担方法，从而建立协同创新风险分担机制，完善协同创新运行机制。

（一）风险的来源

根据协同创新面临的风险，可以分为内部风险和外部风险。首先，内部风险主要包括资金风险、道德风险和管理风险，资金风险是指在协同创新过程中，资金能否及时供应到位关系到协同创新的成败，而且不合理的资金使用方式也会降低协同创新运行的效率；而道德风险是指由于协同创新的各参与方由于自身利益等原因造成的风险，主要包括信用风险、利益分配风险、信息不对称风险等；管理风险是企业、高校科研院所在协同创新管理中存在的风险，主要包括决策风险、组织风险等。其次，外部风险主要包括市场风险、技术风险、政策风险等，市场风险是指成果产业化的产品需求及产品未来市场发展前景难以预测、价格因素、市场营销推广等存在的风险；技术风险是指由于技术的复杂程度、技术创新的未知性以及技术更迭导致协同创新存在的风险；政策风险主要是因国家政策变化导致的风险。

（二）风险分担的方法

风险分担的方法是指与协同创新相关的风险在各主体之间进行分配的方法。根据风险的分类，建立不同的风险控制机制。首先内部风险，对资金风险而言，建立第三方或者政府监管机制，保障资金按时到位、资金的合理使用；对于道德风险，完善相关法律政策，加强各主体之间的沟通联系，加强信息公开，避免信息不对称；对于管理风险，加强协同创新内部管理机制建设，完善管理制度。其次外部风险，对于市场风险，充分做好市场调研和研究，结合产品市场定位利用中介组织研究成果降低市场风险；对于技术风险，加强技术风险防范机制建设，强化各主体的风险承担意识，提高技术创新能力；对于政策风险，协同创新需严格按照国家政策要求，产品符合相关规定要求。

协同创新还可以利用风险转移和风险分散等方式降低创新风险。风险转移是利用科技保险、股权融资、委托开发、联合创新等方法，实现创新风险由一个分担主体向另外一个或几个分担主体转移，使得各协同主体共同分担创新风险。而风险分散则是通过选择相对高低风险不同的项目组合进行创新，从而降低整体项目的创新风险。

三、协同创新利益分配机制

利益是各主体参与协同创新的前提和动力，也是各主体最为关心的问题。建立协同创新利益分配机制，对于促进协同创新工作的健康可持续发展有着非常重要的作用。在产学研协同创新中，分析利益的分类，确定利益分配的基本原则，研究利益分配的影响要素，有助于建立协同创新利益分配机制。

（一）利益的分类

根据利益能否直接获得、是否可以量化为标准，分为有形利益和无形利益。其中有形利益是指通过协同创新，各主体可以直接获得的、可以量化的利益，包括技术成果转让收益、技术成果转化为产品或服务的收益、获得财政资金补贴和支持等，有形利益是协同创新利益的主要体现部分，也是各主体参与协同创新的内在动力。无形收益则是各主体在参与协同创新获得的、无法用货币量化的收益，主要包括品牌、商标、名誉、人才培养、科研能力提升等，无形收益是协同创新利益的重要组成部分。

（二）利益分配的基本原则

确定协同创新利益分配的原则，关系到各参与主体利益分配过程的公平。利益分配的基本原则包括三个方面：

1. 平等原则。平等是协同创新利益分配最重要的原则，主要体现在各参与主体的地位平等，在进行利益分配时，不因参与主体的经济政治地位、社会地位的不同，而有失公平；权利与机会平等，各参与主体在协同创新利益分配中享有平等的权利与机会；资源的平等，在协同创新中，各参与主体投入协同创新中的资源具有共享的平等。

2. 贡献原则。在确定协同创新利益分配过程中各主体的基本权利与机会，可根据各主体的贡献大小进行利益分配，如根据技术、资金、人力资源、管理等要素在协同创新利益创造过程中贡献的大小，确定各要素的利益分配。

3. 利益与风险相一致原则。由于协同创新存在一些内部风险与外部风险，导致创新存在失败的可能，由于各主体承担风险的大小不一，建立收益与风险相一致的原则，充分考虑收益与风险的相关性，根据各主体承担的不同风险确定收益分配。

（三）利益分配机制的具体内容

1. 资源投入量。根据资源稀缺性，建立量化标准，对各主体投入资源进行货币量化。如对企业投入的人力资源、生产资源、管理资源等进行量化，对高校、科研院所的科技投入、科技成果进行量化，对辅助机构提供的服务进行量化，最后按照资源投入量作为利益分配机制的重要内容。

2. 贡献程度。由于各主体的资源禀赋不一，导致其在协同创新中的贡献程度也不一。因此根据各主体在协同创新中贡献的大小确定利益分配是利益分配机制的重要考量因素之一。

3. 承担风险大小。根据各主体在协同创新中承担风险的大小，确定利益分配，提高各协同主体的积极性。如承担风险大的主体，其收益也相应要高一些。

4. 科技成果归属。科技成果作为协同创新的主要成果，属于无形收益。各参与主体在平等协商的基础上，确定科技成果归属，如归属协同创新实体、企业或科研机构等。

目前，我国政府高度重视科技创新的利益分配，出台了一系列政策措施支持科技成果转化，提高创新人才积极性。如 2015 年 12 月广东省政府发布了《关于深化高校科研机构体制改革的实施意见》，文件规定，高校科研团队在粤实施科技成果转化、转让的收益，其所得在重要贡献人员、所属单位之间合理分配，用于奖励科研负责人、骨干技术人员等成果转化重要贡献人员和团队的收益比例应不低于 50%。

四、协同创新运行保障机制

协同创新是一个复杂的系统工程，涉及政府、企业、科研机构和辅助机构等不同参与主体，因此协同创新的顺利运行需要政府、企业、科研机构制定相关保障措施，保障协同创新开展。

（一）优化协同创新环境

我国在协同创新方面出台了一系列促进政策，包括知识产权保护、研发补贴、2011 协同创新中心建设等方面出台了政策，各省市也积极出台相关政策。如广东省与教育部、科技部、工信部、中科院、中国工程院建立了"三部两院一省"的产学研合作机制，在研发投入补贴、科技经费支持、人才团队引进等方面出台了相关政策文件支持协同创新，省级财政投入近 40 亿元，带动企业投入 1 000 亿元以上，促进了国内优质创新资源向广东集聚，广东省产学研协同创新环境明显优化。

优化创新环境，完善协同创新政策体系，完善人才引进、土地、税收、研发补贴等方面的政策，构建协同创新政策体系；探索建立产学研协同创新生态网络，加强创新资源集聚，激发各类创新主体的积极性，吸引科技创新中介、科技金融机构、知识产权机构等辅助机构落户专业镇，完善专业镇协同创新生态网络。加大政府协同创新资金投入，集聚科研院所和高校的创新资源，营造良好的协同创新氛围。

（二）完善管理及运行机制

加强协同创新组织机构建设，建立协同创新的运行实体机构，以契约的形式强化各主体在协同创新中的责任与分工。在人事、合同、财务等方面制定协同创新平台的规章制度，完善平台的各项制度。建立协同创新运行机制，完善激励机制、利益分配机制、保障机制、动力机制等，促进协同创新持续健康发展。

（三）强化监督管理

建立监督制度，强化协同创新的监督管理。加强政府对协同创新平台运行的监管，保障平台持续有效开展，建立协同创新考核体系，奖励开展协同创新工作较好的机构。引入第三方机构对协同创新平台进行监督管理，客观公正评价协同创新平台发展情况。构建协同创新预警监测系统，综合评估协同创新运行机制风险，从而构建如何规避风险的手段管理系统。

第四节　协同创新的政策实践

一、国内协同创新的政策实践

协同创新的理念自提出以来，美国、日本、韩国等国家和地区积极实践协同创新，出台了推动协同创新的政策文件，并取得了显著的成果。进入 21 世纪以来，国家和各省市高度重视协同创新，相继出政策文件，积极推进协同创新中心、新型研发机构、协同创新平台等载体建设，有效推动了政产学研结合，促进了科技成果转化。因此，本部分主要介绍国家、北京、江苏和上海等省市及广东省专业镇的协同创新政策，对专业镇协同创新政策实践提供借鉴意义。

（一）国家协同创新政策介绍

国家积极支持产学研协同创新，全面提升高校创新能力，促进科技成果转化，本部分从 2011 协同创新中心及科技成果转化方面介绍国家协同创新的政策。

1. 2011 协同创新中心的政策介绍。2011 年，时任国家主席胡锦涛在清华大学百年校庆上发表讲话提出了推动协同创新的理念和要求，为贯彻落实胡锦涛讲话精神，2012 年教育部、财政部启动实施《高等学校创新能力提升计划》（2011 计划），2011 计划正式启动。2011 计划是针对新时期中国高等学校已进入内涵式发展的新形势的一项体现国家意志的重大战略举措，国家先后出台相关政策文件实施 2011 计划，如 2014 年，教育部、财政部印发了《2011 协同创新中心建设发展规划》、《2011 协同创新中心政策支持意见》和《2011 协同创新中心认定暂行办法》三个政策文件支持 2011 协同创新中心建设。截至 2014 年底，国家共认定了 38 个协同创新中心。

"2011 计划"以人才、学科、科研三位一体创新能力提升为核心任务，根据重大需求，2011 协同创新中心分为面向科学前沿、面向文化传承创新、面向行业产业和面向区域发展四种类型。

第一，面向科学前沿的协同创新中心。以自然科学为主体，以世界一流为目标，通过高校与高校、科研院所以及国际知名学术机构的强强联合，成为代表我国本领域科学研究和人才培养水平与能力的学术高地。

第二，面向文化传承创新的协同创新中心。以哲学社会科学为主体，通过高校与高校、科研院所、政府部门、行业产业以及国际学术机构的强强联合，成为提升国家文化软实力、增强中华文化国际影响力的主力阵营。

第三，面向行业产业的协同创新中心。以工程技术学科为主体，以培育战略新兴产业和改造传统产业为重点，通过高校与高校、科研院所，特别是与大型骨干企业的强强联合，成为支撑我国行业产业发展的核心共性技术研发和转移的重要基地。

第四，面向区域发展的协同创新中心。以地方政府为主导，以切实服务区域经济和社会发展为重点，通过推动省内外高校与当地支柱产业中重点企业或产业化基地的深度融合，成为促进区域创新发展的引领阵地。

2. 科技成果转化政策。针对我国科技成果转化率不高的现状，国家近期出台了一系列政策措施支持科技成果转化。如 2014 年 9 月，科技部建成国家科技成果转化项目数据库，该数据库收录了财政性资金支持产生的、可转化的应用型科技成果信息，数据库可为社会公众了解新技术、新产品、新工艺、新材料、新装置及其系统等科技成果的基本状况，为中介机构、成果持有机构和投融资机构提供信息发布、检索和统计分析，为科技管理部门提供成果监管和决策支持提供综合性的服务，为科技成果转化提供信息支持服务。

2015 年 1 月，国务院发布了《深入实施国家知识产权战略行动计划（2014~2020 年）》，全面提升知识产权综合能力，实现创新驱动发展，推动经济提质增效升级。

2015 年 5 月，国务院发布《关于深化高等学校创新创业教育改革的实施意见》，激活高校创新创业，促进高等教育与科技、经济、社会紧密结合。

2015 年 8 月，全国人大常委会发布新修订的《促进科技成果转化法》，鼓励研究开发机构、高等院校按照有关规定采取转让、许可或作价投资等方式向企业和其他组织转移科技成果，允许科研机构自主转让科技成果。

2015 年 12 月，科技部、财政部发布《国家科技成果转化引导基金贷款风险补偿管理暂行办法》，启动实施国家科技成果转化引导基金贷款风险补偿支持工作，旨在发挥财政资金四两拨千斤的杠杆作用，引导社会资本支持科技成果资本化、产业化。

（二）北京市协同创新政策实践

北京作为全国高校、科研院所等创新资源最为集中的城市，积极推动协同创新，促进科技成果转化，推进科技机制体制改革，并取得了一些改革成果，是我国协同创新工作开展较好的省市之一，其在协同创新的政策实践非常值得专业镇学习借鉴。北京市在协同创新方面的工作包括整合高校、科研院所、企业的创新资源成立协同创新研究院，以及出台政策支持协同创新。

1. 成立北京协同创新研究院。2014 年 9 月，北京市科委、海淀区政府结合当前科技创新出现的新形势，以北京大学、清华大学等 13 家学术单位和商飞、新奥等 100 多家行业龙头及高科技领军企业为基础创建了北京协同创新研究院，该研究院以体系建设为核心、协同创新为导向，采取开放式、集团式方式和协同创新中心—基金二元耦合体制机制，致力于实现大学与大学协同、大学与产业协同、企业与行业协同、创新与人才培养协同、首都知识经济与地方产业经济协同 5 个协同。

2. 出台协同创新相关政策。2014 年 1 月，北京市印发《加快推进高等学校科技成果转化和科技协同创新若干意见（试行）》，意见在高等学校科技成果处置权管理改革、高等学校科技成果收益分配方式改革、高等学校科技创新和成果转化项目储备、高等学校产学研用合作的经费支持、高等学校科技人员参与科技创业和成果转化、高等学校建设协同创新中心等方面提出了具体举措。

2014 年 11 月，北京市科委印发《建立高等学校科技创新和成果转化项目储备制度实施细则（试行）》，支持鼓励高等学校与企业进行产学研用合作，促进科技成果转化及产业化。

北京市科委设立了产业技术创新战略联盟建设科技专项资金，支持产业技术创新联盟建设，鼓励联盟围绕产业发展，在产学研用合作、科技成果示范应用与推广、关键技术联合攻关等方面开展工作，申报科技项目。

（三）江苏省协同创新政策介绍

江苏省是我国第二大经济省份，高校创新资源集聚，产业结构与广东类似，区域创新能力居全国第一。近年来，江苏积极开展协同创新政策实践，为全国各省市协同创新提供重要的经验借鉴。近年来，江苏省发布的协同创新政策实践包括以下几点：

2009 年，江苏省科技厅印发《江苏省科技成果转化风险补偿专项资金暂行管理办法》，并设立了科技成果转化专项资金供全省各单位招标，以推动科技成果向生产力转化。

2012年，江苏省教育厅、财政厅发布《江苏高等学校协同创新计划》，计划提出组建一批高校协同创新中心，努力把高校协同创新中心建设成为具有重要影响的学术高地、行业产业共性技术的研发基地、区域创新发展的引领阵地和文化传承创新的主力阵营，推动知识创新、技术创新、区域创新的战略融合，提升江苏高校协同创新能力。

江苏省科技厅积极推动协同创新工作深入开展。自2013年开始，江苏省科技厅开展产学研产业协同创新基地认定工作，截至2015年8月，认定了两批共37个产学研产业协同创新基地。同时，还建设了江苏省产学研合作信息平台、设立了省产学研联合创新专项资金、每年举办产学研专场对接洽谈会促进科技成果对接，推动高校、科研机构与企业开展协同创新。

二、广东省专业镇协同创新的政策实践

专业镇是广东创新驱动的重要载体之一，截至2015年底，全省共有399个省级专业镇，2014年专业镇GDP达2.44万亿元，占全省的36%，特色产业涵盖陶瓷、物流、信息技术、农业生产、设计等30余类。专业镇积极实践产学研协同创新工作，出台了一些政策文件，涌现出了东莞市横沥镇模具产业协同创新中心等一批优秀协同创新机构。

（一）广东省协同创新政策

2013年，广东省发布《广东省人民政府关于加快专业镇中小微企业服务平台建设的意见》（粤府〔2012〕98号）和《中共广东省委广东省人民政府关于依靠科技创新推进专业镇转型升级的决定》（粤发〔2012〕11号），提出在专业镇实施"一镇一校"、"一院（所）一镇"行动计划，加强专业镇与高校、科研院所的协同创新，提升专业镇创新能力。

广东省科技厅则在2013年出台《广东省专业镇中小微企业服务平台建设专项资金管理》，支持专业镇协同创新平台建设，并在2016年广东省协同创新与平台环境建设专项资金申报指南中提出支持建设专业镇产业协同创新中心。

（二）各地市及专业镇的协同创新政策

全省各地市及专业镇积极践行协同创新，出台了一些政策文件，包括：
2012年12月，东莞市政府印发《科技创新平台资助办法》，具体阐述了专业镇创新服务平台的支持强度、支持方式等内容，东莞市希望通过建设专业镇创

新服务平台，为专业镇转型升级提供公共创新服务。

2012年12月，惠州市委印发《关于依靠科技创新推进专业镇转型升级的实施意见》，提出充分运用"三部两院一省"产学研合作机制，推进专业镇及企业与国内高等院校和科研机构共建产业技术研发平台、产业创新联盟和地方研究院，提高产学研合作层次和水平，鼓励支持省内外高等院校在专业镇设立大学科技园专业镇分园和科技企业孵化器、加速器，实施"一校一镇，一院（所）一镇"行动计划。

2015年1月，中山市印发《中共中山市委中山市人民政府关于推进新型专业镇发展的若干意见》，提出以专业镇公共技术创新服务平台、行业商会和龙头企业为节点，运用产学研结合模式组建专业镇协同创新网络，开展联合攻关，并在专业镇建立学研产协同创新联盟，吸引高校、科研机构科技成果到专业镇进行转化。

2015年4月，中山市政府印发《中山市科技创新推进新型专业镇发展实施方案》，提出加快协同创新和资源共享，建立全市科技创新资源数据库，加强产学研合作，打造北京理工大学研究院等4所已建的市校共建研发机构"升级版"，为中山加快发展战略性新兴产业提供有力支撑。

全省专业镇也积极推动产学研协同创新，如顺德区容桂街道出台了《容桂街道支持产学研合作实施办法》及《容桂街道产学研合作项目资金管理细则》等文件，财政每年不少于300万元用于开展产学研合作，并建设了中国科学院广州技术转移中心顺德基地、广东容桂传热传质领域院士工作站、广东知识产权创新运用试验区、国家（家电）重点实验室、国家家电快速维权中心等创新载体，同时，南方医科大学科技园、省级综合孵化器等协同创新载体也在加快建设中。

第二章　协同创新载体中的创新机制研究

第一节　知识创新理论综述

一、知识创新的基本概念

1952 年，美国科学社会学家巴伯出版《科学与社会秩序》，他在书中多次提到"科学创新"。他所谓的"科学创新"，指科学发现或发明。如果考虑到，科学不仅是探索未知的活动，也是人类的知识体系，那么，"科学创新"与"知识创新"有类似之处。

1991 年，日本学者野中郁次郎和竹内广隆[①]在《哈佛商业评论》发表"创造知识的公司"一文，认为知识创造能激发创新，新知识在组织内的创造过程是创新活动的基石；通过不断地创造新知识，在组织中广泛推广新知识，并迅速将其融进新技术、新产品、新系统中，就能够实现创新。

1993 年，美国学者德伯拉·艾米顿（Debra M. Amidon Rogers）[②] 首次提出知识创新（Knowledge Innovation）的概念，她指出："知识创新是指为了企业的成功、国民经济的活力和社会进步，创造、演化、交换和应用新思想，使其转变成市场化的产品和服务。"艾米顿主要是在企业层面，从知识管理的角度理解知识创新的，强调的是知识创新的适用性，使新知识通过市场转化产生的社会效用。她认为知识创新包括科学研究获得新思想、新思想的传播和应用、新思想的商业化等，主要有三种形式：一是通过研究和发展（R&D）活动进行知识创新；二是除了研究与发展活动外，在知识的生产、传播、交换和应用过程中发生的知

---

① Nonaka Kjurio. The knowledge creation company, Harvard Business Review, 1991（11 – 12）：96 – 104.

② Debra M. Amidon：Knowledge Innovation——The Common Language. Journal of Technology Studies, 1993，5.

识创新；三是为了社会和经济利益的新知识的首次扩散和应用。

国内学术界对知识创新的研究也较多。原科技部部长朱丽兰曾指出，"企业知识创新是指新知识的生产、演化、交流，并应用到产品（服务）中去，以促使企业获得成功、国家经济活动得到增强、社会取得进步。"

孙筠认为，知识创新是指通过企业的知识管理，在知识获取、处理、共享的基础上不断追求新的发展，探索新的规律，创立新的学说，并将知识不断地应用到新的领域并在新的领域不断创新，推动企业核心竞争力的不断增强，创造知识附加值，使企业获得经营成功[①]。

何传启提出，知识创新是为了经济和社会利益发现或创造新知识的过程，知识创新出现在知识的生产、传播和应用的全过程中。以路甫祥为代表的部分学者认为："知识创新是指通过科学研究获得新的自然科学和技术科学知识的过程。知识创新的目的是追求新发现、探索新规律、创立新学说、创造新方法、积累新知识。知识创新是技术创新的基础，是新技术和新发明的源泉，是促进科技进步和经济增长的革命性力量。知识创新为人类认识世界、改造世界提供新理论和新方法，为人类文明进步和社会发展提供不竭动力。"

上述概念研究表明，知识创新是促进科技进步和经济增长的重要力量，市场价值是知识创新的动力源泉，企业是知识创新的重要主体。

二、知识创新的特征

知识创新的形成不是价值链，而是创新的价值体系。一般而言，价值链的思想是线性的、静态的，但在实际生产、工作中，创新有许多起因和知识来源，也可能在研究、开发、市场化和扩散等任何阶段发生。创新是许多参与者之间一系列复杂的、综合的因素相互联系和相互作用的结果，是一个复杂的系统过程。知识创新价值体系是综合的、动态的，展现了成功创新所需要的各种内在联系。

知识创新依靠网络化的组织结构。网络化的组织结构鼓励创新过程中的知识在供应商、联盟者、用户、科研单位、其他股东和竞争对手之间流动。知识网络在当今市场竞争中变得越来越重要。知识创新依靠网络化的组织结构实现新知识的生产和应用。

知识创新充分发挥了合作的优势。知识创新更加注重联盟、合作性战略，合作性战略鼓励通过合作性关系建立共享利益环境。知识增长了，生产领域扩大了，可供用户需要的新产品增加了，市场利润总额增加了，蛋糕也会变得更大，每个企业获得的利润都会增加。联盟能够促进知识的流动，为知识创新提供更多

---

① 孙筠. 基于知识和知识创新视野下的组织创新 [J]. 北方经济，2008（8）：35–37.

的机会和知识来源。

知识创新以用户成功为原则。知识创新既要满足用户当前的需要，更要重视用户未来的需求，并努力赢得未来的成功。用户创新或者联合用户共同创新是获取经济财富的一个新来源，因而企业必须十分重视对用户成功的关注，未来业务的增长也依赖于这方面潜在的需求和未来的市场开发。

知识创新不同于知识管理。知识管理基于知识共享，而知识创新强调对新知识的生产和应用，因此，知识创新比知识管理能为企业带来更大的创新利润。

知识创新以成果应用为目标。知识的创新本身不等同于经济的发展，只有将知识的创新所形成的创新成果迅速转化为现实的生产力，才能带动经济的发展。这里的关键在于知识的创造、加工、交流和应用等各个环节之间的有机结合，缩短从知识的创造到应用的周期，提高科技成果的转化率。世界知识经济发展的现实表明，创新成果的转化越来越快，从创造到应用的周期越来越短。只有当创新的成果最终落实到生产领域，实现了产品的升级换代，为企业带来经济利益和竞争优势的时候，知识创新的过程才算最终实现。

知识创新并不是只关注眼前利益，它同样关注未来的利益。过去的创新着眼于现在，只投资于能马上带来经济效益的创新，对短期内不能见效和效益不明显的项目则不予重视。这种做法目光短浅，必然会限制企业未来的发展，也会使企业缺乏持续发展的动力。产业集群的知识创新则立足于现在、放眼未来，对所有的创新都高度重视、支持和鼓励，不满足于能直接带来眼前利益的创新，这就使得产业集群的创新氛围相当活跃，创新项目层出不穷。

三、知识创新的分类

（一）从知识创新的形式分类

从知识创新的形式看，可分为累积式知识创新和激进式知识创新。

累积式知识创新是企业学习中在原有知识的基础上，结合外部资源进行持续创新，这种创新是在原有知识基础上的创新，创新的累积性还意味着学习过程必须是连续的，学习过程依赖的主体是企业组织不能随时间的流逝而解体。

激进式知识创新是指企业突破惯性思维，发现现有知识中没有的全新知识，这一创新的来源既有科技创新给企业带来的根本性变革，也有企业效仿竞争对手引进的新知识、新技术与新理念。无论是累积式知识创新，还是激进式知识创新，企业都需要具备包容新知识的素质和才能。

（二）从知识创新的内容分类

从创新知识的分类这一角度来考察知识创新，可以把知识创新分为技术知识创新、市场知识创新和管理知识创新等。

技术知识创新是企业产生新的或改进产品、生产工艺和服务方式的过程，以及新的和改进的产品、工艺和服务在整个经济中的商业化扩散过程。技术知识创新又可细分为产品知识创新和工艺知识创新。产品知识创新是指关于推向市场的新产品的知识创新，是面向用户、消费者的创新；工艺知识创新是指对产品的加工过程、工艺路线、设备等技术知识所进行的创新。

市场知识创新是指为达到开辟新市场的目的而进行的知识创新，如寻找新用户、发现产品新用途、重新细分市场等的知识创新。知识经济时代的营销应该着重强调市场的创造而不是市场的分享，美国杜邦公司的尼龙产品是市场知识创新比较成功的典范。众所周知，尼龙一开始是用来制造降落伞的合成纤维，然后是用作妇女丝袜的纤维，接着又成为男女衬衣的主要原料和用于制作其他布料，再后来又用于制造汽车轮胎、沙发椅套和地毯等。每种新用途都使新产品进入一个新的生命周期，创造了一种新的市场机会。

管理知识创新是指创造一种新的更有效的资源整合模式的知识创新。管理知识创新主要包括：提出一种新经营思路并加以有效实施；创设一个新的组织机构并使之有效运转；提出一个新的管理方式或方法，一个新的管理方式或方法必须能提高生产效率，或使人际关系协调，或能更好地激励员工等；设计一种新的管理模式，管理模式是指企业总体资源有效配置实施的范式；进行一项制度创新，管理制度是企业资源整合行为的规范，制度变革会给企业行为带来变化，进而有助于资源有效整合，因而新制度的设计也是管理知识创新的重要内容。

四、知识创新的过程模型

目前已有许多学者提出了知识创新过程理论。国外学者对知识创新模型理论的研究和讨论主要可以划分为三个阶段[①]。

第一阶段，主要从知识创新研究的产生至20世纪90年代初期和中期，研究的焦点集中在知识创新的阶段化与知识创新活动上，主要内容是知识创新的活动划分，以及知识创新的阶段研究、各个阶段的知识创新操作活动，"知识是通过什么样的活动创造出来的"是知识创新活动模型研究的目标。最具代表性的是Wiig[②]提出了知识的创新经过创造、显现、使用和转移四个过程来完成的支柱模型，认为知识是创造出来直至应用的一个完整过程，提出了三个与知识创新相关的支柱，这些支柱代表知识创造过程所需要的主要功能。支柱1注重于探究知

---

① 陈晔武. 国外知识创新模型研究综述 [J]. 情报杂志，2007 (12)：74 - 77.

② Wiig K. Knowledge Management Foundations [M]. Arlington：Schema Press，1993.

识，知识创新活动主要是调查和分类知识，分析知识创造的活动，组织知识；支柱 2 则是评估知识价值及相关的活动；支柱 3 的重点是控制知识创造活动，即综合知识创新的活动，使用和控制创造的知识。另外 Leonard-Barton 提出了知识创新与核心能力框架，Szulanski 提出了知识创新过程的转移模型框架。

第二阶段，从 20 世纪 90 年代中期开始，研究关注的焦点集中在知识创新过程模式与机理研究上；Nonaka 等[①]首先提出了知识创新的转化与螺旋运动模型，该模型是在将知识划分为显性知识和隐性知识两种知识的基础上提出来的，认为知识创新过程是一个 SECI 的转化和螺旋上升的过程。具有四种知识的转化模式：社会化（Socialization），从隐性知识到隐性知识；外部化（Externalization），从隐性知识到显性知识；组合化（Combination），从显性知识到显性知识；内部化（Internal-ization），从显性知识到隐性知识。SECI 过程是一个连续的、动态的螺旋上升的运动过程，个人的隐性知识经过 SECI（即社会化—外部化—组合化—内部化）这样一个过程，最终又产生了新的隐性知识，新知识创造的 SECI 过程又开始了，并且在个人、小组、组织以及组织间不断地进行知识的扩散。在知识创造的 SECI 过程中，新的知识对原有的知识中合理的、积极的内容进行继承，对于阻碍发展或不合理的部分进行否定，并创造出新的合理的知识，因而实现了知识的自我超越。

Scharmer[②] 在知识螺旋的基础上提出了知识创新的双重螺旋模型。即在 Nonaka 和 Takeuchi 显性知识和隐性知识相互转化的四种模式基础上，把原有的 SECI 概念分解成两个部分，即 SECI1（显性知识和物化的隐性知识的相互转化）和 SECI2（显性知识和自我超越的知识的相互转化）。SECI1 过程是显性知识和物化的隐性知识的相互转化：物化的隐性知识到物化的隐性知识；物化的隐性知识到显性知识；显性知识到显性知识；显性知识到物化的隐性知识。SECI2 过程是显性知识和自我超越的知识的相互转化：自我超越的知识到自我超越的知识；自我超越的知识到显性知识；显性知识到显性知识；显性知识到自我超越的知识。知识在三种类型的知识之间相互转换成为知识创新的源泉。

另外，Hall 和 Andriani 借鉴了光谱的概念，提出了知识谱（Knowledge Spectrum）的概念，Knowledge Research Nstuite 提出了知识创新的演化过程模型。这些研究本质上认为知识创新是一个知识的转化过程。知识的转化包括个体之间的隐性知识转化、个体与群体之间的流动转化、个体知识向企业层次的知识转化、

---

① Nonaka I., Toyama R. A. Firm as a Dialectic Being: Toward the Dynamic Theory of the Firm. Industrial and Corporate Change, 2002 (11): 995 – 1109.

② Scharmer C. O. Self-transcending Knowledge: Sensing and Organizing Around Emerging Opportunities [J]. Journal of Knowledge Management, 2001 (5): 137 – 150.

群体之间的流动转化、群体与企业层次之间的流动转化以及企业内部与企业外部之间的流动转化等方面，这些部分是知识创新过程的有机组成部分，知识创新过程从个体开始，经群体和企业，最终向企业外部流动。

第三阶段，约从 20 世纪 90 年代末期开始，除了继续对知识创新机理和模式的研究外，开始更注重知识创新的领域和发源地，即影响知识创新因素空间环境的研究。Nonaka 等首先提出了知识创新的 ba 的概念，认为 ba 是知识创新过程中不可缺少的场所，知识创造的 ba 被分为四种类型：发起性的 ba，对话性的 ba，系统化的 ba 和实验的 ba。每一种 ba 支持一种特殊类型的知识转化。日本学者 Nomura（2002）针对知识创新的工作环境，结合企业实践的角度提出了 360° 的 "ba" 的设计模型，认为 "ba" 的设计必须充分考虑知识创新战略、参与者的工作方式、综合多种因素三个方面。Malin Brannback（2003）在知识创新 SE-CI 过程以及相应的四个 ba 的基础上，经过改进提出了知识创新过程的网络 ba 模型①，该模型认为在成功的知识创新过程中，ba 扮演了一个必不可少的重要角色。当知识在个体、小组、组织之间进行知识的 SECI 转换过程中，每个层次的各种类型的 ba 为其提供了各种各样的物理或虚拟的 "空间"，各种各样的 ba 中也会形成一种独有的文化，而这种文化可能在其他的小组团队间难以被接受，这就会给参与各种 ba 的成员和小组间的知识共享与创新造成障碍。因此，ba 之间联结必须引起重视，建立网络 ba，从而在各类 ba 之间建立 "通道"，这种 "通道" 从某种意义上来说也可以说是一种 ba，用来促进个体、小组之间的合作和共享，将会对知识创新的成功提供重要的支持。

除了国外学者上述三个阶段的探讨，我国的很多学者也对知识创新模型进行了深入研究。党兴华等②借助于物理学中 "势" 的概念来描述企业技术知识水平，认为处于同一市场环境下同一技术领域内相互竞争或合作的所有企业共同组成一个知识场，每个处于其中的企业被称为知识主体，知识主体在技术领域内知识深度和广度共同决定知识主体在知识场中的知识势。市场环境中客户需求是企业知识创新的目标吸引区。要达到这个目标，企业必须满足一定的知识势，这个知识势是目标知识势。当目标知识势高于企业知识势时，企业作为一个知识系统，产生知识创新压力，激发一部分员工创新意识和创新行动，通过系统内的反馈作用，知识创造被共享并激发新的知识创造，经过知识的选择、复制、整合、融合、验证等过程，知识创新不断涌现。

---

① Malin Brannback. R&D Collaboration：Role of Ba in Knowledge Ecreating Net-works ［J］. Knowledge Management Research & Practice, 2003（1）：28 – 38.

② 党兴华，李莉. 技术创新合作中基于知识位势的知识创造模型研究 ［J］. 中国软科学, 2005（11）：143 – 148.

钱学森的开放的复杂巨系统理论强调知识、技术和信息化的作用，特别强调知识集成、知识管理的作用。知识社会环境下科技创新体系的构建需要以钱学森开放的复杂巨系统理论为指导，从科学研究、技术进步与应用创新的协同互动入手，进一步分析充分考虑现代科技引领的管理创新、制度创新。科技创新正是科学研究、技术进步与应用创新协同演进下的一种复杂涌现，是这个三螺旋结构共同演进的产物。科技创新体系由以科学研究为先导的知识创新、以标准化为轴心的技术创新和以信息化为载体的现代科技引领的管理创新三大体系构成，知识社会新环境下三个体系相互渗透，互为支撑，互为动力，推动着科学研究、技术研发、管理与制度创新的新形态，即面向知识社会的科学2.0、技术2.0和管理2.0，三者的相互作用共同塑造了面向知识社会的创新2.0形态。

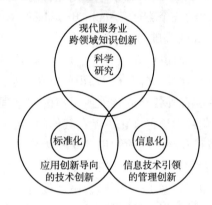

图2-1　现代服务业科技创新体系构成

　　资料来源：宋刚．钱学森．开放复杂巨系统理论视角下的科技创新体系——以城市管理科技创新体系构建为例［J］．科学管理研究，2009，27（6）：1-6．

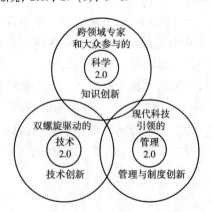

图2-2　面向知识社会的科技创新体系构成

　　资料来源：宋刚．钱学森开放复杂巨系统理论视角下的科技创新体系——以城市管理科技创新体系构建为例［J］．科学管理研究，2009，27（6）：1-6．

五、协同创新的理论基础和内涵

协同创新是知识创新模式从封闭转向开放的必然结果，是系统科学思想在创新系统的顶层设计活动中的必然体现，是对美国学者 Chesbrough 的"开放式创新"和 Etzkowitz 的"三螺旋"理论的进一步提升。

陈劲和阳银娟（2012）认为，协同创新是将各个创新主体要素进行系统优化、合作创新的过程。赵立雨（2012）从创新网络的角度指出，协同创新是一个复杂的系统工程，是创新网络中各种创新要素的有效整合和创新资源在创新网络内的无障碍流动，在技术创新网络扩张过程中，需要用系统的观念考虑各种问题。刘丹和闫长乐（2013）则进一步从复杂网络的角度强调，协同创新是在创新逐步转向系统化、网络化范式的背景下应运而生的，是通过系统内成员的密切合作与众多创新要素的协同作用，完成创新生态系统内技术或产品从创新产生至技术扩散的整个过程。

在创新系统、创新网络、集群创新和产学研结合等研究成果的基础上，Chesbrough 和 Etzkowita 分别提出了开放创新和三螺旋理论，为从微观和宏观两个层面研究协同创新奠定了理论基础。Chesbrough（2003）认为，随着知识的创造和扩散以及高级人才流动的速度日益加快，企业应实施开放式创新模式。开放式创新强调企业与大学等外部知识源的广泛合作，强调通过内部与外部创新要素的整合来提高新价值创造能力。由此可见，开放式创新蕴含着复杂系统的协同与涌现效应。在开放式创新的基础上，陈劲（2012）认为，协同创新是以知识增值为核心，企业、政府、知识生产机构（大学、研究机构）、中介机构和用户等为了实现重大科技创新而开展的大跨度整合的创新组织模式。

与此同时，国内外学者针对产学研合作创新进行了大量研究，Etzkowita 的三螺旋理论主要是从产学合作的角度分析大学、产业和政府之间的关系，并强调大学、产业和政府三方在发挥各自独特作用的同时，应加强多重互动。三螺旋理论内在地蕴含着大学、产业和政府之间应当形成一种相互协同的互动关系，并在协同中提高国家创新系统整体绩效。其中，政府的首要职责是为多个创新主体和多种创新资源的整合营造良好的环境氛围。教育部的"2011 计划"，恰好体现了三螺旋理论中的政府作用，体现了政府对各创新主体建立相互协同关系重要性的深刻认识。在教育部"2011 计划"的影响下和协同思想的指导下，我国各级政府开始主动营造协同创新的环境，并在区域、产业和组织等宏观和微观层面，积极协调各创新主体间的关系，并通过技术、制度、组织、市场、文化、管理等要素之间的协同活动，构成不同的创新要素协同模式，从而使组织要素彼此耦合，获得整体放大效应。在微观层面，协同创新则是指各方达成一般性资源共享协议，实现单个或若干项目合作，开展跨机构跨组织多项目协作；在宏观层面，协同创新是特定区域或产业的知识创新体系与技术创新体系的结合与互动，是科技教育与经济的融合发展。

总体来看，系统科学、复杂网络、开放式创新、三螺旋理论是协同创新的重要理论基础。协同创新的本质是合作创新，是由企业、政府、研究机构、中介机构甚至消费者通过特定的契约关系构成的复杂网络。与一般性的合作创新（产学研合作、战略联盟）不同，协同创新更强调合作中的共赢和整体最优，强调异质性的合作主体发挥各自的能力和优势，整合不同合作主体的资源，实现优势互补，加速创新成果的推广进程，实现知识的增值。理想的协同创新活动除了有多层次、复杂的协同创新网络结构外，还有良好的环境支持、创新资源的输入和循环流动，是各个层面创新系统的最优化结果。

第二节　协同创新载体中的知识创新模式

企业作为知识创新的主体，在高校、科研机构、科技中介等参与者的协同下，进行知识创新活动。协同创新载体提供知识创新的工作环境，促进知识在各种机构内、组织之间进行知识的 SECI 转换过程。知识创新涉及创新构思的产生、研究开发、知识管理与组织、工程设计与制造、用户参与及市场营销等一系列活动。在创新过程中，这些活动相互联系，有时要循环交叉或并行操作。知识创新不仅伴随着知识技术变化，而且伴随着组织与制度创新、管理创新和营销方式创新。在协同创新载体中，因知识创新活动过程的重点不同，商业化方式不同等，知识创新模式大概可分为知识推动创新模式、需求拉动创新模式、交互作用创新模式、一体化创新模式。

一、知识推动创新模式

这种知识创新模式中，研究开发是知识创新构思的主要来源。知识创新过程起始于研究开发，经历工程和制造活动，最后是推向市场的产品或工艺。先是理论研究取得突破成果，再将之应用于企业实践，从而完成创新过程。图 2-3 展示了知识推动的创新过程模型。

基础研究 ⟶ 应用研究开发 ⟶ 生产 ⟶ 营销

图 2-3　知识推动的创新过程模式

在此模式中，知识起着主动推动力的作用。企业进行知识创新的主要来源是对知识的研究和开发。从知识创新的类型来看，它是属于技术知识创新和管理知识创新。如电子技术、材料技术类根本性的创新，往往能带来产业、产品的重大变革，甚至引发新一轮的产业革命。在此模式下，市场只需被动地接受研究开发成果。然而，此模式对于大多数的创新来说并非适用。国际上对研究开发与创新关系的实证研究表明，研究开发投入越多并不一定所产生的创新就越多。如果只强调知识创新的投入，而对创新过程的组织方式缺乏考虑，就很有可能造成大量科技成果未被转化，或者会使这些成果大多一开始就先天不足，要么缺少市场导向，要么距工程化要求太远而没有商业价值，这些结果又会进而减弱知识投入的动力。

二、需求拉动创新模式

需求拉动创新模式基于这样一种观点，即创新是由被企业遭受到的且常常是能够清楚地表达出来的市场需要所引发的。图 2-4 展示了需求拉动型的知识创新过程模型。

表达的市场需要 → 营销 → 研究与开发

图 2-4　需求拉动型的创新过程模式

在此模式中，市场为知识创新提供机会，刺激了研究开发为之寻找可行的技术方案。从市场来看，知识创新的选择源泉其实就是现有或潜在的市场需求。有了这些需求后，再对市场因素做出分析：（1）需求类型，即要进行知识创新的产品，其市场销售量是已有的，还是潜在的；（2）销售量（额），即要求对产品的销售对象和范围进行大致了解和评价，了解预期销售量；（3）竞争者，即要求了解已有知识创新产品的生产者，评价自己的竞争力，或者估计潜在创新产品的竞争格局。一般地说，这些内容都能从市场需要中反馈出来。另外，市场的扩展和原材料成本的上升也会刺激企业创新，前一种创新的目的是为了创造更多的细分市场，抢占更大的市场份额，后一种创新的目的是为了减少相对昂贵的原材料的用量。所以在这个模式中，强调市场是 R&D 构思的来源，市场需求为产品和工艺创新创造了机会，市场需求在创新过程中起到了关键性的作用。由于需求变化的有限性和消费者需求变化的测度的困难性，尽管市场需求可能会引发大量的知识创新，但这些创新大都属于渐进性创新，而不像知识推动那样引发根本性创新。渐进性创新风险小、成本低，常常有重大的商业价值，能大大提高创新者的生产效率和竞争地位。所以企业往往偏爱这种类型的创新。

然而，这种方案虽能让创新适于某一特定的需要，但它毕竟只考虑了一种因素，而且仅凭市场需求就将企业所有资源全部投向单纯依靠来自市场需要的项目而未考虑潜在技术机会，这是不明智的。因为市场需求有时可能会产生误导。在市场经济中，供求关系受市场机制的影响，即市场的调节，但市场的调节具有盲目性，那么，它所发出的信号就很可能无法反映市场供求的真实情况。可以认为，市场需求可能会导致大量的知识创新机会，但不见得能像重大技术进步那样产生有深远影响力的创新。渐进性知识创新往往来自需要拉动，而突破型知识创新往往可能起源于技术知识的推动。

三、交互作用创新模式

人们进行了大量研究，以支持创新的知识推动或需要拉动模式的存在性。例如，美国的研究表明，大多数的创新构思（60% ~ 80%）来自市场需要和生产需要，而非对技术知识发展机会的确认。这一结论表明，如果不能很好地在创新过程早期将实际需要与创新过程相联结，就难以预料消费者会不会对引入市场的知识创新成果作正向反应，这会严重影响创新成果引入市场后的命运。因此，技术知识与市场的因素应放在一起考虑，单纯的技术知识推动和需要拉动模型只能作为更一般性的科学、技术知识和实际需要交互的作用模式的极端情况和特例。理由是，前一模式中，不一定越多的研究开发投入就会产生越多的创新；第二种模型中，由于过分强调市场需要会导致根本性创新的缺乏。实证研究也表明，知识推动和需求拉动的相对重要性在产业、产品的生命周期的不同阶段有显著性的差异。知识创新的交互作用模型如图 2-5 所示。

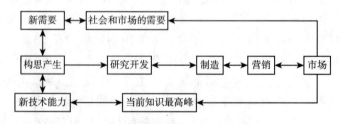

图 2-5　知识创新过程的交互作用模式

该知识创新过程的总体格局，可以被看成是一个复杂的组织内外沟通的交流网，这一网络不仅将不同的内部职能部门连接在一起，而且将企业与更广泛的科学和技术团体以及市场相联系。换言之，交互作用型知识创新过程代表了创新组织知识能力和实际需要的融合。知识创新的交互作用模型，加强了知识推动型和需求拉动型模式中知识与需的联结，它还意味着知识创新管理即是将市场需要和知识创新能力相匹配。在这种情况下，实际需要和研究开发之间的反馈是实质性的环节。因此，将驱动知识创新决策的推动和拉动因素结合，能产生更大的创新性，比单纯的需求拉动或是知识推动，更利于创新构思的产生和创新成功。

四、一体化创新模式

任何事物都是由多种因素按一定的方式综合成的一个运动着的复杂整体，创新也是如此。产业意义上的创新是一个系统工程。作为系统，它要由很多紧密联系的各种要素共同构成，这些要素在系统中所处的地位和所发挥的作用，无论是在性质还是重要程度上，都是不同的。构成创新系统的各种要素在整体系统中，不仅处于不同的层次上，形成一定的结构，而且处于紧密的相互联系和不停的相互作用中。因此，从系统的角度反思知识创新，就必须注意创新子系统之间的联系。上述几种创新模式都把创新过程看作主要是串行式的从一个职能到另一个职能的开发过程，而一体化知识创新过程则将创新看作是同时涉及 R&D（研究开发）、制造、营销等因素的并行过程的转变。这种创新模式注意研发和制造的界面以及企业与供应商和引导用户之间的密切合作。这种模式主要参照 SECI 模型理论，新的知识对原有的知识中合理的、积极的内容进行继承，对于阻碍发展或不合理的部分进行否定，并创造出新的合理的知识，因而实现了知识的自我超越。

一体化模式是创新者通过对创新的全过程实施直接的控制以获得全部利润。从图 2-6 也可以看出，这种方式的优点主要是它使涉及多个有关部门的创新收益内部化，减少了因各个部门间的互不信任而造成工作的重复性。创新企业如果具有生产新产品所必需的配套性设备和专门生产技术知识，即具有一定的新产品生产能力，一般会采用一体化的生产方式，有些高技术企业也投资建立自己的生产线，如成都生物所有制药厂生产地奥心血康，三环公司生产钱铁硼永磁材料等。

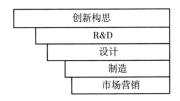

图 2-6 一体化的创新过程模式

五、协同创新载体模式

对单个企业或组织来说，采用一体化的生产方式有其不利的方面。如果一项创新容易被模仿，或者创新水平仅属国内领先水平，那么，时间就成为决定创新能否最终实现和实现程度的关键因素。采用一体化的生产方式，创新者必须在短时间内筹措大量资金去建立自己能完全控制的生产配套设备，并通晓生产工艺及设备，否则，就会导致创新无法实现或创新收益不理想。所以是否采用一体化生产方式，企业必须依据自身情况以及创新产品的特点来做决定。对于处于创业或成长初期的高技术企业来说，它们往往没有能力建立一套完整的生产制造体系，而且，由于高技术产品具有品种多、批量小、更新快的特点，购进的导致固定费用增加的制造设备很容易成为企业的负担。

协同创新载体模式可参照知识创新的 ba 理论。协同创新载体为企业创新活动提供优良环境和场所，当知识在企业、科研院校、科技中介等各种组织间进行知识的 SECI 转换过程中，各种类型的协同创新载体为其提供了各种各样的物理或虚拟的"空间"。协同创新载体为企业、科研院校、科技中介、金融机构、政府机构等建立联结通道，促进载体内的机构合作和资源共享，对知识创新的成功提供重要支持。在协同创新载体中，企业可以联合其他机构进行知识创新，相对单个一体化的创新模式，协同创新能够整合更多生产资源，轻松完成单个企业难以负担的建立一套完整的生产制造体系的任务。

第三节　协同创新载体中知识创新的功能

一、协同创新载体中企业知识创新的价值功能

知识创新为企业的发展提供根本性的资源。彼得·德鲁克（Peter F·Drucker）曾指出："在新的经济体系内，知识并不是与人才、资本、土地相并列的社会生产资源之一，而是唯一有意义的资源，其独到之处，正在于知识是资源本身，而并非是资源的一种。"这句话形象地指出了知识是新经济时代的根本性资源。知识性是企业知识创新系统最根本的特性，而它最主要的功能也在于为企业提供源源不断的知识，以提供最根本的动力支持。

知识创新优化企业知识资源配置。知识创新系统将有效地促进创新主体间知识等创新资源的共享，打破旧体制下各创新资源及创新基础设施各自为政的格局。创新主体间可通过系统互通有无，高效地利用创新资源，从而优化知识等资

源的配置。

知识创新降低企业知识创新成本。通过协同创新载体中企业之间的合作，使企业之间能够做到集思广益，实现资源共享，提高解决问题的速度，降低成本。

知识创新提高企业知识创新效率。协同创新载体中企业之间的专业化分工，使得各个企业都能够将自己有限的资源集中投入到自己最擅长的领域中去，充分发挥各自的比较优势，缩短创新周期，降低创新风险，提高创新的成功率。

知识创新弥补单个企业创新资源不足。协同创新载体中企业各个成员的资源配置是不同的，每个企业的自有资源与期望资源之间总会存在"缺口"，任何企业都不可能在所有资源类型中都拥有绝对优势。参与协同创新企业之间的知识创新使得具有互补性资源和不同核心能力的企业能够在更大范围内实现创新资源的优化配置以及核心能力的互补，达到资源共享和优势互补的目的，从而弥补单个企业创新资源不足的缺陷。

知识创新降低单个企业知识创新风险。知识创新是一个复杂的过程，存在着诸多不确定性因素，但协同创新载体中企业的协同知识创新将使得所有参与企业能够结合成利益共同体，从而最大限度地降低单个企业在创新活动中所无法控制的风险，有效地实现风险的共担。①

二、协同知识创新的社会经济功能

知识创新是根据市场需求将新思想或新知识的产生、传播、转化并引入经济系统，以促进企业发展，经济繁荣和社会进步的动态过程。协同知识创新通过实现知识与社会经济有机结合，整合资源，推动经济发展和社会进步。在知识经济时代，知识不再仅仅是一般的生产要素，而是成为生产要素的核心部分，是最重要和最关键的资源。知识经济的本质特征就是知识的资本化，蕴含知识于其中的智力资源、各种信息以及无形资产等比有限的土地、资本和一般劳动力具有更高的生产率和创造性；知识产业取代工业经济时代的支柱产业如钢铁、机械、纺织等成为知识经济时代的支柱产业；高科技对传统产业的强劲渗透将使得传统产业的产品和服务的知识含量大大增加，产品的附加价值也将大大提高。继而管理的重点转变为知识管理和创新管理，经济发展由工业时期的"周期性"向知识经济时代的"持续性"转变。知识经济既是知识的经济化又是经济的知识化。而知识创新正是知识向经济转化的中间点，通过知识创新，实现知识经济一体化。在知识经济时代，知识创新是推动经济发展和社会进步的决定性力量。知识创新虽然不是知识经济的特定产物，但其作用和重要性只有在知识经济时代才充分体

---

① 陈夏生．基于产业集群的企业知识创新系统模型研究［D］，华侨大学，2009.

现出来，并且随着知识经济的发展，知识创新的作用越发凸显。

一是知识创新为经济增长提供发展原动力。知识创新的实现会直接推动科技的研发与实际应用，促使知识成为推动经济增长的最主要的生产要素，加快科技成果向经济价值的转化速度，推动知识与技术革命的发展进程，从而促使经济总量快速增加。伴随着经济全球化的发展，市场竞争变得空前激烈，经济的发展对于创新的要求日益提高，对知识的需求日益复杂化、多样化、专业化，生产发展与经营模式逐渐由传统的发展模式向知识化转变，要想在经济竞争中生存，就需要有强大的科学技术作为发展的后盾。要想赢得竞争的先机，就需要充分挖掘、创新和利用新知识，才能持续获得竞争优势，在竞争浪潮中立于不倒地位。为了能够在全球经济浪潮中生存和发展，谋求更大的经济利益，企业知识创新活动从对知识实体的探讨开始，逐步关注知识创新的实现条件和经济价值，密切关注在知识创新的实现过程中，信息与通讯技术以及组织管理模式对于经济发展的重要作用。知识创新的实现的已经从过去的实体的、静态的角度转向过程性的、动态的研究视野，其范围也由知识的本身扩展到所有与知识的生产和应用有关的科学技术、信息与通讯以及组织经营管理之中。可见，知识创新一方面加速技术与管理上的革新与改进，为经济的发展提供有力的技术支持和制度保障，另一方面推动了科学技术在生产实践中的应用和价值增值，缩短价值实现和增殖的周期，推动经济的可持续增长。

二是知识创新是产业结构的调整和优化升级的加速器。科技创新促进经济总量快速增加，有利于人均收入水平的稳定快速提高，从而提高并改善社会生活条件以及消费和需求结构。需求结构的变化使得资源配置结构发生变化，表现在产业结构上促使知识和资金密集的高科技产业和服务业在总的产业格局中所占比重逐步上升，而农业和传统制造业的比重逐年下降。因此，从生产与消费的关系角度来看，消费结构的变化带动了需求结构的变化，继而推动了生产活动中产业结构的调整和优化。

三是知识创新为经济体制进行修正和完善添加催化剂。知识经济的发展与壮大要求知识不断地进行发展与创新，同时要求科学合理的经济体制给予制度和体制上的支持与保障。企业要想在竞争日趋激烈的环境中，谋求更好的发展，就必须建立创新激励与奖励体制，建立科学的组织制度，通过有效的知识管理，利用员工的知识与创新能力来不断地实现知识创新，以此来不断增强企业的活力，使企业能够在全球化大潮中越战越勇。国家或地区想要在知识经济时代获得发展、进步，就必须不断地发展与完善创新体系，推动原有经济体制的进步与升级，构建适应经济发展现状、紧跟经济发展潮流的经济体制和环境。科学完善的经济体制是实现知识创新对经济增长推动作用的关键因素，知识创新的方向、水平和创新成果的应用程度对知识经济的发展起主导性作用，要提高知识创新能力，就要在遵循经济发展的客观规律的基础上努力寻找获得破旧出新、竞争制胜的发展道路和途径，构建和不断完善经济体制，为经济增长创造有利的政策支持和体制保障。因此，知识经济环境下，为了提高知识创新能力，需要在现有的经济体制基础上进行修正和完善，而这种修正和完善同时也是一种知识创新。

第四节　协同创新载体中知识创新作用的放大

协同创新载体实质是一个由众多创新主体和其他相关要素组成的复杂系统，具有将区域内各类有限的创新资源（包括技术、资金、人才、政策等）有效地整合起来，区域整体效益的提高可以降低产学研合作的交易成本，加强各主体间的互动，提高知识创新的效率，吸引更多的企业、高校、科研机构加入到合作之中，进一步放大知识创新的作用，带来"1＋1＞2"的协同倍增效应。

一、协同创新载体中信息共享和交流，加速了知识创新的过程

同一载体内，众多创新主体集聚，信息能够高效、快捷的传播。载体内正式、非正式交流使各知识主体即知识生产机构能方便地了解市场信息，及时纠正知识偏差，提高知识创新的市场价值，使知识创新成果更易于实现其市场价值。信息的广泛交流一方面提高了各组织对产业内现有知识的了解和掌握，避免了知识创新行为在各组织的重复，在整体上降低了知识创新的成本，提高了知识的利用程度；另一方面信息在近距离、同行业间的传播，信息交流的速度快、质量高，产学研单位的近距离密切联系使知识交流、知识创新更有实际意义。[①]

二、协同创新载体中技术创新联系模式化、制度化，有效提高知识创新能力

与知识创新成果同样重要的，是地区创新能力的提高、创新模式和制度的形成，这种合作创新模式和制度的形成，反过来会有力地促进区域知识创新合作。例如，斯坦福大学对于硅谷地区创新模式和制度形成的重要作用，可以追溯到斯坦福大学最初与当地企业有效的合作，对整个地区的重要影响。当初斯坦福大学与洛克希德公司达成合作协议，斯坦福大学的教授们为该公司提供咨询服务，并

---

① 李君．产业集群的知识创新研究［D］，吉林大学，2009．

帮助培训它的雇员，而洛克希德公司则帮助重建斯坦福大学的航空工程系。其成功合作的示范影响带动了该地区高校与企业之间的合作，如位于洛斯阿尔托山的福特希尔学院，为当地公司开创了学制为 2 年的半导体加工业的 A.5. 学位课程，Tandem 计算机公司则向福特希尔大学捐赠了价值 100 多万美元的计算机设备，使得该校计算机系可以招收三倍的学生。诸如此类的合作，加强了相互间的技术创新联系，促进了地区创新合作的模式化与制度化。一个地区形成的协同创新载体覆盖的机构越多，影响越大，越有助于降低那些妨碍有效合作研究和人才流动的制度壁垒，打破不利于产学研结合的障碍，引导并促进企业与研发、教育机构之间的互动学习。通过协同合作，能够建立起本地企业与高校、科研院所之间密切而稳定的交流、合作制度，逐步形成产学研共同发展的区域技术创新网络运行机制，提高协同知识创新能力。

三、协同创新载体中协同创新能力提高及政策支持，为知识创新提供动力驱动

产学研协同创新并无外界统一的强制指令，而是企业、大学、科研机构等在与外界环境的相互作用中，自发地聚集，寻找技术创新的契合点，从而服务于产业及经济的发展。因此，产学研协同创新系统是一个具备自组织性的复杂系统，具有开放性、动态性、非线性、不确定性等复杂性特征。产学研协同创新系统的协同创新能力由系统内多主体进行合作而产生，具体包括合作研发能力、技术商业化能力、资源融合能力和信息沟通能力。企业、高校、科研机构在合作时产生的多种能力和精神会因为各种阻力而消失或减弱，协同创新能力会因为系统的有序合作而不断增强。而政府科技政策和法规对产学研结合的扶持力度是产学研协同创新从无序走向有序的基础。在协同创新载体中，政府积极支持产学研结合技术创新，并制定科技政策和相关法规，能促进产学研结合技术创新顺利进行。政府根据国际环境，针对一些产业出台一批特殊政策，积极扶持产学研合作，有力地刺激产学研结合，保障产学研协同创新的运行。协同创新能力支配企业主体的行为，在协同创新能力和政策法规的共同作用下，产学研协同创新系统从无序混乱的状态向有序的方向发展，形成紧密稳定持续的合作状态，为协同创新载体中知识创新活动提供动力驱动。①

---

① 胡寅龙. 产学研结合技术创新协同机制研究 [D]，西安工程大学，2012.

四、协同创新载体中技术创新联系的有效建立，形成知识创新良性循环

协同创新载体充分利用在产学研结合中能够有利于发挥各自特长、强化相互联系、推进技术创新的机会和便利，能够积极有效地建设地区技术创新网络。高校、科研机构在科技资源方面具有优势，但缺乏实际生产组织、运营管理和市场营销等方面的技能和专长，难以保证科技成果的市场应用性，在科技成果转化过程中，会有一些障碍和困难；而企业虽然在生产组织、营销管理、市场营销方面有优势，但在技术创新中也产生了一系列单靠自身无法解决的科技问题，或为寻找技术创新机会而产生科技联合方面的需要。于是，在协同创新载体中，高校、科研机构与企业之间结成产学研共同体，做到优势互补和相互促进，在提高创新成功率的同时，加强区域技术创新联系，提高区域知识创新水平。高校、科研机构在为当地经济服务的过程中，从资金、课程设置、学科调整与建设、市场适应性等方面加强建设，推动了自身基础理论的探索，获得了协同发展效益；企业在产学研结合技术创新中提高自身的工艺水平与产品开发速度，开发出有竞争力的新产品，获得新产品市场收益的同时，积累了产品开发及生产组织、市场营销管理的经验，获得了协同发展效益；协同创新载体实现其应有的使命，提高了区域创新的成功率，增强了地区竞争力，促进了当地经济的发展。在这一过程中，公众也认识到了科学知识的重要性，从而尊重知识和人才，支持政府和企业界资助学研的发展，这提升了地区整体技术创新支撑能力，增强了区域技术创新网络形成能力。而单从劳动力市场运行来看，如果产学研结合富有成效、地区技术创新网络运行绩效比较高，那么每年由高校为社会输送的大批高素质人才，就会使区域劳动力市场比较充裕，为区域企业诞生和聚集创造条件，进而促进技术进步和生产率的提高，吸引产业、人力资源和资金到该区域，改善区域技术创新的资源环境，促进企业更好地创新和创业，由此形成企业创新与高校产出之间的良性循环，形成一种地区创新集成、整合与协调发展的状况。

第三章 专业镇协同创新平台的组织系统分析

第一节 专业镇协同创新平台的架构

一、专业镇协同创新平台的系统架构

专业镇创新服务体系的构建应围绕省级专业镇创新服务综合平台（包括交互中心和资源中心）这一核心，在内部完善以综合平台、专业镇创新平台、企业技术研发机构为主体的产业创新体系，在外部构建以省内外高等院校、科研院所、行业协会等为结点的创新资源网络，形成内联外引、互相支撑、合理布局的创新服务体系结构。具体而言，在专业镇创新服务体系的顶层设计上，可将专业镇创新服务体系的框架分解为四个层面：资源层，主要包括省内外高等院校、科研院所、行业协会等机构；产业层，即专业镇创新服务综合平台；区域层，主要指专业镇中的技术创新平台；企业层，主要包括各类企业技术研发机构。专业镇创新服务体系的主要架构如图3-1所示。

在专业镇创新服务体系的资源层，充分发挥专业镇创新服务综合平台作为创新资源整合平台的作用，吸纳省内外高等院校、科研院所、重点实验室、公共实验室、行业协会等相关领域的优势创新资源，构建拥有强大技术和人才储备的创新资源网络。

在专业镇创新服务体系的产业层，依托综合平台，根据专业镇的共性技术创新需求，开展产业关键共性技术与核心技术的科技攻关，并通过产学研战略联盟等组织形式开展面向专业镇的科技成果应用与示范推广工作。

在专业镇创新服务体系的区域层，根据专业镇特色产业发展需求，依托已建立的专业镇生产力促进中心、技术创新中心或者综合创新平台与专业镇政府联合组建的新创新平台，为企业提供孵化、检测、咨询、评估、信息、专利、投融资等技术创新服务；通过整合企业技术创新需求，向综合平台反映产业科技需求；并通过承接和消化吸收综合创新平台的科技成果，示范推广产业共性技术和关键

技术，辐射带动产业发展。

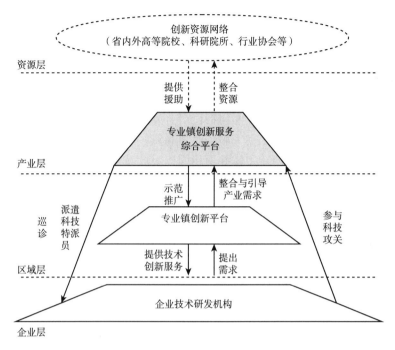

图 3 – 1　专业镇创新服务体系架构

在专业镇创新服务体系的企业层，主要由企业研究院、工程技术研究开发中心、企业技术中心等企业技术研发机构组成。综合平台将派出科技特派员直接进入企业层，不仅直接为企业开展技术服务，还广泛搜集企业技术需求，并反馈给专业镇创新平台和综合平台。企业除开展自身的技术研发和技术扩散外，还可以参与综合平台各机构的科技攻关，承接综合平台的科技成果，并向专业镇创新平台提出需求，请求提供相关服务。

二、专业镇层面的创新平台体制设计

借鉴全省已有的专业镇技术创新平台和技术创新政策实践经验，专业镇技术创新体制应着眼于围绕特色产业的共性科技创新问题，抢占产业竞争制高点，因而其体制机制建设也相应地应定位于利用全省乃至全国科技资源（包括科研机构、科技人才等资源），全面服务专业镇企业。具体来说，专业镇技术创新平台体制机制建设的主要内容集中于"两个体系、两个层次、三个类别"。

——"两个体系"：提供"产业服务"的科技公共创新平台体系和提供"企

业技术创新"的企业创新服务平台。

——"两个层次"：在科技创新公共服务平台体系中，包括产业研发院、生产力促进中心两个层次的不同定位的公共技术创新平台。

——"三个类别"：产业研发院面向专业镇的产业创新、生产力促进中心面向区域创新，工程技术创新中心则面向企业创新，三者共同组成专业镇技术创新网络的骨架。

从科技创新平台体系来看，面向特色产业的产业研究开发院和面向区域的生产力促进中心由于定位有所区别、服务对象和科技服务应具有的创新能力有所差异、所组织和涉及的科技创新主体并不相同，因此，两者应采取不同的体制机制模式。鉴于产业创新对公共技术创新平台的创新能力要求较高、涉及的科技创新主体组成更为复杂，产业研发院应立足高起点，采用战略联盟型的体制模式；而区域创新则强调公共技术创新平台对专业镇企业科技创新需求覆盖的全面性，因而宜采取政府扶持、企业运作的模式，满足技术创新需求灵活多变、共性技术创新收益率较低甚至为零的要求（见图3-2）。

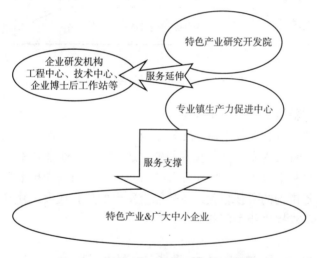

图3-2 专业镇技术创新平台体制架构

第二节 三类技术创新平台的体制模式

一、产业研究开发院

产业研究开发院将涵盖专业镇内特色产业各类创新机构，并向省内外同类产业创新机构延伸，面向全省乃至泛珠三角地区的特色产业发展，提供产业共性技术研发服务和重大关键技术支撑，因此，它应围绕产业共性需求，采取多主体参与、多层次合作、政产学研联合的"联盟"体制进行建设。

1. 体制定位。以产业研发院为载体的专业镇产业联盟应建成具有三大特征的联盟，其定位应为技术的联盟、知识产权的联盟和标准的联盟。

——技术联盟，即根据产业和企业在产品生产、成果应用推广等方面的技术需求，联合具有相关优势的院校，发挥联盟成员各自优势，共享人才、创新平台等资源，联合开展技术攻关，以核心和关键技术的研究开发和应用推广为重点任务，建立政产学研结合、主导企业参与、具有自主创新能力的特色产业技术联盟。

——知识产权联盟，即以知识产权为纽带，推动联盟成员单位加强专利技术的开发、实施和共享。按照"产权明晰、交叉许可、密切合作、互利互惠"的原则，在技术领域建立若干个"专利池"，联盟成员将各自专利（至少是通过联盟合作完成的专利）投放到"专利池"中，"池"内所有专利实现成员共享，最大限度发挥产学研联盟的知识产权效益。

——标准联盟，即推动联盟各成员形成合力，积极参与地方标准、行业标准、国家标准的制定，使联盟企业成为标准制定、实施和维护的主力军，推动联盟将产业共性技术和专利转变为标准并实现技术共享，提高传统产业的整体技术水平。同时，联盟内政府部门应积极推行"技术专利化、专利标准化、标准国际化"工作，把专利和标准捆绑起来，组织企业研制一批拥有自主知识产权的精密制造技术标准，及时把知识产权转化、上升为技术标准。

2. 体制总体架构。专业镇特色产业研发院应采用具有独立法人地位的研究开发机构，实行理事会领导下的院长负责制，理事会是产业研发院的最高决策机构。理事会由常任理事、非常任理事组成，其中常任理事由政府部门代表、前期建设主要投资者构成；非常任理事由各建设阶段和其后加入联盟的企业、高校和科研院所及相关的科技服务机构构成。特别地，经理事会2/3多数投票同意，非常任理事可以升为常任理事。

产业研发院理事会每半年召开一次技术战略会议，决定该专业镇特色产业开发院在新一年度的重点攻关领域、重点工程、研发预算，并审查上一年度研发院执行研发计划的进度。理事会闭会期间，常务理事组成常务理事会代行职权，对研发院科研活动进行监督。

理事会的组建可以分两步进行，一是着眼全省特色产业和科技资源，从三个方面组织理事会：一要将全省目前围绕本特色产业开展技术创新的院所和高校纳入理事会，依托产业研究院建设在产业和企业两个层面组织"产学研联盟"；二是将省内主要特色产业主要制造企业和应用企业纳入联盟，形成上下游产业链对接的"产业联盟";三是将政府部门和能够协调产业和科技资源的服务机构纳入理事会,构建保障联盟运行的"服务体系"。在第二步中,理事会可以进一步考虑着眼全国特色产业的产业资源和科技资源,在既有体制框架下邀请国家级的研究机构和优势企业参与理事会(联盟)。

3. 联盟型平台科研机构(研究中心)建设体制。在产业研发院理事会之下,设立研究开发部、中试基地、成果转化与技术服务部三大直属的管理机构,产业研发院院长和三大管理部构成特色产业研发院的核心管理机构和项目投资机构。在其之下设立的各种研发中心、中试中心和科技成果转化中心由高校、科研院所、企业与特色产业研发院共同出资建立(高校和科研院所可以采取技术入股的方式进入研发院所属研究中心)。其架构如图3-3所示。

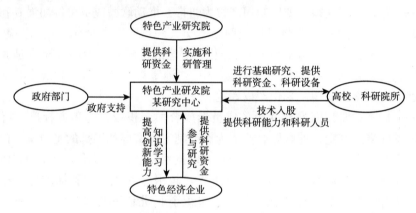

图3-3 特色产业研究开发院研究中心体制模式

在这个体制中,高校科研院所通过承办或技术入股成为研究中心和成果转化中心的联盟成员,一方面可以使研究中心具有更强的技术开发能力,更好地为企业服务;另一方面可以通过研究中心更便捷地寻找科技成果产业化的企业载体和渠道,有利于高校、科研院所与企业产学研联盟的建设。在这个体制中,研究中心可以从三个层面开展技术开发和成果转化活动,一是"企业出题",即由企业提出具体技术需求,由研究中心组织科研力量开展研究、服务企业。二是"产业命题"。即由研发院理事会提出,由研发院组织的产业重大共性技术开发和产业化项目,着眼于对产业影响巨大的重大关键技术的储备和市场化、产业化。三是"高校点题",即由高校提供科研成果并技术入股,研究中心将进行应用开发、寻找产业化载体并与企业共同实施科研成果的产业化。

二、专业镇生产力促进中心

生产力促进中心是面向专业镇企业提供科技创新服务的机构，主要任务是汇聚本地企业技术创新需求，为企业寻找和开辟进行产学研合作、获取创新资源的通道，并为企业创新技术、金融、法律等全方位服务。

1. 体制定位。专业镇生产力促进中心的体制定位是政府支持下非营利机构，采取政府扶持、企业运营的模式面向企业开展服务。与产业研发院"专业化"特征不同，生产力促进中心的特点在于"全面"，对组织技术研发能力的要求较低，因而可以采取更灵活的体制。

——"服务商"模式。在生产力促进中心行政组织架构下直接建立相应的服务部门或服务机构，如信息咨询部，对企业提供直接的服务。其经费主要由政府支持，部分来自企业服务所得。

——"中间商"模式。生产力促进中心接受政府资金支持，根据功能定位，选择成熟的技术创新机构对进行扶持，通过"购买服务"，支持企业的技术创新。技术服务经费主要来自于企业服务所得，部分来自于政府（生产力促进中心）的支持。

2. 架构及发展。生产力促进中心在起步阶段，由于尚未建立完善的企业技术需求信息网络和产学研战略联盟网络，因而需要政府较大的投入，以组建信息咨询、技术中介等技术创新基本服务功能，调查本地企业技术需求，引入有利于主导产业和新兴产业发展高校、科研院所等资源，即主要采取"服务商模式"。

但是，在较为成熟的特色行业，专业镇生产力促进中心可以尝试采取"中间商模式"，整合孵化器、检测中心、研究中心等单位，建立统一的门户网站和行业知识产权数据库，并帮助这些创新机构与省内外高校、科研院所开展产学研合作，引入科技资源（见图3-4）。

进一步地，当特色产业发展到一定规模，形成较为完整的产业链和创新链时，可以将该行业各技术创新服务机构进行所有权和管理权的整合，采取产业研发院模式，组建专业镇特色产业开发研究院。在这个意义上说，生产力促进中心起到了"产业研发院孵化器"的作用。

三、企业工程技术研发机构

企业工程技术研发机构是服务企业的技术创新机构，其建设可以分三层次采取三种体制模式。

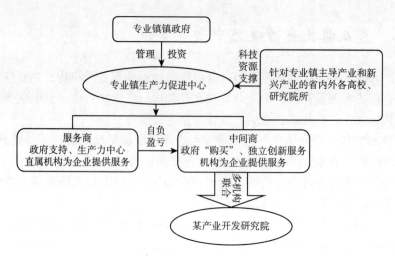

图 3 - 4　专业镇镇生产力促进中心体制架构及发展

——针对创新能力较强的企业。由企业独立建设企业工程技术研发中心、企业技术中心和企业重点实验室，专业镇政府协同地区科技局采取科技项目引导、政府支持的体制引导企业创新和研发。具体形式包括，组织企业参加省、市科技厅（局）工程技术研发中心项目、重点实验室项目的申报和评审；组织企业参与省部产学研合作项目；组织企业参加重大专项的攻关和其他科技项目。

——针对创新能力较弱，从事新兴产业或拥有创新潜力的企业。由专业镇镇政府和专业镇生产力促进中心采取"公共 BOT 模式"建设企业工程研发机构，即由政府资金和科技项目支持资金组建企业研发机构（B）；借助生产力促进中心专业化的科研机构管理队伍进行为期五年的运营（O），在运营期间，研发机构科研成果及产业化的收益将由 50% 归政府和生产力促进中心所有；在项目结束期末，研发机构将的产权和管理权将全部移交企业（T）。

——针对具有创新活力的中小企业。由专业镇生产力促进中心所属孵化器进行扶持，在一定期限内使其达到成熟水平，并建立自己的研发机构。专业镇政府和地区科技局可以通过国家和全省的科技型中小企业资金对其进行扶持。

第三节　专业镇协同创新平台的运行与管理

一、诊疗模式的体系运行机制

企业需求是专业镇技术创新公共服务平台开展技术创新服务的起点，产学研合作是技术创新服务的基石。整个体系宏观运行机制上表现为"门诊模式",可归纳为四个要点。一是技术需求汇集。即技术创新公共服务两大平台——特色产业研发院和专业镇生产力促进中心直接受理本地企业从技术信息咨询到技术问题攻关、从工艺开发到新产品研制、从人才培训到知识产权问题应对、从企业孵化到技术创新融资等企业方方面面的技术创新需求,并对需求进行归类和分析。二是直接响应需求。在创新平台自身创新能力范围内,依靠和组织技术力量对企业技术创新"小"问题和常见问题予以解决,如企业技术信息咨询、常见的检测检验、知识产权和科技项目申报等服务。三是依托产学研网络响应需求。当企业技术创新需求或产业技术创新超出平台自身创新能力,则有平台依托广泛的产学研合作网寻扎有力的技术团队(即"专科诊")这些技术创新"大"问题予以解决。四是企业技术创新需求调查。专业镇产业研发院和生产力促进中心分别针对行业内企业和镇区内企业开展季度性的技术需求调查,协助企业厘清自身技术定位和需求,编写企业技术需求指南和行业发展分析报告,这种方式也可以成为技术创新的"巡诊"(见图3-5)。

门诊:汇集企业创新需求,解决企业"小"问题 | 专科:依托产学研网络,解决企业或行业"大"问题

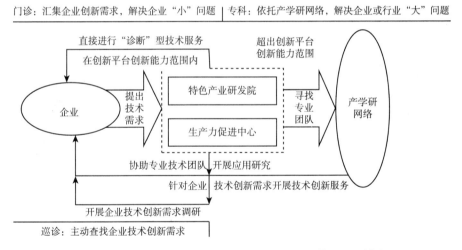

图3-5 专业镇技术创新平台体系"诊疗式"体系运行模式

需要特别指出的是,企业自身建立的工程技术研发中心、企业技术中心和企业重点实验室等企业工程技术研发机构在"门诊"体系中也具有十分重要的作用。一方面,它们是响应企业创新需求的"第一梯队",将是企业技术创新的先锋。另一方面,它们是行业和区域性的技术创新平台及其依托的产学研网络获取和汇集企业、行业技术创新需求的专业化的重要力量。

二、紧贴需求的工作运作机制

围绕企业需求而运作的技术创新项目是专业镇技术创新平台运行的"细胞",其机制是否具有科学性和合理性,不但关系到具体项目的成败,甚至会影响企业乃至区域技术创新平台的运行。在技术创新平台微观运行层面,项目运作可以分为两种机制模式。

1. 项目委托开发机制。当企业自身科研实力有限时,往往会借助有能力的技术创新平台、科研机构和高校开展关键技术问题攻关,以委托项目的形式协助企业开展研发活动,实现企业竞争力的提高。通过这种运作机制,一方面企业可以在自身缺乏能力的条件下实现工艺和产品的创新;另一方面,技术创新平台、科研院所和高校则通过接受委托开发的方式获得相应的收益。对于收益的分配,可以通过预先支付一定委托费用,其余部分转为股权或通过销售额提成形式由企业给予合作的科研机构或高校。这样可以围绕企业技术创新需求形成以利益为纽带的联盟,实现技术创新风险共担和利益共享,保证了技术创新平台、科研院所和高校与企业的后续合作,如图 3 - 6 所示。

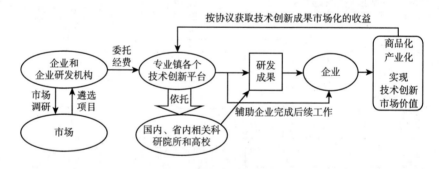

图 3 - 6　技术创新项目委托开发机制

2. 项目合作开发机制。当企业具备一定研发实力,拥有较为完整的研发机构和相当实力的研发队伍时,企业向技术创新平台、科研院所和高校提出的技术创新需求与技术委托模式有显著差异。通常这种开发具有行业关键性、前瞻性和原始创新特征。企业往往采取联合技术创新平台、高校或科研院所的方式对项目进行合作开发,共同完成研发任务。通过相互的技术交流与技术合作,不仅可以提高技术创新项目研究的效率与质量,也可以提高由研发活动为纽带的联盟各方的研发能力和研究人员的业务水平与创新能力,实现两者双赢,如图 3 - 7 所示。

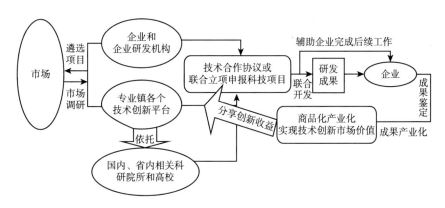

图 3-7　技术创新项目合作开发机制

3. 共建机构机制。共建机构模式是指以省专业镇创新服务综合平台、专业镇政府、专业镇企业围绕特色产业发展需求和技术合作目标，将各自进行人力、物力和财力集中起来统筹规划、集中管理、统一使用的实体性合作创新形式。根据合作各方扮演的角色不同以及新建组织形态的不同，共建机构模式可分为两种类型。

一是共建创新服务中心。即以省专业镇创新服务综合平台和专业镇政府为合作方、企业参与的模式。参与的企业一般是在特色产业中具有一定应用开发能力的装备企业。创新服务中心将重点针对当前特色产业的技术创新需求，为企业提供创新所需的技术、资金、人才和服务，如图 3-8 所示。

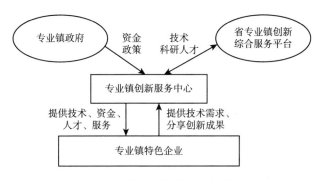

图 3-8　共建创新服务中心模式

二是共建工程技术研发中心。以股份制为纽带，省专业镇创新服务综合平台以技术入股，以专业镇创新平台为依托，以企业工程技术研发中心为网络，专业镇政府或企业投资共同组建独立的股份制公司，采用市场化运作的方式。也就是说，该中心旨在针对市场需求，对科技成果进行程序化与集成化应用研究和二次开发，是研究开发重大核心技术和关键共性技术的科研实体。中心可为企业和行业提供成熟配套的技术和产品，培养高水平的工程技术人才，并可为行业的发展提供信息、咨询等服务，如图3-9所示。

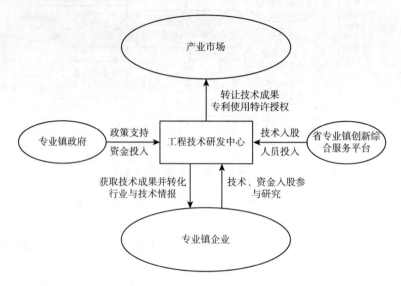

图3-9 共建工程技术研发中心模式

4. 产业孵化机制。这种模式以专业镇特定的科技园为载体，整合创新服务机构和技术创新资源，直接为科技型中小企业和高成长性创业型企业的孵化服务。在企业孵化初期，通过园区各种优惠政策和配套的产业设施促进具有一定技术创新基础的企业迅速扩张；在企业的成长期，借助省专业镇创新服务综合平台与专业镇的产学研合作桥梁帮助企业获得高校和科研院所等外部创新资源的帮助。

产业孵化园主要开展以下五方面工作：一是建立产业园公共技术研发中心（如公共实验室），围绕行业共性关键技术开展技术攻关和成果转化，在园区内共享研发和检测装备，为园区企业提供测试、研发服务。二是搭建产学研平台，通过引入高校和科研院所，夯实区内创新资源，提升园区内技术基础设施水平，提升企业自主创新能力，促成企业与高校、科研院所之间的产学研合作，同时为企业提供各种形式的技术创新服务。三是完善科技金融配套，鼓励和扶持企业建立和发展风险投资中心，引导当地金融机构和企业的合作，为企业特别是科技型企业寻找良好的融资渠道。四是建立产品展示中心，引导科技园区内的企业进行产品升级和技术换代。五是建立知识产权保护制度，引入专利代理机构，在园区实施专利战略。

5. 专业镇联盟组织机制。专业镇联盟模式以省专业镇创新服务综合平台为依托，围绕一定的产业方向，沿着产业链组织专业镇调整产业布局，优化特色产业链，形成专业镇之间的分工协作。主要模式包括以下两种。

一是技术联盟。即根据产业和企业的技术需求，以省专业镇创新服务综合平台为核心，联合具有相关优势的院校，共享人才、平台等资源，联合开展技术攻关，以核心技术、关键共性技术的研究开发和应用推广为重点任务，建立产学研结合、具有强大自主创新能力的技术联盟。

二是知识产权与标准联盟。即以知识产权为纽带，推动产学研联盟成员单位加强专利技术的开发、实施和共享。按照"产权明晰、交叉许可、密切合作、互利互惠"的原则，在特色产业领域建立技术"专利池"，联盟成员将各自专利投放到专利池中，池内所有专利实现成员共享，最大限度发挥产学研联盟的知识产权效益；联盟成员参与地方标准、行业标准、国家标准的制定，推行"技术专利化、专利标准化、标准国际化"工作，把专利和标准捆绑起来，研制一批拥有自主知识产权的精密制造技术标准，及时把知识产权转化、上升为技术标准。

实践篇

第四章 专业镇协同创新历程

第一节 专业镇技术创新试点及其扩大

一、专业镇源起

（一）专业镇经济形成的背景

党的十五届五中全会通过的《中共中央关于制定国民经济和社会发展第十个五年计划的建议》明确提出了中小企业的发展方向，即按照专业化分工协作和规模经济的原则，通过兼并、联合、重组等形式，促进中小企业朝着"专、精、特、新"方向发展。同时，也提出了在"十五"时期各地要积极稳妥地推进小城镇建设。如果把这两个方面结合起来，就可以看到两者之间的经济联系，即中小企业发展是以地域为特征的，作为地域经济优势的小城镇发展也往往有中小企业竞争力的支撑基础，因此，以中小企业发展为基础，推进小城镇发展将是"十五"期间工业化和城镇化相互促进的一个结合点。事实上，20世纪90年代以来，在经济发展比较迅速的广东省，以中小企业专业化生产为依托的小城镇发展已经兴起，并蓬勃地发展起来。本书将这种以中小企业专业化生产为依托的小城镇称为专业镇经济。

1. 广东沿海地区镇级经济崛起。1978年十一届三中全会后，我国进入社会主义现代化建设新时期，东南沿海地区在经济特区的相关政策下，社会经济在改革开放的浪潮中迅速发展。广东率先进行价格"闯关"，"三来一补"外贸形式首度出现。广东率先实行财政体制改革、国营企业实行扩大自主权、推进流通体制改革、推行劳动合同制、加快建立现代企业制度等一系列政策，"对外更加开放，对内更加放宽，对下更加放权"，有效调动了市、县（区）、镇、村各级干部、群众建设社会的积极性。党的十四大确定了社会主义市场经济改革目标，民间投资积极性高涨，私营经济高速发展。政策、观念上的改革开放，激活了广东镇级经济的崛起。据省统计局的材料，到 1998 年底，全省 1551 个建制镇中，社会总产值超过 10 亿元的镇 274 个，超过 30 亿元的 29 个，超过 50 亿元的 16 个，甚至有些镇经济规模超百亿元（路平、林萍、关春华，2008）。

2. 国际制造业商品链转移。20 世纪 90 年代以来，随着国际生产的大转移，中国制造业基地的地位逐渐显现，跨国公司的大举进入，中国电子产业在生产规模、生产技术、自动化程度以及品种规格方面取得了长足的进步。中国市场成为了世界市场的主要组成部分，在国内巨大市场需求、扩大出口及国际电子产业转移的共同作用下，逐步形成以微电子为基础的计算机、集成电路、半导体芯片、光纤通信、移动通信、卫星通信等为发展主体的产业格局。尤其是地处中国南大门的广东，对外交流十分频繁。港澳的中小企业、跨国集团和大型台、港企业纷纷在广东投资建厂。在产业转移中，广东承接了各种劳动密集型产业，包括电子信息、汽车等产业的生产环节，并逐渐承接部分产品的设计研发环节的转移。劳动人口密集的广东乡镇在这产业转移的浪潮中得以迅速发展起来。

（二）专业镇形成的资源优势

20 世纪 80 年代和 90 年代初期，是专业镇经济创生的重要阶段。专业镇主要是在乡镇经济和国际制造业商品链转移的基础上发展起来，当时各种有利条件为专业镇提供了良好的生长土壤。

一是非公有制经济的发展。国家在经济体制上的改革为非公有制经济提供了极大的发展空间，进而为专业镇的发展营造了宽松的制度环境。新的金融环境，在一定程度上堵住了政府主导型的投资模式，又为民间资金找到投资渠道，为专业镇经济的发展提供了金融条件。

二是市场体系逐渐成熟。各种要素（原材料、元器件、技术、人才、劳动力等）市场逐步完善，特别一些专业市场的发展为中小企业提供了一种自然的营销渠道和信息交流场所，并在乡镇中小企业与市场化需求之间建立稳定的联系，把这些企业有机联系起来。

三是产业转型的机遇。国际范围内以电子信息产业为主要内容的新一轮产业结构的调整和转移，加速了广东产业的转型和调整，大城市和中等城市多把高新技术产业、资金技术密集型产业，金融、房地产等服务业作为支柱产业，劳动密集型的传统产业属于调整对象，这正好为小城镇填补"空白"，提供工业化的发展机遇。

四是地理区位优势。有利的地理位置与发达的交通条件是广东形成区域特色专业镇的一个必要的基本条件。珠三角毗邻港澳,传统上与港澳在经济上有着紧密联系,区域经济落差使得珠三角镇区成为香港制造业向内地转移的目标地。

总之,专业镇的发展得益于改革开放的春风,得益于改革开放初期的外商投资优惠政策,也得益于优越的地理位置和发达的交通环境,是伴随着广东经济的发展而形成和发展起来的。

二、专业镇技术创新试点

1. 专业镇技术创新试点的开展(2000~2002年)。广东省科技厅从2000年开始实施"专业镇技术创新试点",以技术创新推动广东镇域经济从自发、零散和无序的状态转入规划引导、政策扶持、科技创新的专业镇发展。

1999年8月20日,《中共中央、国务院关于加强技术创新,发展高科技,实现产业化的决定》发布实施。文件中明确了"技术创新"的定义:企业应用创新的知识和新技术、新工艺,采用新的生产方式和经营管理模式,提高产品质量,开发生产新的产品,提供新的服务,占据市场并实现市场价值。国家再次明确了技术创新是发展高科技、实现产业化的重要前提,并把企业作为技术创新的主体。在推动产业化发展方面,文件指出要认真调查研究,根据本地区、本部门的实际情况,解放思想,大胆创新,形成具有地方特色和优势的科技与经济发展战略,首提乡镇企业要努力提高技术创新能力。这些内容都为广东镇域经济的发展方向提供了有益的指导。

1999年底,广东省科技厅组织有关专家深入广东省主要产业集聚乡镇调研,提交了"建立专业镇技术创新平台,推动专业镇经济登上新台阶"的调研报告,为开展专业镇创新工作提供了充分的科学依据。2000年初,广东省科技厅党组决定,围绕科技工作服务地区经济发展的目标,在全省组织开展"专业镇技术创新试点"工作,在专业镇中建立创新平台,通过现代科技为传统产业升级改造服务。2000年3月,《中共广东省委办公厅、广东省人民政府办公厅贯彻〈中共中央、国务院关于加强技术创新,发展高科技,实现产业化的决定〉的通知》(粤办发〔2000〕6号)要求"积极开展专业镇技术进步试点工作","对同一产业相对集中,已形成相当规模的镇,省科技行政管理部门要组织科研机构和高等学校的力量,与当地政府共同研究制定和实施产业技术进步规划,推进县和镇一级的产业技术升级和产品更新换代"。

2000年8月14日,广东省科技厅组织召开广东省专业镇技术创新工作座谈会,应邀到会的专家在会上阐述了专业镇对广东农村经济发展的重要意义及发展前景。2000年11月,中山市古镇镇被批准为第1个专业镇技术创新试点单位;

同时，中山市小榄镇、东莞市石龙镇、佛山市南海区西樵山旅游度假区（现改为"西樵街道"）、禅城区张槎街道、澄海区凤翔街道、花都区狮岭镇等7个镇街被批准为第1批专业镇技术创新试点单位。

2000年12月，广东省科技厅印发《广东省专业镇技术创新试点实施方案》，明确了"十五"期间开展专业镇技术创新示范工程的目标、任务和措施。方案规划，根据镇区经济发展和产业特点，在两年内组织10~15个专业镇进行试点，"十五"期间选择30~50个镇进行专业镇技术创新示范试点，科学规划，突出重点，分期分批实施，把专业镇建设成现代化、专业化、有产业特色和优势的城镇，并设定了技术创新目标、科技人才目标、知识产权目标和可持续发展目标；规定了技术创新试点申请条件，具有明显产业发展特色，技术创新的切实需求，全镇工农业总产值20亿元以上，其中特色产业产值占30%以上。产业集聚程度、产业规模等作为省级专业镇认定的基本条件延续至今。

2001年，广东省科技厅分3个批次共认定佛山市顺德区伦教镇、佛山市南海区金沙镇（2004年后区划调整为丹灶镇）、肇庆市高要市金利镇等14个省级专业镇技术创新试点单位。专业镇试点中，技术创新与科研合作始终占据着重要位置。

在专业镇技术创新试点初期，政府推动力度比较明显，认定迅速也比较快。《广东省专业镇技术创新试点实施方案》印发2年后，广东省科技厅便完成了既定的专业镇技术创新示范试点工作。截至2002年12月，广东省科技厅一共批准了50个专业镇技术创新试点单位。2002年12月，佛山市禅城区南庄镇被批准为第50个专业镇技术创新试点单位。这既是对市场自发式产业集群的追认，也有利于专业镇协同创新工作的进一步推广，同时为后期专业镇协同创新平台及其协同创新网络的形成奠定了基础。

政府强调创新元素引入专业镇，提出科技与经济融合、和科研成果落地转换，珠三角地区专业镇逐渐成为全省试点的典范，一批示范市、专业镇、企业脱颖而出。2002年7月3日，广东省科技厅批准佛山市石湾区张槎镇（现佛山市禅城区张槎街道）和中山市小榄镇建立生产力促进中心，广东省在全国首创在镇街级别（专业镇）建立生产力促进中心。同年7月23日，广东省科技厅认定广东省第一批制造业信息化工程试点示范市、镇和企业，广州市等9个市为试点示范市，广州市花都区狮岭镇等9个镇区为试点示范专业镇；国信华凌集团等20个企业为示范企业。2002年10月30日，全省专业镇技术创新试点工作现场会在佛山西樵山召开，会上时任广东省副省长李鸿忠强调，"号召和鼓励大专院校、科研院所要大规模地、大踏步地向专业镇靠拢，到这里来寻求科技与经济的结合，这里才是把科研成果转化为生产力的平台。"同时大会明确把专业镇技术创新作为实施省市联动的重要内容。

2. 专业镇技术创新试点的扩大（2003～2005年）。2003～2005年，全省共认定了109个专业镇技术创新试点。其中，2003年、2004年分别认定了21个、32个，2005年认定了56个，掀起了专业镇技术创新试点的高潮。

专业镇的发展已经引起社会各界人士的关注，影响力不断提升。广东省民进党、九三学社等民主党派把专业镇技术创新试点纳入了提案范畴，提出了"加强技术创新，推动专业镇经济持续发展"和"推进广东省专业镇技术创新平台建设"等多项提案。2003年10月9日，全省专业镇技术创新工作现场会在佛山市南海区召开，时任中共广东省委副书记、省长黄华华出席会议，把专业镇技术创新试点提升到省政府重点工作的新高度。佛山市技术创新中心的做法在广东省内作为典型经验推广，如南海大沥"广东有色金属技术创新中心"、金沙镇（现属丹灶镇）"广东五金技术创新中心"、西樵镇"广东南方技术创新中心"等。

2003年10月，广东省科技厅印发《广东省专业镇技术创新试点管理办法（试行）》，对全省专业镇技术创新试点的任务和工作内容进行了详细规定：专业镇技术创新试点的任务是根据镇区经济发展和产业特点，引导专业镇经济走上依靠科技进步和提高劳动者素质的轨道，支持专业镇技术创新体系和创新能力的建设，推动专业镇的产业结构优化升级，探索专业镇经济持续发展的有效途径。工作中，要坚持"突出特色、强化功能、提高质量、繁荣经济"的方针，以企业为主体、市场为导向、高等学校和科研机构为科技依托，通过建立科技创新和经济、社会协调发展的新体制和新机制。专业镇技术创新试点建设工作以科技项目形式由广东省科技厅进行管理、验收。要求专业镇技术创新试点分阶段实施，可分为调研分析、制定规划、实施、验收四个阶段。时间为3～5年。

2005年是专业镇技术创新试点的重要年份。这一年，试点认定工作达到了历史最高值——全年分6个批次共认定56个技术创新试点。广东省专业镇由技术创新试点工作转入了专业镇（区）建设阶段。

2005年5月，广东省科技厅出台《省市联动推进专业镇（区）建设指导的意见》（以下简称《意见》）。《意见》详细梳理了全省专业镇（区）建设的重要意义和发展内容。具体包括搭建专业镇（区）技术创新平台、加强专业镇（区）产业科技创新、促进产学研结合、促进开展国内外交流与合作、因地制宜抓好专业镇（区）建设的组织实施和提升、省市联动共同推进专业镇（区）建设。《意见》要求广东省市县各级科技部门把专业镇（区）建设作为新时期科技工作的重点任务，在前期专业镇（区）技术创新试点工作的基础上，通过省市联动的形式，全面推进专业镇（区）建设工作。2015年5～8月，广东省科技厅与梅州、佛山、汕头、江门等19个地级市（广州、深圳除外）政府分别签署了《省市共同推动专业镇建设，促进县域经济发展协议》，以省与市县政府联动形式来促进专业镇发展。

专业镇（区）是民营经济和中小企业的重要集聚地。搭建专业镇（区）技术创新平台，作为专业镇（区）建设的重要抓手为中小企业提供优质技术创新资源，成为了专业镇（区）建设的重要工作。各地市平台建设形式允许多样化，可以是县或镇级公共创新中心、相关行业技术创新中心、生产力促进中心、产学研结合基地、工程技术研究开发中心、孵化器、科技开发和咨询机构、信息网络中心或平台等。这一规定及相关政策的配套实施，奠定了专业镇（区）协同创新平台建设和区域创新网络的基调，影响深远。

同年11月，广东省首个省级专业镇行业组织——广东省专业镇发展促进会成立，致力于组织专业镇（区）之间的合作与交流，促进专业镇（区）之间的协作，并根据专业镇（区）特色产业的发展，组成若干行业技术专家组，对专业镇（区）产业技术问题进行指导。

三、专业镇技术创新试点"十五"时期发展情况（2000～2005年）

经过5年发展，到2005年底，全省已有159个镇（街道办事处）被批准为专业镇技术创新试点镇，并呈现出若干迥异于其他产业集群的特点：

1. 在地区布局上，专业镇由珠三角向两翼发展。专业镇经济正从珠三角向两翼、山区扩展。涵盖了除深圳以外的20个省辖市，专业镇主要集中在珠三角和东翼地区，特别是佛山市的东部3区23个镇，已基本实现专业镇化。专业镇经济从珠三角向两翼、山区扩展有它的必然性，原因是：现代工业走上产业集群之路，是经济发展规律，随着两翼、山区工业化的进展，两翼、山区一些有基础的产业必然走向产业集群之路；2005年前后，两翼、山区发展了一批新的产业，并形成了经济规模；珠三角向山区转移的产业形成产业集聚；农业产业化形成的特色农业集聚。

2. 产业分布上，初步形成大行业产业链。专业镇内部企业明确专业化分工，专业镇之间产业联系日趋紧密，形成大行业产业链，是2005年前后专业镇经济发展的一个明显趋势，在珠三角腹地各市表现尤为明显，并推动经济规模迅速扩大。这种发展趋势，在专业镇内部主要表现为：企业与企业之间，从大而全，小而全转向专业化分工明确并相互衔接的产业链；在专业镇之间，从一镇一品，基本上没有产业关联到各专业镇之间以一个龙头产业、产品形成相互关联的产业链，又从制造业延伸到服务业，并突破建制镇行政区划。但这种发展趋势在两翼、山区仍不明显。

3. 企业发展上，民营企业大量集聚，逐步成长。聚集在专业镇内的民营企业在激烈的市场竞争推动下，正逐步向成长型、创造型、科技型转变。到2005年底，广东以个体、私营企业为主的民营企业已发展到272.8万户，生产总值超过6 000亿元。这些民营企业相当一部分聚集在几百个专业镇。去除7 000多家民营科技企业（实际数在2万家以上）和13 000多家高新技术企业，一般的民营工业企业普遍存在着如下问题：家族企业家族式管理，父子、夫妻、兄弟是企业主宰；作坊式生产，设备差，工艺落后，生产条件恶劣，污染环境；产品模仿，假冒，缺乏自主创新；大而全、小而全的生产方式，缺乏专业化的明确分工等。随着国内外市场竞争的激烈，专业镇创新平台的推动，一大批企业管理规范、设备、技术、工艺先进，专业化分工明确，具有创新能力的成长型、创造型、科技型的民营企业正在涌现。这种类型的企业主要有三类：一类是家族式企业转型的规范管理，具有自主创新能力的企业；另一类是创造型企业（Creative Business，或译创意型企业），把文化理念、传统工艺注入到产品中，凭借个人创造力、技能和天分获取发展动力的企业。一类是走小产品、大市场道路的"隐形冠军"企业。这类企业生产的产品大都是远离人们商业视线的微不足道的产品，但是由于它们高度专注产品发展的深度，把小商品做精做足，做大做强，做到别人无法替代，无法进入，成为那个产品领域里的"隐形冠军"。

　　4. 新兴产业及重化产业应运而生。随着广东产业结构的调整，新兴产业特别是重化产业相关的产业集群（专业镇）应运而生。从20世纪90年代后期广东省八次党代会确定广东九大支柱产业后，以重型化为主的电子信息、电气机械及专用设备、石油化工三大新兴支柱产业以及医药、森工造纸和汽车三大有发展潜力的产业都发展迅速，其中电子信息产业和电气机械及专用设备产业由于在90年代已迅速发展起来，其对专业镇经济发展的影响早已显现出来，如珠江东岸的"信息产业走廊"涵盖深圳、东莞、惠州三市，经济规模超过7 000亿元；在东莞涌现了石龙、石碣、长安、塘厦、清溪等上百亿元规模的专业镇；珠江西岸的电气机械和专用设备产业群，单是顺德一区即形成700亿元的经济规模，涌现出容桂、北滘、勒流几个从上百亿元到400多亿元经济规模的电气机械专业镇及中山包括小榄、古镇、东凤、南头四镇的电气机械及五金制造西北专业镇团组，经济总规模500亿元，生产总值占中山全市的1/4强。2005年，汽车、石油化工、医药等产业的发展势头迅猛，特别是汽车工业发展更为迅速，在广州汽车产业（2005年轿车40万辆，产值850亿元）的带动下，花都、南海等地的汽车配件业也快速发展，并形成新的产业集群，花都一区2005年产值超过150亿元。

第二节　技术创新专业镇与创新示范专业镇

一、专业镇加快发展

2006～2010年，专业镇（区）建设进入加快发展时期。专业镇发展的重点放在五个大的方面：加强专业镇自主创新，增强特色产业核心竞争力；完善特色产业配套，推动经济结构调整；加速培植经济欠发达地区专业镇，带动县域经济发展；加强专业镇的知识产权、品牌、标准、文化、人才和城镇化等方面工作，强化专业镇能力建设，全面提升专业镇发展层次；加强区域和国际合作，推动专业镇企业"走出去"。

在官方表述上，专业镇技术创新试点逐渐被技术创新专业镇代替，但专业镇认定仍维持较高的速度，累计三年共认定118个专业镇。同时，专业镇迅猛发展之势引起了省级最高决策部门的关注。时任广东省委书记张德江对专业镇多次作出批示。2006年7月18日，广东省委、省政府在广州召开全省加快发展专业镇工作会议，总结、交流"十五"期间广东省推进专业镇建设与发展的经验，部署推进"十一五"时期专业镇建设和发展工作。中共广东省委副书记、省长黄华华在会上作重要讲话，要求努力推动专业镇"五个转变"：产业规模由小向大转变，创新能力由弱向强转变，产业层次由低向高转变，区域布局由不平衡向平衡转变，服务体系由不完善向完善转变。

因此，2006年10月14日，《中共广东省委广东省人民政府关于加快发展专业镇的意见》（粤发〔2006〕23号）发布，提出把专业镇"建设经济强省的重要支柱和增强区域竞争力的骨干力量"。值得注意的是，《意见》把专业镇建设与全省结构调整和产业升级上，要求专业镇走一条"走一条具有广东特色的集群经济发展新路子"，坚持质量提高和规模扩张相结合、市场导向和政府扶持相结合、产学研相结合，分类指导、优化布局、梯度推进，着力抓好欠发达地区的专业镇培育和珠江三角洲地区专业镇提升工作，着力抓好专业镇科技创新和先进技术推广应用，着力抓好专业镇品牌、标准、人才、知识产权和信息化建设。同时，文件对专业镇发展提出了具体了目标要求：到2010年末，专业镇技术创新体系和产业服务体系基本建立，专业镇发展质量与产业竞争力显著提高，形成对区域经济有强大辐射带动效应的专业镇发展格局。2010年，省级专业镇达到300个以上，占全省建制镇的30%，实现GDP10 000亿元以上；创建国内外有重要影响力和知名度的集群品牌50个，培育中国驰名商标30个和中国名牌产品100个；突破行业公共技术和关键技术100项，制定行业标准100项，形成自主创新产品 3 000 个；实现专业镇单位生产总值能源消耗比"十五"期末降低 15% 以上。

从日后的发展情况来看，2010 年基本实现了当时的目标，其中专业镇 2010 年达到 309 个，GDP 在 2008 年即突破了 1 万亿元。当然，目标也有冲突之处，按 2005 年广东省 1 117 个建制镇（不含街道）的摸底调查，30% 即 335 个。即便是 2011 年仍未无法实现。但这并不妨碍评价专业镇在这一阶段的表现。因为，专业镇发展质量与产业竞争力不仅仅是专业镇多就能达到的。专业镇做到了"精而强"，才是最值得关注的。

此外，专业镇（区）的管理也面临新的问题。实施了近 5 年的《广东省专来镇技术创新试点管理办法（试行）》已经无法满足技术创新专业镇管理的需要。因此，2008 年 3 月 26 日，广东省科技厅印发《广东省技术创新专业镇管理办法》（粤科计字〔2008〕29 号），明确了专业镇的内涵、工作任务、申请条件、认定程序和管理组织等内容，引导省级专业镇管理走向科学化、规范化。

同时，广东省专业镇发展促进会作为全省唯一的省级专业镇服务组织，以更为积极和活跃的姿态探索着专业镇发展之路。促进会围绕专业镇发展、申请认定与项目管理、产学研合作等内容向省级科技管理部门提出了建议。

二、创新示范专业镇建设

2007 年 12 月 22 日，广东省科技厅印发《广东省创新示范专业镇建设实施办法》（粤科计字〔2007〕181 号），正式实施"广东省创新示范专业镇"建设工作，通过认定西樵、虎门、小榄等 10 大创新示范专业镇，树立起专业镇建设工作标杆（见表 4 - 1）。建设省创新示范专业镇的目的在于：使专业镇建立起较为完善的技术创新体系和特色产业服务体系，集群经济发展质量与特色产业竞争力显著提高，形成对地方经济发展有强大的支撑作用；专业镇特色产业在国内外同行业中占有较高的比例和拥有较高知名度，产业发展突破行政区划界限，辐射带动周边地区产业集群发展，形成有带动力、联系紧密的产业链，对区域经济产生强大的辐射、示范和带动作用。

表 4 - 1　　　　　　　　广东省创新示范专业镇

序号	单位	特色产业类别
1	中山市小榄镇	五金制品
2	中山市古镇镇	灯饰
3	中山市南头镇	家电

续表

序号	单位	特色产业类别
4	佛山市禅城区南庄镇	陶瓷
5	佛山市南海区西樵镇	纺织服装
6	佛山市南海区大沥镇	铝型业
7	佛山市顺德区北滘镇	家电
8	佛山市顺德区勒流镇	五金小家电
9	东莞市虎门镇	服装
10	东莞市石龙镇	电子信息

创新示范专业镇建设主要工作内容包括七大块：

1. 完善并强化专业镇公共技术创新服务平台建设。完善技术创新平台服务功能，扩大服务领域和区域，推动平台功能多元化和服务上层次。要继续开展共性技术与关键技术的开发、科技成果转化、工业设计、检验检测、认证服务、企业信息化与信息网络支持、科技中介与咨询、人才引进与培训、知识产权服务等工作。引导平台向行业信息化与电子商务、集成品牌和区域品牌的开发与推广、科技与金融的结合、行业标准的制定与实施等纵深方向发展。积极与其他同类创新平台开展跨区域强强联合，鼓励平台之间的分工与合作，形成跨区域的技术创新服务网络。通过创新平台组织行业共性、关键性技术以及企业核心技术的自主研发和引进、消化、吸收和创新，提升专业镇特色产业的技术水平、工艺水平和技术装备水平。

2. 完善和创新适应特色产业发展的机制、体制。创新产学研合作机制，支持专业镇内企业与高校、科研院所建立利益分享、风险共担的新型的产学研合作关系。积极推动行业产学研联盟和龙头企业产学研联盟的建立和完善。大力推进新型的中小企业产业技术创新联盟的发展。创新科技投入和融资体制，调整科技投入方式，积极探索科技风险投资和科技金融信贷的发展途径，为科技型企业的健康发展提供有力支撑。制定有效的人才引进和人才培养机制，把创新示范专业镇建成创新型人才的聚集"高地"。建立信息共享机制和创新资源共享机制，使专业镇企业能够以较低成本获得创新所需资源。创新品牌管理，推动区域品牌的共享和品牌品位的提升，推动品牌集成与共享机制的建立。建立应对非关税壁垒、标准壁垒、反倾销的预警和应对机制，帮助企业实施以专利和商标为核心的知识产权战略，帮助企业应对反倾销、标准壁垒和非关税壁垒的能力。强化行业协会在这些方面的协调作用。制定适应产业和技术升级与环保降耗要求的新型的招商选资政策，在政策中对技术内源型企业予以充分的扶持。

3. 通过制定和实施适应产业发展的城镇总体规划来改善城镇空间布局，完善以产业园区为载体的特色产业基地的建构，抓好产业园区的建设工作，提高单位面积产出和单位能耗产出，使工业污染能够集中排放和集中治理。

4. 强化对第三产业的扶持力度。扶持专业镇特色产业的产业链向高附加值的产业环节和为生产服务的第三产业延伸。大力发展以工业设计为代表的创意产业。

5. 大力扶持龙头企业，使其对中小企业起到引领、辐射作用。鼓励和帮助龙头企业建立企业研发机构，鼓励龙头企业研发机构向专业镇中小企业开放。

6. 进一步优化城市结构及区域功能。要从"以工业化带动城镇化发展"过渡到"以城镇化推动工业化发展"的阶段。大力发展以研发中心、营销中心、品牌中心、金融中心为主要支柱的总部经济。有计划有步骤地将比较优势弱化和附加值较低的产业环节转移出去，带动周边地区或其他经济欠发达地区的发展，增强示范专业镇对周边区域的辐射带动作用。

7. 鼓励在跨区域形成的特色产业团组（产业集群）中，以示范专业镇为中心，突破行政区域限制，组合有关专业镇，进行"组团规划、特色发展"，建立统一的运作协调机制，进一步提升产业关联度、产业相互渗透和产业相互促进，建立起跨区域的社会化、网络化的中介服务体系，包括：产学研紧密合作关系、信息网络建设、培训机构、创新型企业孵化器、投融资机构、科技成果中介机构等，进一步提升区域竞争力。

创新示范专业镇的管理与协调指导工作工作则由广东科技厅负责，各地科技主管部门归口管理本地区的创新示范专业镇工作，负责组织本地区创新示范专业镇的相关工作。创新示范专业镇负责制定创新规划、组织实施。

三、从专业镇产业联盟到"双提升"专业镇

1. 专业镇产业联盟计划。2009～2010年，针对专业镇存在的问题和面临的新形势，专业镇技术创新工作思路具有三个转变：一是实现"从量到质"的转变，将工作重心从扩大专业镇的数量转变为提升专业镇的发展质量，注意创新平台服务多元化，创新环境建设集群化等；二是实现"从点到群"的转变，促进专业镇推动镇区之间的联合创新，发展专业镇企业、技术创新平台和高校、科研院所多主体之间的协同创新，建设专业镇技术创新联盟和知识产权联盟；三是实现"从生产型向创新型"的转变，推动专业镇自主研发能力的发展和提升。当时，广东省技术创新专业镇的工作任务包括以下四项：一是跨镇统筹资源与发展条件以促进专业镇发展；二是加强对支持创新的集群环境的培育，以创新平台建设为契机推动专业镇产业公共服务能力多样化并全面提升；三是注重创新主体积

极性激发与创新网络的构建；四是依靠自主创新在全球产业竞合中增强专业镇获利能力与主导权力。

广东省科技厅先后发布了《2009 年技术创新专业镇专项计划申报指南》、《2010 年专业镇创新专项计划申报指南》等专项扶持计划。2009 年要求重点从专业镇技术及产业联盟建设、包括平台多样化在内的集群环境提升、推动企业全方位创新、推动知识产权四个角度形成工作体系，并逐步探索推广；注重对民营中小企业发展的支持。其中专业镇产业联盟计划引导了电子信息、纺织服装、家电、小五金、陶瓷等一批产业联盟的建立和优化。

专业镇公共技术联盟建设主要开展行业共性或关键技术的联合开发、应用推广工作，提供涵盖同一产业不同专业镇中小企业的共性技术服务、技术咨询中介服务等，以提升专业镇的共性技术研发和产业化能力与水平；通过机制创新整合专业镇相关资源，向联盟内各专业镇企业推广技术创新服务，共同以产学研合作等形式开展行业共性技术的研发与成果推广，依托已有的协会或政府管理部门，开展行业自律、防止恶性竞争。专业镇产业协作联盟主要针对产业链处于上下游或密切联系的专业镇，灵活选定依托机构，突破镇的行政区域限制，根据需求发展在培育供销企业、中介机构及专业市场等；依托大企业培育跨专业镇的供应系统与配套网络，推行供应链管理；深化专业镇之间的分工协作，积极推动专业镇之间企业的技术交易、联合开发等形式的活动，开展产业发展所急需的技术创新、生产流程协调、产业配套协助等工作，从而提升整个产业链的创新能力、配套能力、协调能力和应变能力。

2. 双提升专业镇。2009 年 8 月 25 日，广东省委、省政府明确提出，要在全省范围内实施提升产业竞争力和自主创新能力的"双提升"战略，并要求把高新区作为实施"双提升"的主战场。但"双提升"战略效应拓展到了高新区之外的众多产业发展领域，特别是集聚了大量传统优势产业的专业镇。

2010 年，专业镇在上一年的工作基础上，针对金融危机后专业镇面临的新形势，专业镇工作继续推动"三大转变"，逐步推进三个方向的提升，即专业镇向"创新联盟"提升，特色产业向协调分工和合理布局提升，创新平台向增强创新服务能力提升。根据工作实践，在 2009 年指南的基础上，新增"创新提升计划"，延续 2009 年的"创新支撑计划"与"创新联盟计划"，分别面向创新能力较强和创新能力偏弱的专业镇（含未经审批的镇街），以及跨镇区的专业镇区域整合，更系统更全面的夯实和提升各层次专业镇创新发展基础和自主创新能力，更实际更有针对性地推进专业镇特色产业跨区域的配套和延伸、创新资源与创新服务跨区域的整合和共享。

其中，专业镇创新提升计划面向具有较强自主创新能力的省级专业镇开展试点示范，在全省专业镇中率先探索"提升自主创新能力、提升产业竞争力"的经验并提供示范。项目由镇政府申报，省科技厅组织专家评审论证，择优选取，组织实施。获得审批的专业镇授予"双提升专业镇"称号。

双提升专业镇的工作内容包括：推动专业镇增强自主创新能力和产业竞争力，加快传统产业的转型升级，加快特色产业和专业镇主导产业链向由加工生产向装备制造、创意设计、品牌营销等高附加值产业环节延伸；强化产业和科技规划，强化产业链的协调分工和合理布局；引导中小企业通过提升创新能力做大做强，培育科技型龙头企业，改善集群企业结构提升特色产业国际国内竞争力，引导专业镇由制造集聚优势向创新集聚优势跃升，探索健全以政府为引导、企业为主体、产业共性技术创新服务为重点、产学研合作为主要途径、知识产权战略和品牌战略为保障的产业技术创新升级发展道路。

双提升专业镇对示范单位提出了一系列具体实施要求：（1）示范单位应以围绕产业链的协调分工和优化布局，切实做好专业镇产业与科技发展规划，参考指南提出的考核指标，根据本地发展实际提出可量化的发展目标与明确的工作方案。（2）专业镇应该积极推动镇域经济由二产向三产、由制造向创新（创意）升级。（3）加快以高新技术、信息技术提升传统产业，提升特色产业的技术水平，并根据专业镇发展基础，积极培育发展新的产业环节。（4）示范单位应切实提高企业创新能力，引导企业建立具有自主创新能力的科技机构。（5）示范单位应切实夯实专业镇创新资源基础、全方位开展创新能力建设，加强镇政府科技投入、引导企业加强科技投入，加快引入和培养中高层次的创新人才。（6）示范单位应强化和提升创新平台建设和服务水平，使平台切实提供企业所需的检验检测、孵化、中介、咨询、产学研、科技融资等一系列服务。（7）围绕特色产业组织企业实施专利战略、品牌战略和标准专利，切实提高产业国内国际竞争力。（8）项目参考考核指标为：项目期末工业类专业镇达到或超过创新示范专业镇平均水平，第三产业占全镇经济比重应超过40%，科技型企业总产值占特色产业总产值的比重应达到40%，规模以上企业中建有科技机构的企业占总量的比重超过10%，本镇区科技投入强度达到1.7%、万人科技人员数超过200人，年发明与实用新型专利申请量达到800件/百万人口；农业类和第三产业类专业镇参考指标可适当下调。

2011年，科技厅根据一年来双提升专业镇的实施效果，进一步在2010年粤港关键领域重点突破项目开设了"专业镇优势产业共性技术创新平台建设"专题，以招投标方式在大朗镇等12个镇开展专业镇"双提升"示范工作，并授予"广东省'双提升'示范专业镇"称号（见表4-2）。

表 4 - 2　　　　　2010 年广东省"双提升"示范专业镇名单

序号	单位	所属地市	项目名称
1	大朗镇	东莞	大朗毛织专业镇公共技术创新平台
2	寮步镇	东莞	寮步光电数码专业镇产业共性技术创新与服务平台
3	常平镇	东莞	常平镇智慧物流园公共技术创新服务平台建设
4	北滘镇	佛山	专业镇工业设计创新服务平台建设
5	均安镇	佛山	顺德均安镇牛仔产业共性技术创新平台建设
6	西樵镇	佛山	西樵纺织专业镇产业共性技术创新平台建设
7	南庄镇	佛山	南庄建筑陶瓷专业镇产业共性技术创新平台建设
8	小榄镇	中山	小榄五金专业镇转型升级共性技术创新服务平台
9	南头镇	中山	中山市绿色家电产业共性技术创新平台
10	惠环街道	惠州	电子信息产业共性技术创新平台建设
11	汤坑镇	梅州	汤坑电声专业镇产业共性技术创新平台
12	白蕉镇	珠海	水产养殖专业镇共性技术创新平台

四、专业镇与"一镇一策"

2010 年 9 月 19 日，时任广东省委书记汪洋提出，"依托专业镇，实行'一镇一策'的产业转型升级改造"，将专业镇工作正式作为广东加快转变经济发展方式的实际举措内容提到省委战略高度。广东省专业镇技术创新试点经过 10 年发展，不论从专业镇本身或广东经济发展趋势来看，都已步入结构调整、产业升级和生产方式转变的转型提升时期。以"一镇一策"服务专业镇差异化发展、个性化发展也成为专业镇转型升级的重要战略思路之一。

1. "一镇一策"的定位思考。对于"一镇一策"应该在多大范围、多大程度上发挥作用，又该如何发挥作用，政府给出了他们的答案和立场。

第一，政府看好专业镇的优势。当前，广东省加快产业结构优化和转型升级迫在眉睫。从政府角度看，专业镇至少有三个优势。优势一，专业镇作为广东省产业集群的主要形式，占广东省经济总量的 1/3，其转型升级势必将影响全省产业结构转型升级的进度。优势二，专业镇代表了市域、县域经济的精华，更是地方经济发展的主要发动机，在强省富民、带动区域发展、特别是"双转移"行动、推进城镇化建设等方面发挥着越来越重要的作用。优势三，专业镇均衡分布于全省 20 个市，在较落后地区分布也十分广泛，推动专业镇转型升级，也将全面带动落后地区特色产业增长，促进全省区域协调均衡发展。

第二，专业镇是广东发展现状的典型。专业镇是"麻雀虽小，五脏俱全"的行政个体。专业镇的集聚性，给广东经济发展带来某些优势，但广东经济发展中的问题也在专业镇凸显出来。因此，寻求广东省经济发展的突破，需要关注专业镇内在发展的突破。随着国内外经济形势的起落变化和金融危机的爆发，专业镇发展也受到了重大影响。一是专业镇发展总体上以要素驱动居多，创新驱动仍为少数，发展质量有待提高；二是专业镇整体科技创新水平仍低于全省平均水平，专业镇技术创新仍局限在镇域，创新未成为专业镇企业的发展主体；三是专业镇特色产业技术层次较低，对外依存度较高，在世界产业分工环节中仍处于低附加值的加工制造地位，自主研发能力薄弱。

2. "一镇一策"的实施和深化。2010 年，政府在设定实施的专业镇转型升级基本路线时，提出"一镇一策"的工作总体思路，就是要以产业转型升级为主线，以优化产业生态环境，促进"双提升"为重点，以制定"一镇一策"为切入点，广泛整合集聚创新资源，加强创新平台、创新载体、创新网络和创新服务体系建设，促进专业镇向创新型转变，使之成为推动全省产业转型升级的强大力量。

实施的内容上，主要表现在六个"加快"。第一，加快专业镇转型升级、"一镇一策"的制定和实施。第二，加快促进专业镇产业结构优化升级。第三，加快打造可持续的专业镇产业生态。第四，加快推动专业镇产业共性技术创新。第五，加快完善专业镇创新服务平台体系。第六，加快整合创新资源支撑专业镇发展。

从实际需求上，2010 年 10～12 月，广东省科技厅组织开展了全省专业镇"一镇一策"大调研，按产业类别调研了 174 个工业专业镇，根据专业镇特色产业的发展特点，编制了近 15 万字的专业镇产业技术路线图。这是首次从全省范围开展编制"专业镇产业技术路线图"，按照"专业镇产业发展现状—产业技术路线分析—路线图绘制与实施建议"的控制结构。2012 年，省科技厅又推进"一校（院所）一镇"工作，强调发挥"三部两院一省"产学研合作机制，引导创新资源向专业镇集聚，向广大中小企业扩散，推动经济增长从主要依靠低端要素驱动向创新驱动转变。

从实践效果上看，通过推广应用产业生态方法，能够促进专业镇形成以供应商、生产商、销售商、市场中介、投资商、政府、消费者等生产商品和提供服务为中心的最佳空间组织集聚形式。在这一集聚中，前述各主体在系统中发挥出不同的功能、扮演了不同的角色。他们各司其职、但又形成了相互依赖、共生共赢的产业生态系统。在这一系统中，虽有不同的利益驱动，但互利共存、资源共享、注重社会、经济、环境综合效益，共同维持系统的延续和发展。

五、技术创新专业镇"十一五"时期发展特点（2006～2010 年）

2006～2010 年，专业镇发展进入第二个五年，广东省科技厅认定的省级专业镇比 2005 年增加了 150 个，共有 309 个，涵盖了机械、五金、纺织服装、家电、家具、汽配、建材、陶瓷、农业等传统产业以及电子信息、创意设计、电子商务、生态旅游等新兴产业。专业镇的规模效应和集群发展让专业镇成为广东省区域经济发展的重要力量和载体。这时期的专业镇发展有几个阶段性特点：

1. 专业镇成为区域经济发展的增长极。专业镇是广东省区县和乡镇经济发展的主力军，也是全省经济发展的重要增长极。一方面，专业镇对区域经济的贡献率日益提高。专业镇数量逐年递增，经济规模已经突破1.1万亿元，占全省地区生产总值的比重从2001年的3.7%提高到目前的28%。在汕头、佛山、中山、江门、潮州、揭阳、云浮等地市，专业镇经济总量的贡献率超过50%，带动了当地经济社会的快速发展。另一方面，专业镇支撑产业结构优化升级的能力日益增强。专业镇产业结构"优二进三"的趋势明显，产业升级不断提速。目前专业镇第三产业占比达32.5%，比"十五"期末提高了5.3个百分点；工业类专业镇的工、农业总产值比例由"十五"期末的26.1：1扩大至2009年的34.3：1。

2. 专业镇成为优势特色产业的集聚地。专业镇"一镇一主业"的特色化、集群化发展特征十分鲜明，形成了独特的产业形态和竞争优势。2012年，全省专业镇特色产业总产值已经突破1万亿元，占本级工农业总产值的比重接近40%，带动形成了陶瓷、机械、五金、电子、纺织服装等30多类优势特色产业。在特色产业的拉动下，全省聚集形成了工业总产值超千亿元的专业镇2个，超百亿元的专业镇76个。而且，专业镇主业突出、分工明确、合作紧密的产业组织形式，使得广大中小企业能以"抱团"发展方式，在激烈的国际竞争中占有一席之地。专业镇相对完善配套的产业发展环境，也促进了高端新型电子信息、新能源、LED等战略性新兴产业的培育和发展。

3. 专业镇成为自主创新的新沃土。县区和乡镇基层是我国科技力量最为薄弱的地方。专业镇在发展初期，基本上处于无研发机构、无科技人员、无创新活动、无创新成果的状态。十年来，在"专业镇技术创新试点"工作的带动下，全省专业镇极大地改变了这种"四无"状态，初步建立起以市场为导向、企业为主体、产学研结合的基层技术创新体系，为建设创新型广东打下了坚实基础。"十一五"期间，全省65%以上的专业镇建立了特色产业公共创新服务平台，80%以上的专业镇开展了形式多样的产学研合作活动。2009年，专业镇科技投入总额达110亿元，拥有研发人员6.6万人，占全省研发人员总数的23.2%；专利申请量和专利授权量分别达39 325件和26 283件，分别占全省的31.3%和31.4%。专业镇内的高新技术企业数占全省的30%以上，民营科技型企业数占全省的半壁江山，成为广东省自主创新最为活跃的区域之一。

4. 专业镇成为自有品牌的丰产区。一方面，专业镇广大企业积极实施自主创新和品牌建设战略，逐步形成了在国内外具有较高知名度的企业和产品品牌。

目前，专业镇拥有名牌产品超过 1 500 个，著名驰名商标数超过 1 200 个，美的家电、格兰仕微波炉、鹰牌陶瓷、以纯服装等品牌深入人心。另一方面，专业镇依托特色产业集群，大力推广集体商标和地理标志保护，形成了大批享誉国内外的区域品牌，例如，大朗毛纺、虎门服装、狮岭皮具、北滘家电、小榄五金、古镇灯饰、大沥铝型材、陈村花卉、澄海玩具等。这些区域品牌和企业品牌交相辉映，提升了广东省专业镇的知名度和影响力，推动了专业镇的产品走出广东、服务全国、走向世界。

5. 专业镇成为全面协调发展的助推器。专业镇是推进工业化、城镇化、信息化的主阵地和综合体，在全省统筹城乡发展、缩小区域发展差距过程中发挥着不可替代的作用。广东省的专业镇早期主要集中在珠三角地区，随后逐渐向山区和东西两翼覆盖，布局日趋合理。2010 年，粤东西北地区建有省级专业镇 185 个，占全省 59.9%。这些专业镇 GDP 占全省专业镇的比例由 2007 年的 25.55%，提高到 2009 年的 27.38%，发展专业镇成为缩小地区差距的重要抓手。专业镇的发展，创造了大量的就业机会，培养了大批新型产业工人，全省专业镇有特色经济企业 8.5 万家，直接解决就业人口 600.3 万人。农业专业镇的发展带动了农业增产和农民增收。例如，云安县南盛镇为省级柑橘种植专业镇，当地 90% 以上的农户以柑橘生产作为家庭主要收入来源。2009 年，该镇柑橘种植达 10.3 万亩，柑橘销售额达 3.3 亿元，占全镇生产总值的 80%；农民人均纯收入 6 419 元，其中 60% 以上来源于柑橘收入。全镇 9 113 农户中，人均年收入低于 1 500 元的贫困户只有 360 个，贫困率远低于其他一些山区乡镇。

第三节 专业镇与中小微企业创新平台的建设

一、专业镇"一校（院所）一镇"工作

2011 年 1 月，广东专业镇迎来空前的变革，一场促产业升级、谋发展方式转变的攻坚战，正在向纵深推进。广东省将以"一校一镇"为切入点，通过高校与专业镇对接，提升其科技创新能力，大力推动专业镇转型升级。广东省专业镇"一校（院所）一镇"工作主要强调以省部院产学研结合为契机加快推进专业镇转型升级，充分发挥产学研结合的作用，调动和发挥高校、科研院所的优势创新资源，投入到专业镇的自主创新中，通过技术驱动、服务驱动、市场驱动"三驾马车"共同推动。技术驱动就是要充分利用三部两院的创新资源，灵活运用产学研结合的相关机制与模式，通过制定专业镇产业发展规划、突破产业共性技术、打造专业创新平台、组建产业创新联盟、建立院士工作站与特派员工作站

等引导创新要素与专业镇对接，全面提升专业镇的自主创新能力，同时要推进一批示范专业镇加快布局战略性新兴产业，带动专业镇整体创新能力及产业竞争力提升；服务驱动就是要充分利用"现代服务产品超市"等形式多样的科技服务平台为专业镇提供专业化服务；市场驱动就是要建立起具有广东专业镇特色的中小微企业市场服务体系，帮助专业镇企业拓展国内和国际市场，参与国际市场竞争。

2011 年末，在广东省科技厅的组织协调下，中山大学、华南理工大学、华南农业大学、广东工业大学、华中科技大学、西安交通大学等高校深入专业镇调研，制定了"一校一镇"工作实施方案，并与部分专业镇建立了产学研合作关系（见表4－3）。

表4－3　　　　　　广东省部分高校"一校一镇"合作情况

学校（院所）	专业镇	"一校一镇"内容
中山大学	韶关市仁化县丹霞街道（旅游）	基础研究及成果转化；资源开发利用研究；产业发展
	阳江市高新区平冈镇（海水养殖）	技术支撑平台建设；专业镇信息服务中心建设；产学研示范基地建设；农业合作社建设；特色品牌建设；人才队伍建设
华南理工大学	佛山市禅城区南庄镇（陶瓷）	广东省生物质能技术开发与产业化公共服务平台建设；传统产业技术提升（陶瓷产品薄型化、保温隔热陶瓷材料）；人才引进、培养、培训；科技成果转化、科技咨询与服务
	梅州市丰顺县汤坑镇（电子元件）	平台建设（电声产业公共信息服务平台、知识产权与专家人才服务平台、电声产品质量检验检测平台）；人才引进、培养、培训；科技成果转化、科技咨询与服务；关键共性技术研发
	江门市新会区司前镇（五金不锈钢制品）	公共创新平台的改造与升级；人才交流与培训；科技成果转化；科技咨询与服务；关键共性技术的研发及产业化
华南农业大学	珠海市斗门区白蕉镇（水产养殖）	一校一镇合作科技创新平台建设；白蕉海鲈优质健康种苗培育技术研发与推广；名贵经济鱼类工厂化健康养殖技术研究与推广；高效抗病、促生长抗菌肽饲料添加剂的应用与推广；水产品养殖、生产、管理等技术标准规范制定；水产品质量检验平台建设；水产养殖专业镇信息服务平台建设；完善水产养殖技术支持、人才培训和品牌服务
	潮州市潮安县庵埠镇（食品、印刷）	华南农业大学组织下属食品学院、经管学院、工程学院、信息学院参与庵埠镇共建项目。从战略、产业、项目三个层次进行合作

续表

学校（院所）	专业镇	"一校一镇"内容
华中科技大学	东莞市大朗镇（现代信息服务业、毛纺织产业）	协助大朗镇做好未来产业发展规划；做好"五大平台建设"，协助大朗镇做大做强毛纺产业；探索新的产学研合作模式，建立长期有效的产学研合作；协助大朗镇举办好一年一届的中国（大朗）毛纺织服装设计和网上毛纺织服装设计大赛
西安交通大学	佛山市顺德区容桂街道（高端信息家电）	制定专业镇整体发展政策和容桂信息家电产业技术路线图；建设容桂家电技术创新平台；与企业合作，开展一批科研项目；带动和促进一批科技企业转型升级；为容桂企业引进和培养一批高层次专门人才；将一批西安交通大学科研成果引入容桂镇，落地转化为当地企业的实际生产能力
	汕头市金平区石炮台街道（轻工机械）	引入西安交通大学机械制造系统工程国家重点实验室，在企业联盟现有工程技术研发中心的基础上，将其调整成一个数字控制与装备科技服务平台，形成国家级科研机构在石炮台镇的分支机构；重点服务领域包括：包装机械、塑料成型机械、印刷机械、装备电气自动化、工业设计等

如中山大学根据专业镇产业集聚情况和学校优势领域，在广东省内有目的地选择2个专业镇进行对接（粤北1个，粤西1个），建立长期的合作关系，为当地产业的发展提供不竭的原动力。中山大学对各专业镇扶持的布局见图4-1和图4-2。

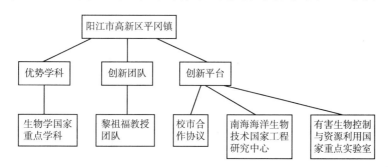

图4-1　阳江市高新区平冈镇布局

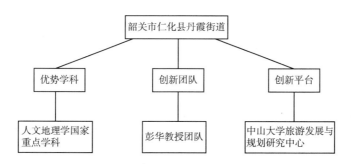

图4-2　韶关市仁化县丹霞街道布局

二、专业镇中小微企业服务平台建设

2011～2015 年，专业镇"一校（院所）一镇"工作发挥"三部两院一省"产学研合作机制，建设各类型专业镇中小微平台，引导创新资源向专业镇集聚并向广大中小企业扩散，成为这个时期专业镇工作的重要内容。特别是 2012 年 7 月，以专业镇转型升级为样本的全省科技创新工作提出，专业镇是全省经济和产业发展的重要支撑和载体，要突出技术创新，推动专业镇创新发展；突出产业升级，推动专业镇产业高端化、特色化发展；突出共性需求，完善专业镇中小微企业综合服务平台；突出帮困解难，营造专业镇转型发展的良好软环境。作为新时期专业镇转型升级纲领性指导文件的《中共广东省委 广东省人民政府关于依靠科技创新推进专业镇转型升级的决定》（粤发〔2012〕11 号）发布，文件为未来 5 年的专业镇发展指明了方向。同年 8 月，2012 年 8 月 23 日，《广东省人民政府关于加快专业镇中小微企业服务平台建设的意见》（粤府〔2012〕98 号）出台，明确了一次性新增 5 亿元专项资金，用于 2012～2015 年建设技术创新服务平台、工业设计服务平台、质量检测服务平台、知识产权服务平台、信息网络服务平台、电子商务服务平台、创业孵化服务平台、企业融资服务平台、人才培训服务平台 9 大平台，引导专业镇中小微企业从传统加工型向"专精特新"型转变。提出 2013 年底全省要在各专业镇建成 2～3 个中小微企业服务平台，实现专业镇中小微服务平台全覆盖。到 2015 年底，各专业镇建成 5 个以上中小微企业服务平台，形成政府引导、市场运作相结合的运行机制，建设一支专业化服务团队，达到一定的服务规模，建成服务功能完善、辐射能力较强、服务质量稳步提升的中小微企业服务平台体系。

作为广东省加快转型升级和增强发展内生动力的重要力量，全省一半的中小微企业集聚在专业镇。因此，专业镇中小微企业公共服务体系是全省中小微企业综合服务体系的一项重要内容，是广东省中小微企业综合服务体系的重要经验来源。

从广东省专业镇创新平台主要采取以下几种模式：一是依托龙头企业建设公共创新服务平台。引导龙头企业围绕产业链各环节，为镇内中小微企业开展技术指导、人才培训、检验检测等产业服务。二是依托政府职能部门组建公共创新服务平台。如组建生产力促进中心，为平台的建设提供强大的政策和资金支持，赋予公共服务平台充分的自主权，让创新服务平台不断完善，持续为企业自主创新和产业转型升级服务。三是依托产学研合作搭建公共服务平台。与高等院校和科研机构开展全方位、多领域的科技对接，全方位开展校地、校企、企企不同层次的科技对接，促进科技成果转化，实现技术创新。四是发挥行业协会等专业组织的公共服务平台作用。广东专业镇的特色产业大部分都成立了行业协会、专业合作社等专业组织，这些专业组织在人员培训、信息交流、带动生产、协助销售等方面发挥着重要作用。

三、专业镇"十二五"时期创新发展特点（2011～2015年）

1. 主要发展内容。

一是专业镇范畴的延伸与提升。专业镇在全省经济发展的作用和表述有了新变化，展示出新意义，范畴也更为广泛。广东省省长朱小丹这样评价专业镇："我省专业镇经过十多年的发展，已经成为区域经济社会发展的重要支柱，成为我省产业集群集约发展和小区域特色经济发展的主要形态，成为推动我省工业化、城镇化和农业现代化的有效发展模式。"强调新形势下依靠科技创新推动专业镇转型升级，是广东贯彻落实科学发展主题、加快转变经济发展方式主线的重要路径，是提升广东省产业竞争力和自主创新能力的重大举措，是事关广东前途命运的一场硬仗。

二是以"依靠科技创新"为核心整体目标。整体目标"依靠科技创新"成为核心。并要求专业镇转型升级成为"推动全省产业转型升级的重要力量"，坚持以改革创新为动力，以加快传统产业转型升级为主线，以提高自主创新能力为核心，以企业为主体，按照"市场引领，创新支撑，平台提升，品牌带动，园区承载，集群发展"的原则，加快推进专业镇转型升级，促进创新型产业集群发展壮大，使专业镇发展尽快走上内生增长、创新驱动的轨道。

三是加快转型升级的四个具体目标。具体目标设定上提出到力争经过五年发展，专业镇转型升级取得显著成效，专业镇的经济规模、创新能力、产业结构和辐射作用都有明显提升专业镇转型升级取得显著成效，专业镇的经济规模、创新能力、产业结构和辐射作用都有明显提升。

2. 专业镇发展主要成效。

一是专业镇产业规模不断壮大，对地方经济带动作用明显。截至2015年，经认定的专业镇达399个，遍布全省20个地市（除深圳外），地区生产总值达2.77万亿元，占全省GDP的38.0%。佛山、东莞、江门的专业镇经济贡献度均超过80%；汕头、中山、云浮的专业镇经济贡献度均超过70%；潮州、梅州等地市的专业镇经济贡献度超过50%。全省专业镇经济贡献度不断提高，总量稳步增长，对居民就业、财政收入和经济可持续发展的贡献明显，成为地方产业发展的重要抓手。

二是专业镇产业集聚效应明显，推动产业协同创新活动蓬勃发展。2015年，全省专业镇平均企业集聚度达 1 712 个/镇，珠三角企业平均集聚度达 3 222 个/镇；全省专业镇名牌名标总数 3 622 个，集体商标数和原产地商标数 253 个，共参与制定、修订行业标准 1 692 件；参与产学研合作企业数为 1 929 家，与大学、科研院所共建科技机构数共 769 个；创新服务平台完成和参与完成的成果转化项目 620 项，成果转化项目产值达 30.07 亿元。形成了电子信息、家电家具、纺织服装等特色优势产业集群基地，涌现出顺德家电、古镇灯饰、虎门女装、澄海玩具等大批区域品牌。

三是专业镇科技创新水平逐年提升，引领传统产业转型升级。2015 年，全省专业镇的全社会科技投入达 395.51 亿元，同比增长 12.71%；共拥有 140.0 万科技人员，占专业镇各类产业职工总数的 8.5%；R&D 人员共 31.02 万人，每万人口中的 R&D 人员数达 71 人；专利申请量和授权量分别达 140 151 件和 94 396 件，同比分别增长 29.99%、31.69%；专业镇镇内高新技术企业 2 654 家，高新技术企业工业总产值达 13 731.77 亿元。专业镇科研能力不断提升，成为全省科技成果产出的重要基地，更是广东省科技创新的新高地和有力抓手。

四是专业镇科技创新载体建设已成规模，成为广东区域创新体系的重要组成部分。2015 年，专业镇的创新服务机构共 2 900 个，共建有公共创新服务平台 336 个，创新平台对外服务企业数 5.48 万个，实现总收入 41.22 亿元，年培训 21.88 万人，主持和参与的研究项目数 747 个，完成和参与的成果转化项目数 620 个，成果转化项目产值 30.07 亿元。创新载体形式多样，形成省市县镇多级创新发展平台体系，成为专业镇转型升级的重要法宝。

五是专业镇发展模式引领粤东西北发展新格局。粤东西北地区建有省级专业镇 232 个，通过因地制宜发展特色主导产业，创建名标名牌，实施品牌带动效应。2015 年工农业总产值实现 12 326.69 亿元，GDP 达 6 021.63 亿元，占当地 GDP 总和的 36.7%，镇均生产总值高于当地平均水平 40% 以上。专业镇立足自身的资源禀赋优势，发展特色产业经济的发展路径，为粤东西北的跨越式发展提供宝贵经验。

六是专业镇成为广东新型城镇化发展主战场。专业镇不仅创造了大量的就业机会，吸纳农业剩余劳动力和众多外来人口，而且培育了一大批新型工人，使农村原有的生活方式和管理方式逐渐被工业社会的生活方式和管理方式所代替，城市生活的主导地位逐渐形成。专业镇通过强化项目支撑、发展实体经济、促进产业集聚，构筑产城互动的城镇化发展新格局，大大提高了当地居民的生活水平。同时，专业镇以产业化为目标，大力发展新型农业经营体系，带动农业专业镇向城乡统筹、城乡一体、产城互动、节约集约、生态宜居的新型城镇化迈进。

3. 专业镇工作主要做法。

一是出台政策，真抓实干，营造专业镇创新创业环境。围绕专业镇的发展，省委省政府及时出台相关政策文件，支持和推动专业镇壮大发展、创新发展。相继出台《中共广东省委广东省人民政府关于依靠科技创新推进专业镇转型升级的决定》（粤发〔2012〕11 号）、《广东省人民政府关于加快专业镇中小微企业服务平台建设的意见》（粤府〔2012〕98 号）等系列政策文件，营造了专业镇创新发展的环境，为专业镇的发展指明了方向。按照文件要求，省科技厅积极推动各地市在专业镇大力实施创新驱动发展战略，80% 以上的专业镇制定了"一镇一策"特色产业科技创新发展规划，通过科技创新推进专业镇加快产业升级、产品创新，实现自主创新能力和产业竞争力双提升，吹响了加快专业镇从要素驱动向创新驱动转变的号角。

二是市场主导，政府推动，促进政府"有形之手"和市场"无形之手"形成合力。根据省委省政府的决策部署，省科技厅解放思想，大胆实践，从 2000 年实施专业镇技术进步试点工作开始，不断创新工作方式方法，出台省市联动推进专业镇建设、创新示范专业镇、专业镇自主创新能力和产业竞争力"双提升"、"一镇一策"、专业镇中小微企业服务平台等一系列举措，以"有形之手"为专业镇打造良好的创新创业氛围；同时，积极发挥市场化、国际化、法制化和灵活的体制机制等优势，以市场"无形之手"配置资源，让优质的资源在市场的配置下向创新创业环境优越的专业镇流动，让"有形之手"和"无形之手"形成合力，推动专业镇成为我省经济发展方式转变的重要保证和创新驱动发展的重要载体。同时，省委省政府以全球的视野多次召开全省专业镇工作现场会，为专业镇的发展解放思想，凝聚合力，以成功的经验和鲜活的例子指引着专业镇发展方向，绘就了以专业镇推动产业集群发展的宏伟蓝图。

三是聚集资源，协同创新，大力实施创新驱动发展战略，着力推进产业集群创新发展。省科技厅以技术创新为切入点，大力实施创新驱动发展战略，不断优化专业镇创新环境，推动专业镇走创新发展道路。针对专业镇的产业特色和需求，充分利用"三部两院一省"产学研合作机制，调动知名高校、科研院所和大型央企等重要创新载体的积极性，推动各专业镇与对口高校、科研机构建立长期的合作关系，以推进传统产业转型升级为目标，深入实施"校（院）镇合作"、"企业科技特派员"等行动计划，组建综合性、专业性的协同创新中心，积极开展产学研合作与协同创新，面向企业与产业集群，不断积累人才、技术、项目、资本、信息等创新要素，促进专业镇实现整体型、集群式创新。近 5 年来，省科技厅通过设立省级专业镇科技计划专项资金，引导专业镇通过技术攻关解决产业发展难题，提升产品竞争力；通过专业镇中小微企业服务平台专项资金建立起社会化、市场化和专业化的公共服务体系；通过专业镇技术创新试点建设等工作，推动专业镇形成创新优势、品牌优势和产业优势，走出一条依靠科技创新推动广东集群经济发展道路。

四是建立和完善公共服务平台，打造市场化、专业化的公共服务体系。以专业镇专项计划、专业镇中小微企业服务平台建设专项等为契机，依托高校、科研院所、产业技术创新联盟、大型骨干企业以及科技中介机构等，通过产学研合作等方式建立工程技术研发中心、公共检验检测平台、信息咨询平台等创新服务机构，提供以技术创新、商贸会展、检验检测、企业孵化、信息咨询等为主要内容的多元化服务；同时，采取部门与镇区联动的方式，集中优势力量建立和完善了一批技术研发、工业设计等高水平的省、市、镇级公共创新平台，形成纵横相连、资源共享、协同服务的专业镇创新公共服务体系，帮助中小企业解决共性问题，有效支撑专业镇中小微企业转型升级，不断为提升全省科技创新水平和产学研合作水平提供助力。

五是品牌战略，制定标准，引领专业镇产业升级。通过实施品牌战略、标准战略和知识产权行动等，助推专业镇从低端产业集聚向创新型产业集群转变，形成企业集聚化、技术高端化、产业集群化的区域经济发展新模式。一是强化自主品牌建设。引导企业发展自主品牌，提高专业镇产品在国内、国际市场的影响力和覆盖面，一大批区域品牌得到了广泛认可。二是强化行业标准研究制定和推广。引导专业镇采用"政府＋行业协会＋企业"等运作模式研究制定产品标准、地方标准、行业标准和国家标准。积极促进标准推广应用。三是强化知识产权行动。加强规划研究，建设专利专题数据库，完善专利信息检索查询与知识产权咨询服务，开展快速维权等各类知识产权保护活动，引导企业确立知识产权战略。

六是联动帮扶，区域合作，提升专业镇辐射效应。重视专业镇在对口帮扶与跨区域合作方面的互补优势，推动粤东西北地区加快发展。一是以中山—潮州市对口帮扶为创新示范，深化互补性特色产业的对接。以共建中小微企业公共服务平台为切入点，促进传统特色产业深度合作，引导两个地区专业镇深度对接，开展"镶嵌式"合作。二是跨区域合作交流，引导专业镇"走出去"。依托省专业镇发展促进会，探索跨省份、跨地区镇域经济、县域经济常态化交流合作机制，推动专业镇经验走出广东，走向全国。

第四节　专业镇协同创新工作

一、专业镇协同创新工作背景

2015 年 7 月 21 日，广东省委副书记、省长朱小丹强调，要认真总结东莞横沥经验，摸清全省迈向中高端发展的优势产业情况，寻找确定可与我省优势产业相结合的高校资源，精准发力，尽快制定出专业镇主导优势产业专业化协同创新中心规划，并积极谋划发展重点行业协同创新联盟，构建多层次协同创新体系。2015年12月15日，东莞市专业镇创新服务平台建设现场会在横沥举行，在东莞全市总结推广横沥镇模具产业协同创新中心的建设经验。2016年4月29日，省科技厅印发《广东省科学技术厅关于加强专业镇创新发展工作的指导意见》（粤科产学研字〔2016〕54号），规范专业镇管理工作，推进专业镇转型升级，原《广东省技术创新专业镇管理办法》（粤科计字〔2008〕29号）停止执行。2016年6月15日，在广东省专业镇建设16年之际，以横沥镇产业协同创新中心建设为典型的广东省专业镇协同创新工作现场会在东莞召开。大会总结近年来广东省专业镇创新发展情况，推广东莞横沥镇等地区协同创新的经验做法，部署以协同创新为抓手，加快全省专业镇创新发展和转型升级。以这次现场会为契机，专业镇开启了以协同创新工作为重要抓手的创新发展阶段。为即将开始的专业镇"十三五"发展奠定基调。

二、总体要求

总体而言，未来广东省专业镇应该通过深化产学研协同创新，建立协同创新平台，集聚创新资源，培育创新型企业等措施，推动创新链、产业链、资金链"三链"融合，全面提升专业镇创新发展能力，形成具有核心竞争力的特色产业集群，实现专业镇转型升级和产城融合发展，全面提升广东区域竞争力（见图4-3）。

1. 基本原则。集聚发展。充分发挥市场对资源配置的决定性作用和更好地发挥政府作用，增强对产学研协同创新中各主体创新要素的集聚效应，强化科技创新支撑特色产业发展，推动产业链条延伸并向集聚化、高端化发展，提升产业整体竞争力。

协同推进。进一步加强对专业镇创新发展的统筹协调，创新体制机制，强化省、市、县（区）、镇（街）各级协同联动，推动各主体之间的知识互惠共享、资源优化配置、绩效整体最优，形成上下联动、左右协同的发展格局，实现以科技创新为核心的全面创新。

开放共享。着力推动专业镇实施内外联动发展，积极开展跨区域合作，用好国内国际两个市场、两种资源，鼓励专业镇广泛参与国内外产学研合作，共建共享各类协同创新平台，着力提升企业自主创新能力，促进科技成果转移转化，实现科技与产业的无缝对接，营造协同创新环境氛围，促进经济社会可持续发展。

2. 发展目标。总体目标：着力推进全省专业镇协同创新，把协同创新贯穿到专业镇发展各个领域环节，推进专业镇创新主体、创新机制、创新要素多方协同，推动专业镇产业规模显著扩大，形成若干产值规模超千亿的产业集群；产业体系相对完善，上下游产业链配套完备；企业实力明显增强，形成一批具有创新活力的科技型企业群；自主创新氛围浓厚，创新能力大幅提升，集聚一批高层次人才，突破一批关键核心技术；新型城镇化建设稳步推进，促进产城融合发展、互促升级。

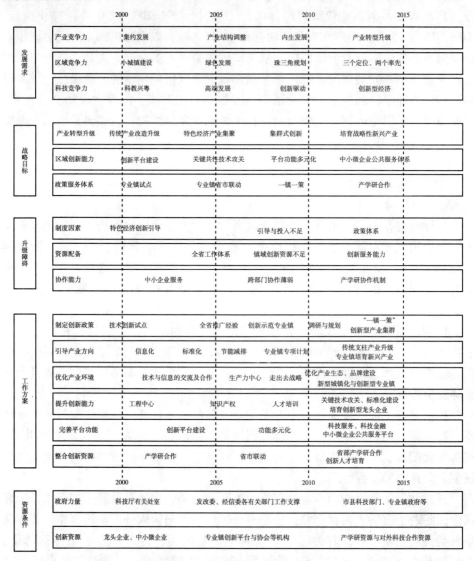

图 4-3 专业镇转型升级路线

资料来源：林涛. 广东省科技厅《广东省专业镇十周年展》.

具体目标：到 2020 年，全省省级专业镇数量达到 500 个，全省专业镇 GDP

总量力争突破 4 万亿元；培育工农业总产值超千亿的专业镇 20 个以上；超百亿的专业镇 180 个以上；专业镇协同创新平台覆盖率达 90% 以上，新型研发机构 50 个以上，科技企业孵化器 100 个以上；专业镇 R&D 支出占其 GDP 比重达到 2.9%；专利授权量达 12 万件；每万人口研究与开发人员数量达 80 人。

三、主要发展内容

1. 推动专业镇产业升级示范建设。加强顶层设计，推动建设一批专业镇产业升级示范镇，促进专业镇产城融合，探索专业镇产业发展的新模式。一是加强产业升级示范镇建设。扶持和建立起一批产业技术先进、产业发展模式新颖、城乡建设和谐一体的示范镇。建立省市县（区）镇纵向四级和科技、财政、经信、教育、城建、农业等横向多部门的联动机制。二是促进专业镇产城融合。把专业镇建设与名镇名村建设工作结合起来，实施可持续发展实验区建设等试点示范工程。着力推动"三旧改造"和现代产业体系建设，努力推动欠发达地区的专业镇从农业小镇向工业化城镇再向现代化强镇转型。三是实施专业镇品牌提升计划。形成一批在国内外具有较高知名度的区域品牌。支持专业镇团体、协会或其他集体组织向工商部门申请注册集体商标，同时制定集体商标的使用规则。注重将专业镇企业品牌的发展同区域品牌发展有机融合起来。鼓励有条件的专业镇建立知识产权维权援助中心。

2. 推动专业镇跨区域合作。推动专业镇开展跨镇、跨市、跨省、跨境的交流协作，加速专业镇特色产业的跨区域融合与产业链的延伸和配套。一是推动同类特色产业专业镇建设专业区。鼓励地理位置相近、产业关联度高、企业发展互动性好的多个专业镇合作建设专业区。建立地市分管科技副市长兼任专业区长制度。省、市财政给予一定的资金后补助，并优先开展专业区试点示范建设。鼓励专业区内的专业镇联合制定产业总体发展规划。二是推动专业镇跨区域交流合作。鼓励专业镇与其他镇及地区等开展合作。鼓励专业镇与合作地区之间定期互派干部进行交流挂职。促进广东专业镇与省外产业集聚区的交流与合作。三是推动专业镇开展对外科技合作。

鼓励专业镇有条件的企业"走出去"，到境外相关产业创新资源集聚地区设立研发机构，创新研发机构合作模式；支持企业"引进来"，吸引相关产业的境外科研机构来专业镇联合建设研究机构。推动专业镇与国外知名产业集聚区对接。

3. 提升公共创新平台服务能力。加快推动公共创新平台建设，集聚创新要素，提升科技创新服务能力，加快创新成果孵化、转化和产业化。一是加快专业镇综合服务平台建设。支持和鼓励高校、科研院所与专业镇联合建立综合服务平台。设立专业镇综合服务平台专项资金。采取"任务设定—连续支持（三年）—公开考核—推向市场"的模式，培育一批示范性综合公共服务平台。二是加快推进专业镇专业化服务平台建设。支持和鼓励高校、科研院所与专业镇面向特色产业发展需求，联合建立产业协同创新中心等专业化服务平台。设立专业镇专业化服务平台省级财专项资金，加大平台支持力度，提升特色产业核心竞争力。鼓励平台创新发展模式，增强自我造血功能。三是建立专业镇企业孵化器扶持制度。鼓励和支持多元化主体利用存量土地和存量房新建、扩建和改建孵化器，在符合专业镇建设规划和产业发展规划前提下，优先安排孵化器用地指标和土地供应，可按工业用地性质以出让方式用于孵化器建设，并可配以一定比例的生产服务设施用地。建立专业镇孵化器省市镇补贴制度，持续提升孵化器创新服务能力。四是充分发挥行业协会等社会组织的积极作用。引导和支持专业镇培育发展行业协会。积极探索"协会＋政府＋企业"的合作模式。支持行业协会依法开展会展、价格协调、招商引资、公信证明、营销联盟组建、反倾销预警应对和行业质量标准制定、产学研合作等工作。

4. 推动产业创新发展。改造提升专业镇优势传统产业，加快培育战略性新兴产业，优先发展现代服务业，形成产业结构高级化、产业发展集聚化、产业竞争力高端化的创新型产业集群。一是推动传统产业转型升级。用电子信息、现代生物、新材料、高效节能及新型环保等高新技术，改造提升机械、化工、纺织服装、轻工食品、建筑材料等优势传统产业。大力发展零部件、元器件和中间材料等产业。应用产业生态评估和产业技术路线图等创新方法，找准专业镇纺织服装、五金、陶瓷、家电、家具、食品等传统产业领域技术发展瓶颈，凝练关键共性技术，开展技术攻关。二是推动战略性新兴产业培育发展。注重战略性新兴产业的技术研发支撑体系建设，通过引进创新科研团队、战略性新兴产业重大项目和龙头企业，带动发展专业镇战略性新兴产业集群，在全省形成一批档次高、规模大、集群度高、辐射带动能力强的重点专业镇。三是加快发展科技服务业。建立专业镇科技巡回服务制度，定期开展科技巡回服务宣讲活动。支持专业镇科技咨询机构、知识服务机构、生产力促进中心等机构运用大数据、云计算、移动互联网等现代信息技术，创新服务模式。

5. 大力推进产学研合作。充分发挥专业镇产学研合作大框架的推动作用，建设产业技术创新联盟，深入促进"校（院、所）镇"产学研合作，设立大学科技园分园，推动专业镇创新发展。一是积极组建产业技术创新联盟鼓励特色产业相似和关联的专业镇协同创新，共同组建产业技术创新联盟。支持创新联盟参与专业镇科技发展战略规划、重大项目指南的编制，承担国家、省级重大产业技术攻关课题。二是深入推进"校（院、所）镇"产学研合作。继续实施"校镇、院镇、所镇"产学研合作计划，加大资金投入力度，吸引省内外高校、科研院所与专业镇采取"一对一、多对一、一对多"的服务形式建立长期合作机制，推动专业镇产业和镇区实现"双转型、双提升"。三是鼓励高校在专业镇内设立大学科技园分园。加强高校和专业镇的对接，鼓励高校和专业镇采取共同出资的方式在专业镇建设集研发和孵化于一体的大学科技园分园。将大学科技园分园纳入当地经济科技发展规划。

6. 加快打造高水平特色化人才队伍。按照分类布局、重点推进的原则，实施专业镇人才发展战略，有层次有步骤地推动科技镇长团、企业家、创新创业人才、技能型人才队伍成长壮大，为专业镇转型升级提供智力支撑。一是探索建立专业镇科技镇长团制度。探索建立专业镇科技副镇长制度，鼓励有条件的地市联合省内外高校、科研院所，选派高级技术职称人员及博士等组成科技镇长团，团长任上一级县或市副职，成员分派各专业镇担任科技副镇长，共同推动专业镇创新发展。二是大力培育具有自主创新意识的企业家队伍。建立专业镇企业家提升机制，支持专业镇开设企业家创新培育课程。建立专业镇企业家俱乐部。定期组织专业镇企业家赴省外发达地区交流考察。鼓励专业镇政府邀请优秀企业家担任经济发展顾问。三是加强创新型人才引培力度。鼓励有条件的专业镇政府建设创新人才公寓，为社会单位引进人才提供短期周转住房。加强专业镇与对口高校、科研院所人才对接通道建设，鼓励省内外高校教师带领学生赴专业镇创新创业，支持优秀科研人员到专业镇骨干企业兼职。四是积极培养大批技能型人才。支持专业镇围绕特色产业发展需求，与对口高等院校、职业院校开展"订单式培养"，为专业镇培育大批直接面向企业生产一线的技能型人才。联合高校院所共建集教学、科研、技术骨干培养于一体的实践基地。

7. 着力提升金融支撑力度。加快推动科技金融结合力度，建设多层级专业镇科技引导基金，引导金融资源入驻专业镇，推进专业镇科技融资模式创新，为专业镇转型升级提供强力金融支撑。一是构建多层级专业镇科技投入体系。探索推动中央财政、省级财政和市、县财政配套资金捆绑使用，引导各市、县、镇财政配套投入扶持资金，形成投资合力。整合现有资金手段，通过贴息、补助、配套、奖励等多种方式，带动产业资本、社会资本、金融资本加大对专业镇重点产业的资金投入和信贷支持。二是加速引导金融资源入驻专业镇。鼓励符合条件的小额贷款公司改制为村镇银行，为专业镇中小微企业提供配套的小额信贷服务。鼓励专业镇联合银行、小额贷款公司、融资担保公司等金融服务机构建设"科技金融服务中心"。鼓励和引导企业通过中小企业集合债券、集合票据等债券市场、风险投资和产权交易市场融资，建立市场化、多元化的金融机制。三是加快推动专业镇投融资模式创新。鼓励专业镇联合创投公司、国内外优秀众筹平台联合建设股权众筹平台，支持专业镇初创型企业通过平台获取投资资金，缓解中小企业融资难问题。鼓励专业镇开展专利和股权捆绑的OTC交易探索，建立专利—股权会商制度，畅通成果转移转化渠道。

8. 保障措施。充分认识专业镇创新发展的重要意义，切实加强对规划实施的组织领导，完善体制和制度建设，保障规划的顺利实施。一是加强组织领导。建立省市县（区）镇多级联动及多部门联动机制，明确分工，狠抓落实，共同抓好广东省专业镇创新发展各项目标任务的分解和实施。加强科技部门对专业镇工作的统筹、协调和指导作用，引导发展改革、经济和信息化等相关部门和各有关金融单位共同参与。二是修订专业镇管理办法。加快修改专业镇管理办法，对其中不符合实际情况的条款进行调整。建立专业镇的退出机制，加强已认定专业镇的考核评估。构建专业镇的奖励机制，定期奖励一批优秀专业镇。三是建立专业镇发展动态评估制度。建设专业镇数据采集员机制，完善专业镇发展数据库建设。建立专业展发展监测制度。以专业镇发展数据库为基础，定期组织开展省级专业镇发展评估工作，编制广东专业镇发展百强榜单。定期出版广东省专业镇发展蓝皮书。四是建立专业镇发展决策咨询制度。成立专业镇发展专家咨询委员会，负责谋划专业镇长远发展战略，定期评价专业镇发展情况。咨询委员会定期提交建议报告，对专业镇发展重大问题和项目提供决策建议。

第五章 专业镇协同创新的载体类型

第一节 产学研中合同制与委托制

产学研中的合同制与委托制是指企业、大学和科研院所在平等、自愿互利的基础上签订合作协议，各参与主体在契约的规范下合作进行研究和开发。签订的合作协议是有法律约束力，有明确的技术创新目标和各单位的任务分工。

一、合同制与委托制的类型

根据合同制与委托制的合作协议的内容，可分为技术转让型、联合攻关型、委托研究型、共建协同创新载体四种类型。

一是技术转让型。技术转让型通常是指企业、高校和科研院所签订合作协议，科研院所将研究成果或技术直接转让给企业，企业支付费用获得全部技术成果。技术转让型合作操作简单、权责分明，属于一锤子买卖，这种合作能在短期内给技术接受方带来经济效益，但缺乏持续的技术创新。

二是联合攻关型。联合攻关是指企业、科研院所对某一项技术进行共同研究与开发。联合攻关可充分调动产学研合作各方力量，联合成立研究团队，有利于实现各方优势资源互补，快速有效完成科研目标。但由于联合攻关的研究团队属于临时组建，项目一旦完成就面临解散，不利于技术成果的积累，难以形成持续的创新能力。

三是委托研究型。委托研究一般是指企业提供科研经费和技术需求，并将自己所需的技术全权委托给高校或科研院所进行研发，科研成果归属企业或者共享。这种类型的合作权责分明，但合作缺乏相应的组织机制保障持续合作研发，且合作周期普遍较短，知识在产学研合作组织内部不能有效流动。

四是共建协同创新载体型。共建协同创新载体类型是指企业和高校、科研机构通过共建包括研发实体、科研基地和产业技术创新联盟等合作实体，共同进行技术研究开发。这种类型的合作优势在于合作各方通过合作实体捆绑在一起，各方存在利益共同点，可极大提高合作效率，但此类型载体建设资金较大，对合作各方的共识程度要求较高。

鉴于以上四种类型合作方式和内容的不同，且本章主要研究协同创新载体建设的理论和实践，因此本章着重研究协同创新载体类型中的产业技术创新联盟的有关理论基础和实践。

二、产业技术创新联盟的基本内容及特点

产业技术联盟是指产业内相关企业、大学、科研机构在平等、自愿互利的基础上缔结战略技术联盟，在契约的规范下合作进行研究和开发。这种方式是以协议为缔结的组织合作关系，这种协议合作关系是一种介于企业和市场之间、企业之间半结合的中间组织状态，是不同于依靠资产为纽带所确立的传统企业组织方式。联盟成员间的责任、权利、利益和分配方式主要是通过沟通和谈判过程中所商定和签署的协议确定，而未必是依照在形成联盟过程中的资本和劳动投入界定。

产业技术联盟成立后，成员之间通过正式或非正式的交流，发掘潜在合作机会；在技术开发和标准制定等方面采取合作；成员企业之间开展有偿或无偿的信息数据、仪器和技术等资源的分享；为实现联盟的稳定和发展进行各方面的协调等保障联盟的持续发展。产业技术联盟具有以下几个特点：一是发挥协同功能，合作功能有助于整合及协调产业资源和社会资源，实现"1+1＞2"的协同效应，加快科技成果产业化和推动产业整体快速发展。二是开展技术合作，联盟成员间以契约为纽带建立合作关系，共同开展行业共性技术攻关和关键技术突破，实现产业技术进步。三是联盟属于半内部化合作，联盟组建后会成立联盟管理委员会或秘书处，负责联盟的日常管理工作，从而提高联盟的凝聚力。

当前，专业镇积极依托产学研合作实现特色产业发展和技术进步，合作成效显著，提高了专业镇特色产业竞争力，促进专业镇创新驱动发展。2014年，广东省专业镇共签订产学研合作项目1 950个，增长6.2%，合作经费15.9亿元，增长21.4%，参与产学研合作的企业数达到1 942家。同时，专业镇大力建设产学研协同创新载体，涌现出了一批高层次的产业技术创新联盟，如东莞市横沥镇的广东省模具与汽车零部件产业技术创新联盟、佛山市南海区狮山镇的广东省LED标准光组件产业技术创新联盟等，为专业镇特色产业带来了更大的发展空间。因此，本部分主要介绍广东省模具与汽车零部件产业技术创新联盟的工作经验。

三、广东省模具与企业零部件产业技术创新联盟介绍

广东省模具与汽车零部件产业技术创新联盟（以下简称"联盟"）组建于2013年7月，是由上海交通大学、华南理工大学、华中科技大学等多家高校和国家级重点实验室、省内模具与汽车零部件重点企业、金融服务机构等31家单位发起成立，秘书处设在东莞市横沥模具产业协同创新中心，联盟于2016年2月入选广东省产业技术创新联盟名单。目前，联盟章程、基本架构、领导构成、秘书处组成等已基本确定，并已开展实际运作。

四、联盟的工作经验

（一）创新联盟建设模式，服务专业镇产业发展

联盟是以政府主导、企业参与为主模式搭建的平台。联盟组建后，模具企业不仅可以享受产学研、人才政策等方面的政府服务，还可享受其他公共平台服务和金融服务。为提升专业镇特色产业自主创新能力，联盟组织模具与汽车零部件产业中重点企业和科研机构，开展模具与汽车零部件产业重大专项攻关和产业关键技术、共性技术的研发，实现了横沥模具产业技术进步。横沥镇通过"政府主导，企业参与"的形式组建产业技术创新联盟，提升了横沥在模具行业中的实力和地位，也更好地为专业镇特色产业提供配套服务。

（二）发挥成员单位优势，建立长期稳定的紧密型产学研合作关系

联盟成员涵盖政府、高校、科研机构、企业、金融服务机构等政、产、学、研要素，可为联盟企业提供信息数据资源、技术的有偿或者无偿分享，发挥各成员单的技术和市场优势，优化了资源配置，极大促进了业内企业间的合作，实现互利共赢。同时，加强联盟组织机构建设，完善联盟章程、基本结构、秘书处组成，努力建立长期稳定的紧密型产学研合作关系，保障联盟持续有效运作。

（三）实现多平台互动发展，构建以产业创新链为发展方向的技术创新联盟

联盟加强与横沥模具产业协同创新中心、广东省机械模具科技促进协会、东莞市3D打印技术创新联盟、横沥镇电商协会等公共服务平台的互动，发挥各平台的协同互补作用，构建以模具和汽车零部件产业创新链为发展方向的技术创新

联盟，积极为横沥乃至东莞、珠三角、香港地区的大型骨干企业提供服务，扩大服务覆盖面，强化联盟在模具与企业零部件产业的行业地位。

第二节　科技企业孵化器建设

科技企业孵化器是以促进科技成果转化、培养高新技术企业和企业家为宗旨的科技创业服务载体。孵化器是国家创新体系的重要组成部分，是创新创业人才培养的基地，是区域创新体系的重要内容。孵化器是以科技型创业企业为服务对象，通过开展创业培训、辅导、咨询，提供研发、试制、经营的场地和共享设施，以及政策、法律、财务、投融资、企业管理、人力资源、市场推广和加速成长等方面的服务，以降低创业风险和创业成本，提高企业的成活率和成长性，培养成功的科技企业和企业家。

近年来，广东省专业镇积极推动科技企业孵化器建设，在孵化器建设模式、运行机制、服务模式等方面积极探索，并涌现出了一大批高层次的科技企业孵化器，如东莞市常平科技园、位于佛山市顺德区北滘镇国家级科技企业孵化器——广东同天投资管理有限公司、中山市东凤镇小家电产业孵化器等。其中东莞市常平科技园作为东莞市唯一一家村镇级的国家级科技企业孵化器，经过五年多的发展，其在政企合作模式、配套服务建设、科技成果产业化等方面积极探索，取得了极大成功，为专业镇科技企业孵化器建设提供了重要的经验借鉴。

一、常平科技园概况

常平科技园位于常平镇中心区域，占地约 50 000 平方米，是由红木家具厂的旧厂房、旧宿舍改造而成，一期使用建筑面积约 22 000 平方米，二期建筑面积约 11 000 平方米，三期建筑面积约 16 000 平方米，并配套建有公寓式宿舍100 套。常平科技园是常平镇委、镇政府实施"科技常平"发展战略和"腾笼换鸟"工程的一个典型样板工程，园区是东莞市第一个"政企联合"的科技创新产业园区，也是全市目前唯一一个村镇级的国家级科技企业孵化器，更是全市唯一荣获 2013 年全国国家级科技企业孵化器评比优秀（A 类）的国家级孵化器。目前，入园企业有 110 多家，聚集了新一代电子信息、现代物流、研发设计等高技术服务业和光电、新能源、新材料等高技术产业，并已形成完整的"苗圃—孵化器—加速器"科技创业孵化链条。2014 年，园区企业总共研发投入超过5 000 万元，产值超过 3.67 亿元，毕业企业 28 家，毕业企业总产值超过 3.8 亿元，数家企业正准备在新三板挂牌上市。

二、常平科技园的经验做法

（一）创新建设模式，建立"政企联合"运行机制

常平科技园在短短五年多的时间，由空置的旧厂房发展成为国家级科技企业孵化器，与常平科技园建设模式和运行机制创新是分不开的。常平科技园采取政府主导、民间资本投入、市场化运作的"政企联合"运行机制，与政府紧密合作，实现民营资本与政府的最优结合，实互利现共赢。东莞市常平镇政府作为孵化器的主管单位，提供政策的支撑、保障、扶持；广东东科投资集团有限公司作为投资和运营管理方，按照市场化运作模式负责孵化器具体的运营及管理工作。

（二）搭建四步体系，促进园区稳固持续发展

为促进园区稳固持续发展，常平科技园搭建了四步体系，为企业创造了稳健发展环境。一是创业孵化服务体系。由创业孵化平台组成，为科技企业、科技项目提供孵化辅助服务。二是研发创新服务体系。由技术创新支撑平台和技术检测平台等公共创新服务平台组成，为入园及同行业企业提供研发实验、人才支撑服务。三是增值服务体系。整合园区、行业、政府等相关资源，设立服务中心，为入驻企业提供政策咨询、工商税务、法律和知识产权咨询、人才培训、投融资咨询等增值服务。四是融资服务体系。园区成立了300万元的孵化资金，并与中信银行常平分行、东莞银行常平分行等合作，为园区孵化企业提供融资贷款及融资担保服务。

（三）加强园区公共服务能力建设，优化创新创业环境

首先是建设园区公共服务平台，常平科技园先后搭建了技术创新支撑平台、企业孵化平台、人才培训平台、检测技术平台、网络信息化平台、创业辅导平台、科技金融服务平台七大服务平台，并持续将平台做扎实、做完整，为进驻企业提供所需要的服务。其次是组建专业服务团队，为园内企业提供一站式服务，常平科技园建立了涵盖工商、信息工程、技术发展、法律、会计、知识产权、招商七大项目的服务团队，并首创制定了服务团队考核指标，成为东莞众多创意产业园中唯一一个对服务团队有绩效考核的园区大大促进了服务团队的工作效率和成效。

（四）完善创业孵化服务链，建立完整的科技创业孵化体系

常平科技园积极引入技术转移、产学研对接、科技咨询等公共服务平台，建

立完善科技孵化服务链，加快建设"创业苗圃＋孵化器＋加速器"于一体的完整孵化链条。第一，2014 年底推动创业导师项目，其中创业导师是法律、知识产权、投融资、财务等专业人士组成，导师不定期地为园区内的企业进行相应的诊断，针对企业发展过程中出现的一些问题，给予建议，帮助企业减少发展磨合期，快速地成长。第二，引入创客联盟，常平科技园成立了东莞第一家创客联盟，并创建创客联盟网站，并搭建了创客与企业的对接平台，方便创客们的创意就地产业化，通过培育人才和项目来吸收好项目、好苗子，完善孵化前链条。第三，园区还计划利用"三旧改造"扩建一栋23 层 4 万平方米的科技大厦，探索实体孵化与虚拟孵化相结合的方式，为常平镇域经济转型升级做出自身的贡献。

三、常平科技园成功孵化的典型案例

（一）广东优科检测技术服务有限公司

广东优科检测技术服务有限公司成立于 2007 年 6 月，是一家独立的第三方产品检验检测和认证公司，是中国质量认证中心 CQC、德国 TUV、美国 UL、挪威 NEMKO 等知名机构认可的合作及授权机构。该公司于 2011 年 7 月进驻孵化器。入孵前，公司成立时注册资金为 50 万元，主要针对中小企业的需求提供 3C 认证等基础检测认证服务，服务规模相对较小，服务范围比较有限。入孵后，孵化器具体分析了优科公司的实际情况，针对该公司所涉及的行业，提供了金融支撑、政策支持、咨询培训等一系列孵化帮扶服务，帮助其提升公司业绩。同时科技园与该公司共同组建电子产品检测公共技术服务平台、光电产品检测公共服务平台，为广大中小企业提供检查、认证、技术支持、人才培训等拓展业务。孵化器还多次为优科协调申请省、市科技创新扶持奖励资金等。

通过对优科公司的两年深入孵化服务，2013 年，该公司注册资金由 50 万元提高到 1 000 万元，营业收入由入驻时的 200 多万元上升到毕业当年的 1 000 多万元。在入孵期间，获得 6 件实用新型专利授权，1 件发明专利正在受理中。公司的业务也由单一的电器认证服务，拓展到电器附件类、电线电缆类、家电类、灯具类、信息技术类、音视频类等产品的技术检查、认证、技术咨询、人才培训、行业标准制定等多样的核心业务体系，也为地区的中小企业降低检查认证服务费用做出了应有的贡献。优科公司现已形成了一支强大的老中青相结合、具有丰富研发和检测经验的人才队伍。目前，在加速器的上市辅导服务下，优科公司准备在新三板挂牌。

（二）东莞市瑞科仪器设备科技有限公司

东莞市瑞科仪器设备科技有限公司是一家研发、生产精密仪器及检测设备的企业，2010 年 8 月入孵，不到 2 年时间就完成了孵化毕业。该企业毕业时职工人数 36 人，营业收入过千万元，获得自主知识产权 7 项。入孵后，孵化器对该企业采取了一系列帮扶措施：首先是检测平台支持。通过孵化器的检测平台配合研发，该公司的主要产品"大功率分段电流检测仪"目前已经应用在各科研院所及企业。其次是创业导师服务。2011 年为该企业引进了创业导师顾问团，帮助公司制定内部管理架构，及外部市场拓展方案等。最后是股权投资帮扶。孵化器对该公司进行股权投资，占 30% 股份。该企业毕业后，孵化器继续为其提供毕业跟踪服务，持续帮助企业提升自主研发能力，协助组织省部产学研项目"电线电缆高频检测技术与信息平台设计及应用"完成验收，该项目获得新成果 1 项，申请发明专利 1 项，获得软件著作权 2 项，发表论文 4 篇。目前，该企业营业收入近 3 000 万元，获得各类知识产权 20 多项，为社会累计提供就业岗位 100 多个。

第三节　科技创新中介

　　科技创新中介机构是面向社会提供技术扩散、成果转化、科技评估、创新资源配置、创新决策和管理咨询等服务，对各类创新主体与市场之间的知识流动和技术转移具有关键性的促进作用。科技创新中介是我国科技创新体系的重要组成部分，其对于提高企业创新能力，实现创新驱动战略具有极为重要作用。根据提供的科技服务不同，科技创新中介机构可以分为三种类型：一是直接参与服务对象技术创新过程的机构，包括生产力促进中心、创业服务中心及技术研究中心；二是利用技术、管理等方面的知识为创新主体提供咨询服务的机构，包括科技评估中心、情报信息中心等；三是为科技资源有效流动、合理配置提供服务的机构，包括技术市场、人才中介市场等。

　　科技创新中介是专业镇创新体系的重要组成部分，包括生产力促进中心、研究开发中心等在内的科技创新中介机构扎根专业镇，服务专业镇，为专业镇转型升级作出了突出贡献，如中山市小榄镇生产力促进中心、东莞市虎门镇服装技术创新中心、佛山市华夏建筑陶瓷研究开发中心等是专业镇科技创新中介机构的典型代表。其中佛山市华建筑陶瓷研究开发中心是立足南庄陶瓷专业镇的新型研发机构，成立十多年来，始终坚持以建设国内一流陶瓷产业技术创新服务公共平台为目标，瞄准国内外陶瓷产业的最新技术方向，围绕节能、降耗、环保以及产业提升等共性技术，携手相关高校及业内企业开展产学研合作，对于推动南庄陶瓷产业转型升级发挥着不可或缺的关键作用，是专业镇与高校产学研合作的成功典范。因此，本部分将介绍佛山市华夏建筑陶瓷研究开发中心的经验做法。

一、佛山市华夏建筑陶瓷研究开发中心基本情况

中心是由"中国建陶第一镇"佛山市禅城区南庄镇人民政府与"中国唯一陶瓷高等学府"——景德镇陶瓷学院于 2002 年 8 月共同创办，是省级示范陶瓷专业镇的科技创新公共服务平台，也是广东省首批新型研发机构。中心注册资金为 1 500 万元，建筑面积约 8 000 平方米，有仪器设备 190 台（套）和陶瓷墙地砖中试生产线 1 条。中心现有专职技术人员 30 余人，其中景德镇陶瓷学院长期派驻的老师 10 人，可为陶瓷企业提供陶瓷检测认证、科技开发、技术咨询、教育培训及学术交流等服务，并已成为"英国 CERAM 华夏陶瓷测试中心"、"国家建筑卫生陶瓷生产力促进中心"、"国家日用及建筑陶瓷工程技术研究中心建筑卫生陶瓷分中心"和"广东省建筑卫生陶瓷研究院"等。中心自成立以来，已为 1 000 多家企事业单位及个人提供了 4 万多项的陶瓷产品、原材料性能等测试服务，并出具欧美产品检测证书 3 000 多份，培训行业技术人才数千人次，为众多陶瓷业的小微企业提供了无质押贷款互助担保以及行业内信息共享服务，对推动了南庄陶瓷专业镇产业转型升级做出了突出贡献。

二、中心协同创新的经验做法

（一）创新机制体制，提高技术人员积极性

中心是南庄镇政府与景德镇陶瓷学院于 2002 年共同创办，自创办以来，南庄镇与景德镇陶瓷学院始终保持紧密联系，加强产学研合作，在技术人才派驻、人才培养、技术合作等方面积极创新机制体制，推动中心各项事业发展。目前，景德镇陶瓷学院长期派驻中心的老师就多达 10 人，是中心的主要技术骨干，景德镇陶瓷学院创新用人机制，保留这部分教师在学校的编制，解决了他们的后顾之忧，提高了技术人员的积极性。中心还积极与景德镇陶瓷学院合作开展人才培养工作，共同建设人才实训基地、研究生教育创新基地、研究生校企联合培养基地等，同时依托景德镇陶瓷学院的人才和技术优势，可为中心提供技术支援、科技创新成果转化等支撑服务，有效提高了中心的科技创新能力。

（二）以产业关键共性技术为重点，深化产学研合作

一是中心始终以产业关键共性技术为重点，联合相关企业和高校开展产学研合作，中心先后与 50 多家企业和高校院所建立产学研合作关系，并开展了 40 余项科技攻关，如"大规格超薄建筑陶瓷砖产业化技术开发"是"十五"国家科

技攻关计划项目，该项目是由中心联合景德镇陶瓷学院、科达机电公司、东鹏陶瓷公司，共同对大规格超薄建筑陶瓷砖的生产制造工艺技术、装备技术、中试生产线，以及产品生产技术和应用技术标准进行了全面攻关，并已顺利完成项目研究工作，该项目成果已在蒙娜丽莎陶瓷公司实现产业化，年产值超过 2 亿元。"陶瓷行业清洁生产关键共性技术"则是中心与 11 家单位的产学研合作攻关的重要代表，该技术的实施可节约烧成与干燥热能 20% 以上，实现废水零排放和废渣利用率 95% 以上。截至目前，中心已成功开展了 44 项课题的研发、50 余款新产品的开发中试与孵化，申请了 25 项专利，拥有 21 项成果转化与技术推广的项目，获得两项中国产学研合作创新奖、一项省部级科学技术二等奖。二是中心牵头组建了"陶瓷清洁生产产学研创新联盟"，该联盟成立于 2007 年，在佛山市科技局的指导下，联合了佛山当地 43 家陶瓷企业、9 所相关高校和机构，围绕佛山市陶瓷产业发展的重大需求，整合各方资源，发挥各自优势，共建的一个系统协作、互惠互利的创新平台，该联盟的成立运作为佛山陶瓷产业发展做出了积极贡献。

（三）推行"股份化开发"模式，加快科技成果转化

针对科技成果转化率低、转化速度慢的问题，中心创造性地推行了"股份化开发"模式，即在中试甚至研发阶段组建股份制开发经营实体，整合利用资金与技术互补的优势，促进科研成果和专利技术转化的同时孵化了科技型企业。这一模式的典型应用及代表就是奥标科技有限公司，它由中心整合 42 项专利入股，与企业共同合资创办，公司开发的第一项专利产品第二年便实现销售收入 1 000 万元，成果转化效益显著。

（四）积极开展技术发展战略研究，主动服务专业镇经济发展

一是制定陶瓷产业技术路线图，中心依托景德镇陶瓷学院的师资力量和专业优势，牵手广东的华南理工大学以及业内领头羊企业，并力邀国内 50 多位知名专家学者和行业协会领导、40 多家企业负责同志和技术主管，共同参与产业技术路线图的制定，并先后完成了《广东省建筑陶瓷技术路线图》、《佛山市陶瓷技术路线图》及省内 4 个陶瓷专业镇的产业技术路线图制定工作，参与或指导日用陶瓷和不锈钢两个省产业技术路线图的编制。二是依托专业优势，主动服务专业镇经济发展，中心先后主持完成了佛山市、内蒙古阿拉善腾格里经济技术开发区陶瓷产业园等 10 多个地方陶瓷产业发展、转型升级或生态工业园规划，编制完成 10 多家新建陶瓷企业的可行性研究报告，树立了中心在陶瓷产业发展战略研究的行业地位。

第四节　技术检验检测机构

《检验检测机构资质认定管理办法》（国家质检总局令第163号）指出，技术检验检测机构是指依法成立，依据相关标准或者技术规范，利用仪器设备、环境设施等技术条件和专业技能，对产品或者法律法规规定的特定对象进行检验检测的专业技术组织。检验检测是现代服务业的重要组成部分，对于加强质量安全、促进产业发展等具有重要作用。

一、技术检验检测机构的分类

根据检验检测市场的性质，检验检测机构可以分为政府检验检测机构、企业内部检验检测机构及独立的第三方检验检测机构。其中政府检验检测机构主要是以质检系统和检验检疫的事业单位或公务单位组成，而企业内部检验检测机构则是企业自主建设，服务企业的检验检测机构；第三方检验检测机构又称公正检验，是由处于买卖利益之外的第三方（如专职监督检验机构），以公正、权威的非当事人身份，根据有关法律、标准或合同所进行的商品检验检测活动。

根据检验检测机构的公益属性，可以分为公益和经营两大类。公益类主要由政府举办、由财政给予保障或补助，以公益服务为主要目的。经营类则由市场配置资源，以独立企业法人形式存在，自主经营、独立核算、自负盈亏。

根据检验检测机构的所有制，检验检测机构主要分为国有检验检测机构、民营检验检测机构和外资检验检测机构三类。其中国有检验检测机构数量占总数的近80%，市场份额约占55%；民营机构数量约占19.5%，市场份额约占20%；外资机构数量约占0.5%，市场份额约占25%。

技术检验检测机构是促进专业镇特色产业发展的重要组成部分，广东省委省政府和省科技厅高度重视专业镇技术检验检测机构建设，2012年出台的《广东省人民政府关于加快专业镇中小微企业服务平台建设的意见》中提出建设专业镇质量检测服务平台，各地市和专业镇积极推动专业镇检验检测机构建设，并涌现出了一批优秀检验检测机构，主动服务专业镇企业，有效降低企业生产成本，如中国广州分析测试中心在中山大涌镇设立的纺织服装检测实验室、中山市小榄镇生产力促进中心检验检测公共服务平台（以下简称"平台"）、东莞市大朗镇的信宝检测等。其中中山市小榄镇的检验检测公共服务平台建设模式新颖，成效斐然。

二、平台介绍

中山市小榄镇生产力促进中心检验检测公共服务平台是小榄中小企业服务中心的重要组成部分，目前已建成了包括中山市立创检测技术服务有限公司、中山市小榄五金检测服务有限公司、中国电科院广州威凯认证检测中心小榄办事处等在内的专业检验检测企业服务机构，初步构建了较为完善的检验检测服务体系。

中山市立创检测技术服务有限公司是华南地区规模最大、资质最完备的第三方商业检测机构之一，是国家级生产力促进中心公共检测服务平台。公司拥有EMC 电磁兼容实验室、光性能实验室、环保化学实验室、安规实验室、理化实验室五大实验室，可为企业提供光性能测试、电声测试、环保理化测试、安全电磁兼容等测试项目。目前公司拥有近 200 人的专业检测服务团队，实验场地总面积近 5 000 平方米。实验室已获得国家认可委实验室认可、国家实验室资质认定（CMA 认可）、UL、ITS、TUV、SAA 等认可资质，是 TUV 莱茵公司授权测试实验室、TUV 南德公司授权测试实验室、UL 机构的华南地区重点合作授权（WT-DP）实验室之一、CPSC 美国消费品安全委员会认可实验室、TUV 南德指定化学分包测试中心。立创检测可为企业提供绿色环保检测、有害物质检测、玩具检测、产品安全认证、EMC、光性能、能效和环境测试、产品测试标准、国外法规培训等服务。

中山市小榄镇五金检测服务有限公司是由小榄锁业协会发起成立的第三方锁具检测实验室，具备完善的锁具产品检测能力，可为企业提供锁具产品安全及性能测试，锁具元部件的安全及性能测试，美标、欧标、国标、行标锁具检测，安全规定及标准的咨询与培训等服务，综合技术能力位居全国同行前列。公司已获得中国合格评定国家认可委员会认可，公司出具的检测报告获得了国际实验室认可合作组织（ILAC）承认。

中国电科院广州威凯认证检测中心小榄办事处于 2003 年成立，可为小榄及周边企业提供产品和材料质量检测、技术咨询、管理体系培训、认证，以及企业管理提升顾问等高效便利的"一站式"服务，具有出具 CCC、CQC、CE、CB、VDE、TUV、GS 等多项证书资质。

三、平台的主要经验做法

（一）围绕专业镇特色产业，构建检验检测服务体系

小榄镇是广东省五金制品专业镇，已形成了锁具、燃气具为龙头，上下游产

品及配件品类齐全的五金产业集群。小榄镇针对五金企业以中小微企业居多，企业研发投入少，技术创新体系不够完善，检测设备不全，检测人才匮乏的现状，积极围绕产业链部署创新服务链，初步构建了完善的检验检测服务体系。筹建小榄镇生产力促进中心，成立了立创检测公司，为企业提供化学、电器安全、电磁兼容、光性能及能效、环境检测等检测服务。锁具作为小榄镇的龙头产业，小榄依托中山市锁业协会成立了五金检测公司，积极加强锁具检验检测服务，为锁具企业提供专业的第三方检测服务，目前该公司的锁具检测技术已位居全国同行前列，实验室环境、设施、检测技术处于全国领先水平。小榄还积极引进国内外相关行业检测机构入驻，开展检验检测服务，引进了中国电器科学研究院广州威凯检测认证中心，为企业提供日用电器、小功率电机等专业检测服务。同时，平台针对五金行业发展趋势，积极拓展电子锁、指纹锁等新兴五金产品的检测服务。

（二）创新平台发展模式，整合资源建设检验检测平台

小榄检验检测机构采取"政府引导、协会联动、平台服务、多方参与"的抱团发展模式建设，积极整合社会各方资源。在建设初期，小榄镇提供政策和资金支持，中山市锁业协会、中山市半导体照明行业协会等协会联动，检验检测平台提供服务，政府、协会、企业、检测机构等多方参与平台运行，平台建成后，按照市场化机制运行。同时，平台完善服务保障制度，主动服务小榄企业，在产品检测方面建立共建共享和有偿使用相结合的制度，其中五金锁具、化学成分分析、电器安全规范、EMC电磁兼容及光性能等五大实验室均为小榄镇镇内企业提供公共检测服务，不收产品检测费用，或仅收取很少的检测报告费用。立创检测积极抢占行业发展制高点，其作为北美照明电器协会会员，积极参与了相关标准的修订和检测。

（三）加强产学研合作，提升平台服务能力

目前，小榄镇生产力促进中心已与中山大学、华南理工大学、电子科技大学、中科院广州电子技术研究、香港生产力促进局等50多个高校和科研院所建立了产学研合作关系。小榄镇检验检测平台利用产学研合作院校的优质创新资源，通过派驻科技特派员、专家顾问等形式，为检验检测机构提供技术支撑，提高了平台服务能力。平台还加大与高校和科研院所人才合作培养力度，引进优秀检验检测人才，建立了华南理工大学小榄工业技术研究院、华南师范大学小榄LED产业技术研究院等科研机构，为小榄镇企业提供企业管理与技术人才培训服务。

（四）积极实施"引进来、走出去"战略，扩大服务覆盖范围

平台积极实施"引进来"战略，引入了台湾生产力促进会中心和香港生产力促进局等运行和建设模式，并成功在平台应用，其模式得到了省委省政府的高度评价，并在全省推广"小榄经验"。目前，"小榄经验"已在佛山市生产力促进中心、惠州生产力促进中心等机构推广应用。大力实施"走出去"战略，加强与相关产业集群的合作，目前，立创检测已在广州设立分公司，服务当地产业。平台根据中山—潮州对口帮扶指挥部统一部署，积极参与"潮州—中山产业创新中心"、"庵埠—小榄生产力促进中心"等公共服务平台建设，迈开了专业镇跨区域帮扶工作的步伐，将检测服务覆盖范围扩大到省内相关产业集群。

第五节　创新实验室

创新实验室是指以构建创新环境、培养创新人才为目标的实验室，或者是指以创新实验方法完成实验教学目的的实验室。创新实验室是随着国家新一轮课程教材改革和加大教育投入后涌现出来的各种类型实验室的统称，目前国内创新实验室多的是以"创新实验方法完成教学目的的实验室"，但本节主要研究的"以培养创新人才、构建创新环境为目标"的实验室。

一、创新实验室建设的内涵

创新实验室的建设不同于传统实验室，需要考虑产业特点、产业技术要求、实验设备配置、实验室管理与运营、创新人才培养等多个因素，从而构建多学科、开放的新型实验室。

一是建立多学科的公共实验平台。基于专业镇产业特点和技术特性，建立多学科交叉和融会贯通，可供多学科开展探索性、创新性、设计性实验的公共实验平台，有利于激发科技创新人员的创造性思维和动手能力。

二是仪器设备配置方面。根据创新实验室的基本要求，配备相关常规仪器设备，满足实验室的基本要求。同时根据专业镇特色产业的特殊要求，配备相关仪器设备，而对于大型贵重仪器设备，应提倡行业共享。

三是实验室运作方面。建立并完善创新实验室的管理、设备共享制度、技术成果转化制度、激励制度等各项规章制度，建立实验室创新基金，推动创新实验室服务专业镇产业发展。

四是创新人才培养方面。创新实验室不仅要为专业镇提供产业关键共性技术，还要主动为专业镇培养创新人才。创新实验室通过举办培训活动、与高校联合培养人才等方式为专业镇培养优秀创新人才。

五是建立开放的实验室。创新实验室要积极发挥设备优势，加强实验室的宣传，主动为专业镇企业开放实验服务。

二、创新实验室的建设要素与功能

（一）创新实验室是一个多层次，多功能的开放实验室系统

创新实验室是单元实验的综合体，需要多个单元操作的有机结合、多种实验设备和软件的综合利用，从实验设计、组合、搭建、协调、贯通到实现功能性目标，需要多种知识和技能。因此，创新实验室是一个综合利用实验设备和实验资源的过程，而这个过程要求实验室资源全开放，企业要了解实验设备的信息，从而及时有效地获得实验仪器等工具。

（二）创新实验室是一个多元化、网络化管理系统

创新实验室拥有多个单元实验室，并拥有多台（套）实验设备和软件，需要构建一个多元化、网络化的管理系统实现资源有效利用和资源共享。管理系统可有效控制实验设备的运行情况，并提出合理配置实验资源的建议，保证创新实验的正常进行。

（三）创新实验室是实验资源和创新主体互动的系统

创新实验室是综合性实验项目，需要在实验资源、实验技术人员和企业技术人员之间建立一个互动的关系。创新实验室可实现实验资源共享，同时专业的实验技术人员可为企业技术人员提供有针对性的指导，保障实验室的有效运作。

（四）创新实验室是一个与企业需求信息共享的系统

社会性或现实性的创新课题是推动创新活动的必要前提，建立一个与企业需求信息共享的系统有利于激发创新主体的积极性，实现与社会需求接轨的应用型创新实验环境，保障创新实验室的长效运行。

创新实验室是专业镇协同创新体系的重要组成部分，对产业共性技术攻关、企业创新能力培养和营造良好的创新环境发挥着重要作用。专业镇加强与国内外相关高校、科研院所的产学研合作，积极探索创新实验室建设新模式，并取得了一些发展成果，涌现出了一些成效突出的创新实验室，如中山大学（古镇）半

导体照明技术研究中心、佛山市南海南方技术创新中心等。本节重点介绍中山大学（古镇）半导体照明技术研究中心的经验做法。

三、中山大学（古镇）半导体照明技术研究中心

中山大学（古镇）半导体照明技术研究中心（以下简称"中心"）成立于2012年6月，是中山大学和古镇镇政府实施"一校一镇"计划而共同建立起来的产学研合作平台。中心是为古镇LED照明应用领域的产业转型升级提供技术支撑，通过制定专业镇产业发展规划、突破产业共性，进一步深化省部院产学研技术、打造专业创新平台、建立院士工作站、特派员工作站等，引导创新要素与专业镇对接，全面提升专业镇的自主创新能力。同时通过平台机制推专业镇加快布局战略性新兴产业，带动专业镇整体创新能力及产业竞争力提升。充分发挥产学研结合的作用，调动和发挥高校优势创新资源，投入到专业镇的自主创新中。

目前，中心有实验和办公场地1 000余平方米，拥有价值达320余万元的国内一流实验设备及软件，现有专职技术人员20人，并聘请了驻外高校专家和专业研发人员10人，可为古镇及周边企业提供LED照明应用领域的实验测试、各项共性技术研究和技术服务，涉及LED光源、控制系统、光学、散热、材料、系统集成、人才培训、产品验证、工程涉及等多个学科领域。截至目前，中心已在LED照明应有领域取得了18项自主知识产权，为40余家灯饰照明企业提供技术服务。

四、中山大学（古镇）半导体照明技术研究中心经验做法

（一）开展"一镇一校"合作，探索产学研合作新模式

中心是中山大学与古镇镇政府以"一镇一校"产学研合作模式建立，双方于2012年6月签署"一镇一校"合作协议，并为中心举行了揭牌仪式，创新了产学研合作模式。中心已组建科研团队和建设开放实验室，可为古镇及周边企业提供相关技术服务，同时在产学研合作过程中，依托中山大学化学与化学工程学院、物理学院、材料科学与工程学院等相关院系的专家教授团队，为中心提供技术支撑。截至目前，中心取得了一系列产学研合作成效，已实施深度技术及产品科研项目37项、共性技术攻关项目5项、获得专利18项，为中小微企业增加销售额7 000万元以上，增加税收1 500万元。

（二）把握行业发展趋势，抢占LED照明行业技术制高点

为实现可持续发展，中心积极把握行业的命脉和发展趋势，抢占技术和市场

的制高点。在市场调研和 LED 照明行业前景分析的基础上，将 LED 智能化控制和智能化驱动技术作为中心科研的主攻方向。经过几年的努力，已形成了一批具有自主知识产权的创新产品，如在 LED 智能照明控制系统方向，已成功研制了一系列数字化可寻址照明接口（DALI）LED 智能照明控制系统的硬件和软件产品，LED 智能驱动驱动技术方向成功研制了包括调光及不调光无频闪 LED 驱动电源系列、单路及多路 DALI 接口 LED 恒流驱动电源系列等产品。相关成果包括发明专利 5 项，实用新型专利 4 项，软件著作权 6 项。

（三）创新合作与运营机制，主动为行业输入创新成果

在建设模式方面。中心以"中山市中大半导体照明技术研究有限公司"为运作载体，按照企业运作模式独立运作与管理，中山大学和古镇各占股份的 50%，全权负责研究中心的建设与维护、技术研究与开发的组织管理、成果转化等工作。建设初期的设备、场地、启动资金和运营资金的投入由古镇镇政府提供，中山大学则负责科研团队组建、科研活动开展及日常运营。中心实行项目组负责制。

在运营机制方面。中心始终与本地企业保持紧密联系，深入调研市场及企业的需求，了解产业面临的共性技术难题，组织开展有针对性的科研活动，主动服务当地企业，并取得了丰硕的科研成果，为古镇灯饰产业发展注入创新活力。截至目前，中心已为古镇及周边 40 余家企业提供技术服务，并举办多场培训讲座，为古镇照明产业。中心通过参加展会、媒体宣传、组织研讨会等活动，扩大中心的影响力。

在科技成果转化方面。中心积极推动科技成果转化，发挥中心在高校和企业产学研合作中的桥梁作用。目前已完成 7 项科研成果转化，其中为中山市华艺灯饰照明股份有限公司引进中山大学的科研成果并合作开发的"基于电源与数据共线传输的 LED 照明控制技术研发及产业化应用"项目荣获 2013 年中山市科技进步奖二等奖。

（四）建立开放实验室，为古镇灯饰产业培养创新人才

中心建立相关实验室，采购先进实验设备和软件，为古镇灯饰企业提供开放的实验创新环境，并与相关高校合作为古镇灯饰企业培养创新人才。目前，中心已建成了光学、热学、驱动电路等多间实验室，配备了实验技术人员，有价值超过 300 万元的实验设备和软件，可为古镇及周边 LED 照明企业提供相关实验支撑，古镇中小微企业使用实验室还可享受财政补贴和费用减免。开放实验室的建设，有助于减少企业的研发设备投入，完善古镇创新公共服务体系。另一方面，中心与中山大学理工学院、广东理工职业学院签订科研和人才培养合作协议，并

已合作培养本科生 5 名、研究生 3 名、师资人员 2 名，吸收广东理工职业学院优秀毕业生就业 2 名，形成发明专利和软件产品各 1 项，为古镇灯饰产业培养创新人才。

第六节　创新空间租赁

创新空间是指为独立运营、集中面向科技类和创意设计类及相关产业的创客、创新创业团队、创业企业提供包含工作空间、网络空间、交流空间以及为创业者提供投融资对接、讲座和工作坊等资源共享空间在内的各类创新场所，是为创业者提供低成本、便利化、全要素、开放式的新型创业服务平台和创业孵化器。创新空间可为创业者提供包括办公场地、培训辅导、融资对接、活动沙龙、财务法务顾问、工商服务以及为企业进行财政补贴申请等相关服务。

创新空间建设是为顺应网络时代大众创业、万众创新的新趋势，对于营造良好的创新创业生态环境，激发亿万群众创造活力，促进就业，加快经济转型升级具有极为重要的意义。因此，各级政府高度重视创新空间建设，相继出台相关政策推进创新空间发展，如国务院先后发布了《关于发展众创空间推进大众创新创业的指导意见》（国办发〔2015〕9 号）和《关于加快众创空间发展服务实体经济转型升级的指导意见》（国办发〔2016〕7 号）等政策文件推动众创空间专业化发展，支持制造业、现代服务业等重点产业领域强化企业、科研机构和高校的协同创新建设一批众创空间。经过数年发展，创新空间已经成为大众创业、万众创新的重要阵地和创新创业者的聚集地。

一、创新空间的建设模式

学者从业务模式和形态角度，将国内创新空间的建设模式分为七种：

一是活动聚合型。此类型创新空间主要是以为创业企业提供交流平台，定期举办想法或项目的发布、展示、路演等创业活动聚合，如深圳柴火空间等。

二是培训辅导型。主要是依托大学的教育资源和校友资源，以理论结合实际的培训体系建设的创新空间，如北大创业孵化营。

三是媒体驱动型。主要是由媒体创办，面向创业企业的创新空间，此类型创新空间具有为创业企业提供线上线下宣传的优势，如羊城同创汇、36 氪等。

四是投资驱动型。主要是以资本为核心和纽带，聚集天使投资人、投资机构，依托创新空间汇聚优质的创业项目，为创业企业提供融资服务，从而解决初创企业的资金难题，提升创业成功率，如创新工场。

五是地产建设模式。主要是由地产商按照房地产开发模式建设的创新空间，如优客工场等。

六是产业链服务型。该类型创新空间是围绕创业企业的产业链提供服务，可为创业企业提供产业链上下游机构合作交流、产品研发、战略入股等服务，如创客总部。

七是综合创业生态体系模式。此类型的创新空间可为创业者提供综合的创业生态体系，包括金融、培训辅导、人才招聘、运营、财政资金申请、法律服务、工商服务等一系列服务，如创业公社。

二、创新空间的特点

根据创新空间的定义和业务形态，创新空间具备以下五个特点。

第一，开放与低成本。空间是面向所有公众群体开放，采取部分服务免费、部分收费，或者会员服务的制度，为创业者提供相对低成本的成长环境。

第二，协同与互助。空间通过组织沙龙、训练营、培训、大赛等活动促进创业者之间建立交流，而共同的办公环境能够促进创业者之间的互帮互助、相互启发、资源共享，达到协同进步的目的。通过协同与互助使创业者由"聚合"产生"聚变"效应。

第三，便利性。创新空间通过提供场地、举办活动，能够方便创业者进行产品展示、观点分享和项目路演等。此外，还能向初创企业提供其在萌芽期和成长期的便利，比如金融服务、工商注册、法律法务、补贴政策申请等，帮助其健康快速成长。

第四，结合性。创新空间有助于推动团队与人才结合，创新与创业结合，线上与线下结合，孵化与投资结合。

第五，全要素。创新空间可为创业者提供创业创新活动所必需的材料、设备和设施等全要素资源。

创新空间是专业镇实施创新驱动发展战略和产业转型升级的重要支撑，在专业镇营造了良好的创新创业环境。专业镇积极响应国家、省市政策，推动创新空间建设，并已涌现出了一批有亮点、有潜力、有特色、层次高的创新空间，如顺德区北滘镇的广东工业设计城·创客空间、顺德区大良街道的顺德创客中心、中山市小榄镇创业孵化基地、东莞市南城区的天马创业营等创新空间均极具特色，均已成为所在区域重要的创新空间，为全省专业镇创新空间建设提供了重要的经验借鉴。本部分将重点介绍广东工业设计城·创客空间的经验做法。

三、广东工业设计城·创客空间简介

广东工业设计城·创客空间是由广东同天投资管理有限公司依托顺德区第一家国家级孵化器广东工业设计城投资建设，位于广东工业设计城内，2015 年初建成，总建筑面积约 400 平方米，拥有 3D 打印机、激光雕刻机等快速成型设备价值超过百万元的硬件设备。创客空间主要依托顺德当地家电产业基础，专注于信息化产品和智能化硬件的创业企业，特别是智能机器人、智能锁、智能净化器、智能集成系统的创新创业企业。空间已于 2015 年 11 月被认定为省级众创空间试点单位。

四、广东工业设计城·创客空间的经验做法

（一）根植顺德家电产业土壤，专注吸引信息化和智能化创客落户

顺德素有"中国家电之都"、"中国燃气之都"美誉，是全球最大的空调、微波炉、热水器、消毒柜、电风扇等家电产品的制造基地之一，家电产业总产值约占全国家电行业产值的 20%，并涌现出了美的、万和、海信科龙、格兰仕等家电龙头企业。顺德家电产业基础雄厚，具有我国最完整、最成熟的家电产业链以及中国优秀的家电产业技术人才。创客空间依托顺德家电产业和人才优势，明确创客空间发展定位，专注于吸引信息化产品和智能化硬件的创业企业，特别是智能机器人、智能锁、智能净化器、智能集成系统的创新创业企业落户，积极推动顺德家电产业的智能化发展。

（二）依托广东工业设计城资源优势，集聚优质创业资源

广东工业设计城是顺德区第一家国家级科技企业孵化器，规划面积 2.8 平方千米，目前已有 160 余家工业设计公司入驻，其中示范企业 89 家，涌现出一批以设计创新、新材料研究、基因工程等为主营业务的科技公司。2014 年，正式入园设计师超过 2 500 人，入驻企业创新设计近 30 000 项，产品转化率近 80%，为珠三角乃至全国的制造业提供创新设计资源。目前设计城已与德国科隆大学、韩国启明大学、清华大学、湖南大学等国内外 68 所高校建立了人才培养与引进平台，开展产学研合作。同时设计城还成立了以科学研究、产业孵化和研究生联合培养"三位一体"的广东顺德工业设计研究院，现有 50 余名博士、硕士专职科教人员和 800 多名来自合作高校的研究生，为创客空间提供了源源不断的创客。创客空间充分利用设计城良好的创新创造氛围、优秀的创业人才、扶持政策

和完善配套服务，推动创客空间发展，成立不足一年即成功成为省级众创空间试点单位。

（三）承办"创客中国"大赛顺德区赛事，主动寻找优秀创客资源落地

2015 年，由设计城作为承办之一的"创客中国"顺德赛区成功举办，并且顺德区的 3 个项目分别获得由国家工信部信息中心组织的"创客大赛"一、二、三等奖，包揽了全部奖项的 1/4，取得了可喜的成绩。创客空间为吸引优秀创客资源落户，紧盯大赛中的创客资源以及学校和企业中的优秀创客资源，积极吸引有潜力的项目、正在寻找产品落地的实验室等创客资源落户创客空间。同时创客空间还积极加强与高校的合作，吸引有好创意的学生到创客空间进行孵化。

（四）加强创客空间软硬件建设，努力实现创客价值最大化

创客空间积极加强硬件建设，投资 100 余万元引进了多台 3D 打印机、激光雕刻机等快速成型设备，并拥有咖啡厅、电脑、WiFi 等配套硬件设备。在加强硬件建设的同时，创客空间积极提升软实力，加强服务能力建设，组建服务团队，团队中的大部分成员均有在家电产业的从业经验，只要创客入驻创业空间，创客空间就将整合资源，努力实现创业者价值最大化。同时创客空间积极完善创客服务链，目前可为创客提供风险投资、创业导师、法律、会计、金融等服务。

第六章 专业镇协同创新平台的建设模式

创新是一个全球趋势，技术创新已成为现代经济增长的重要驱动力。专业镇协同创新平台作为区域创新体系的基础设施和条件保障，是将创新从理念引向实践的重要途径。这些创新平台承担着诸如共性技术研发、技术中介、检测认证、人才支持、科技信息、人才培训、产品设计、管理咨询、投融资等多项服务职能。各个平台在具体建设模式上形式多样、各具特色，有些是依赖政府财政拨款运作的，有些是政府投资组建但采用市场化运作的，有些是政府与高校院所合资成立的，也有完全由企业或行业协会投资组建的。不仅如此，随着时间的推移，协同创新平台的类型也在发生演变，新的模式不断涌现。下面将从协同创新平台建设中的各类角色和运行模式入手，介绍专业镇协同创新平台的建设模式。

第一节 协同创新平台建设中的各类角色

在协同创新平台中，创新主体来自不同的社会组织，在协同创新活动中扮演着不同的角色。而创新主体间不同的利益诉求和协作关系影响着协同创新平台的建设和运营成败。因此，研究各创新主体的在平台建设中的角色地位及作用，分析职能分工与权责，对保障协同创新系统稳定性有着积极的作用。以下将对协同创新主体分为政府、高校院所、行业企业和科技服务机构四种角色进行分析。

一、政府

政府是国家公共行政权力的象征、承载体和实际行为体。政府作为一个对经济社会发展负有宏观管理责任的行政机构，虽然不能直接干预企业的具体经营活动，但可以发挥政府在社会管理方面的职能优势。政府具有较强的号召力和影响力，能通过政策制定和公共财政投入为平台创造发展条件；在协同创新平台建设中有助于吸纳多种创新主体、快速形成协助团队；可以协调各参与方的利益关系，并对平台创新系统的实现过程进行监督管理。

我们认为，政府在协同创新体系中应更多地以指导者、协调者和出资者的角色出现。政府在协同创新活动中，最有效的手段是政策和公共财政投入。作为全球技术创新的领跑者，美国经过不断尝试与优化，形成一套有效协同创新措施。首先强调国家资助基础科学保证前沿科学领先性，并在不同时期根据国家利益需要，设立专项资金投入解决产业关键技术与共性技术问题；其次通过政策制定引导和鼓励企业创新，通过特殊减税政策、政府订购、国防工业等方式有效刺激企业提高研发投入、开发高新技术产品；同时建立完善的法律体系，规范和解决创新过程中的成果归属、利益分配及促进技术转移等方面的问题，为协同创新顺利开展提供制度保障。

专业镇协同创新平台建设是一个政产学研活动组织的过程，政府在此期间多数是扮演出资者和协调者的角色。在政府推动下可有效解决平台建设前期遇到的两大问题：一是建设经费，通过各级政府及职能主管部门的协同统筹，利用科技专项资金、平台建设扶持资金等形式多途径支持，将财政资金导入平台建设或引导建设使用；二是产学研合作协调，通过政府出面进行整体规划，有利于协同创新平台建设运营过程中各部门、各单位之间的协调，有利于协同合作的达成，保证平台建设顺利推进。

二、高校院所

高校院所泛指高等院校和专门从事科技创新的部门，他们是社会知识技术创新的主力军。据国家统计局发布的我国科技创新状况报告，2014年，国家财政科技支出已达6 454.5亿元，初步统计2015年全国研发经费投入总额为1.4万亿元，成为仅次于美国的世界第二研发经费投入国家。这些科技经费多数流向全国各高校和科研院所，为高校院所培育科研人才、开展基础科学研究和前沿技术创新提供了有力保障。作为我国科研的重要力量，高校在推进知识创新和技术创新方面的引领作用毋庸置疑，然而社会对高校院所"科研不接地气"、"科技成果转化率低"的质疑声也一直存在。

高校院所是协同创新体系中的核心主体，他们在科研基础条件、科研人员数量、学科领域、基础研究与前沿技术成果等方面的资源优势是其他角色所不具备的。例如，美国的硅谷地区是目前世界上最具创新能力的高技术产业集群。在硅谷的发展过程中，区域内的世界一流大学如斯坦福大学、加州大学伯克利分校、圣克拉拉大学等高校所发挥的作用不可估量。例如，当今世界上的诺贝尔奖获得者有近1/4在硅谷工作，该地区有6 000多名博士，占加州博士总数的1/6。高等院校为企业提供重要的技术成果、高科技人才，以应对快速变化的技术环境，并且更难得的是，高等院校、科研人员、风险投资家可以直接投资办企业。[①] 据统计，硅谷目前一半的销售收入来自斯坦福大学的衍生公司。

在专业镇协同创新平台建设中，高校院所扮演的是创新资源供应者的角色。从创新角度看，高校院所既是基础理论研究和前沿技术创新的主力军，又是解决国民经济重大科技问题、实现技术转移和创新成果转化的生力军。从其自身发展需求角度来看，高校院所采取主动行动参与协同创新，可以发挥自身研究基础雄厚、学科领域较广等特有优势，高等院校只有通过协同创新，向政府、企业和其他社会组织"借力"，才能够显著提高自主创新能力，推动自身的快速发展。

三、行业企业

国家"十三五"规划中明确提出"强化企业创新主体地位和主导作用"，企业作为经济活动参与各方中最具活力的组织，能成为创新的主体究其原因有几个方面：一是企业对市场敏感度强，能快速感知市场动态、捕捉产品需求，有能力洞察机遇，提出明确的创新需求；二是在市场经济的机制下，新产品、新工艺、新技术可给企业带来超额利润，使企业在市场竞争中脱颖而出，让企业有不断创新的动力。

行业企业在协同创新体系中是作为最终的服务对象，是技术成果的转化者。行业企业是以营利为目的的社会经济组织，在面对和参与协同创新中具有一定的选择性。首先对于企业自身发展而言，参与创新是一项投资大、时间长、回报不明确的活动，除了内部的投入风险还存在市场不确定和技术不确定等外部风险。在前期的协同创新工作中，企业往往采取被动或保守的态度，规避创新风险。而在协同创新的后期阶段，即成果转化过程中通常会采取主动行动，抓住机遇利用创新抢占市场先机。

专业镇协同创新平台是以服务专业镇企业创新为目标，以促进产学研合作为手段的公共服务机构。专业镇行业企业作为主要的服务对象，及创新成果转化方，其对协同创新工作认可与参与度，直接关系到协同创新的实质成效，而能吸引企业参与协同创新，无非也是两点：风险可控和收益可期。技术成果通过企业进行市场转化，才能产生经济效益，成为现实的生产力，为协同创新各方给予回报。

---

① 冉庆国. 发挥高校在区域创新网络中的作用. 商业时代，2005（24）：81-82.

四、科技服务机构

科技服务机构也可以称为科技中介机构，泛指为科技创新主体提供社会化、专业化服务以支撑和促进创新活动的机构。我国科技中介机构大多产生于20世纪80年代，从功能上大体可划分为三类：一是直接参与服务对象技术创新过程的机构，包括生产力促进中心、创业服务中心、工程技术研究中心等；二是主要利用技术、管理和市场等方面的知识为创新主体提供咨询服务的机构，包括科技评估中心、科技招投标机构、情报信息中心、知识产权事务中心和各类科技咨询机构等；三是主要为科技资源有效流动、合理配置提供服务的机构，包括人才中介市场、科技金融市场、技术产权交易机构等。

科技服务机构属于社会中介组织中的一类，在协同创新体系中扮演协调者和中间人角色，其是指"以法律法规为依据，以技术为商品，推动技术转移、转化和开发为目的，在政府、创新主体、创新源及社会不同利益群体之间，发挥桥梁、传递、纽带作用，面向社会开展技术扩散、成果转化、技术评估、创新资源配置、创新决策和管理咨询等专业化服务的机构"。科技服务机构作为专业化服务组织，他们更为熟悉科技创新的发展动态，同时精通技术创新方面的法律法规和制度政策，因此可以把握时机，及时与创新主体对接，使得在大学、科研机构等科技供应商将创新成果引进入企业的生产线，转化为市场产品，实现创新产业链。

专业镇协同创新平台本身即是一个科技服务机构实体，多数平台除了本身可承载的创新技术支撑服务功能（检验检测、认证认可、知识产权申报等）外，更多在于做好科技中介角色。作为专业镇区域内的科技服务机构，如何有效的收集企业需求信息、精准对接高校院所、有效保障各方利益均是科技中介服务的重点工作，而专业镇协同创新平台的科技服务收入水平，是对平台建设成效考核的重要指标。

第二节　协同创新平台建设模式选择

专业镇协同创新平台以服务专业镇辖内特色产业企业和相关创新需求主体为主要任务，在平台合作共建时应充分考虑地方产业发展现状和产业创新特点，从实际出发，整合创新资源和设计创新服务。在平台建设合作模式不可能千篇一律，需要结合行业现状和产业特点，考虑具有不同结构、功能的创新平台的不同构建模式，具体包括：参与主体选择、主体组织方式设计、政策支持体系、平台服务功能设计等，以此实现创新资源与社会创新需求的有效对接，促进产业创新发展。

一、产业特点与创新服务需求

截至 2015 年 12 月，广东省级专业镇已达 399 家，专业镇特色产业类型众多且产业结构不同，为便于整理，按产业结构和创新需求特点进行整理，将专业镇产业分为龙头主导型、结构均衡型、新兴培育型和公益型四类进行分析。

龙头主导型，指地方产业已经形成特色鲜明的产业优势，龙头企业突出，在行业领域具有绝对的资源优势和话语权。地方上形成了以龙头企业主导，围绕其形成一系列配套产业的发展格局。比较典型的专业镇有广州市白云区同和街道、佛山市顺德区北滘镇等。在此类专业镇中，创新活动主要在地方龙头企业内部完成。龙头企业具有行业技术优势和研发实力，一般都具备自己的科研团队和科研基础条件，能支持自身所需要的创新活动开展，同时能面向上下游配套企业提供必要的技术支持。

结构均衡型，地方企业发展和分布较为平衡，行业内以中小微企业为主力军。地方经济分散化、多样化，企业以其灵活而专业化的生产和经营，产业协作程度高，创新需求面广。比较典型的专业镇有中山市古镇镇、广州市花都区狮岭镇等。在此类专业镇中，产业资源分布趋于均衡且分散，创新需求多但缺乏资源整合无法有效投入开展创新活动，需要政府部门引导，通过协会、中介等进行有效组织，促成企业与科研院所的合作对接，解决行业共性技术难题，促进产业发展。

新兴培育型，地方企业具有一定产业发展技术优势，产品科技含量高，产业具有良好的发展前景，但产业整体发展还不具规模，尚处在引导、孵化和培育阶段。比较典型的专业镇有东莞市企石镇、佛山市三水区乐平镇等。在此类专业镇中，多数企业发展尚不成熟，行业也有存在较多产业关键技术问题和产业化问题，所需科研技术也较为前沿，企业要承担较大前期研发投入风险，需要多方协助，为其完成技术成果的有效转化提供保障。

公益型，多指农业类或部分服务业产业的专业镇。目前，全省有不少农业类专业镇，农业是基础产业，农业生产是满足人类不断发展的生产、生态与生活价值的必需的公益活动。而第三产业含有物流、商贸及现代服务等生产、生活型服务业。可以将此归为公益型产业进行研究。比较典型的专业镇有肇庆市广宁县南街镇、珠海市斗门区白蕉镇等。在此类专业镇中，创新活力较低，如农业科技创新的服务对象和应用者是千家万户的农民，而创新活动主体多为科研院所，科技成果必须以廉价的方式让农民应用，成果的效益尽量留给农民，带有很强的公益性和社会性，这就决定了该行业的科技创新不能只靠市场机制。

二、协同创新平台建设模式

（一）企业主导模式

对照龙头主导型产业创新需求特征，可采用企业主导模式开展协同创新平台建设。平台以龙头企业为主导成立面向产业研发的研究机构，在平台建设扶持政策上多数直接对接和落实在龙头企业扶持上。因这类平台建设模式的依托主体是企业，实行市场化运作，操作较为灵活、市场针对性强，但对组建平台的企业要求较高。政府可以引导和支持龙头企业联合高等院校、科研院所、相关企业和科技服务机构等各类创新资源实现平台共建和开展协同创新活动。

创新服务平台能实行市场化运作，通过技术服务能实现自我造血，这是专业镇平台建设的方向和目标。目前，在广东省级专业镇当中已经建设了一批典型的企业主导型模式的创新服务平台，例如，东莞市虎门镇的技术创新服务中心就是依托虎门富民服装公司组建和运营的，由富民公司投资，运用市场化运作，自负盈亏，并通过与香港理工大学、华南理工大学等开展项目合作，为广东服务业提供服务设计开发、品牌推广服务、管理咨询、科技信息等众多服务；中山大涌镇"红木家具科技创新中心"以红古轩家具有限公司的技术力量为主，致力于突破红木家具产业关键技术，而向全镇家具企业提供专业技术创新服务；梅州五华县岐岭镇凭借长乐烧酒业有限公司的龙头地位，依托企业成立了专业镇酒业综合性公共服务平台，成为特色产业发展及行业竞争力提升的驱动器。

企业主导模式的特征：一是企业化运作。依托企业建设的创新服务平台在平台建设的方向和发展基本思路上都具备独立性，能够制定自身的发展战略和经营理念，完全采用市场化运作，自主营运、自负盈亏。例如，东莞标检产品检测有限公司由香港标检直接投资管理，完全实现市场化运作，由香港标检输出首批管理人才和专业技术人才，秉承香港标检"专业、热忱、公正、严谨"的经营理念；二是有市场收益甚至盈利。企业创建公共服务平台更能适应市场的需求，能够通过向服务对象收取市场服务费用实现经济效益与社会效益的双赢。例如，东莞市广安电气检测中心、东莞标检产品检测有限公司由于市场化程度高，自我生存能力较强，其中东莞市广安电气检测中心2010年营业收入达4 000万元。东莞标检产品检测有限公司运作8个月即实现盈利，每年营业收入超过1 000万元；三是独立法人制度。企业建设创新平台通常采取法人管理模式，不断改革用人制度、内部分配制度，提升内部创新活力，并且能够自主地对外开展活动，作为独立的市场主体。

企业主导模式的优点主要包括：一是市场服务程度高。创新平台的服务意识强，主动联系企业需求，服务内容能够与企业创新需求紧密结合，为产业提供链条式服务。二是可持续能力强。管理机制灵活，工作效率高，成功运营的平台能够通过创新服务内容获得市场从而能够收获较为可观的收益，增强平台可持续发展能力。三是技术创新能力积累快。为了实现自我生存和自我发展，企业建设的创新平台通常会比较注重科技人员、管理人员等创新人才的引入，仪器、设备、工具等相关创新设施购置，以及组织管理调整和优化，从而提升平台技术创新积累能力。

企业主导模式的缺点体现为：一是建立难度大。一般情况下，在符合国家和地区产业发展政策和趋势，能够建立公共创新服务平台的企业需要满足一定的条件，比如，具备较强的研发实力、科研队伍、设施条件等软硬件条件。二是组织稳定程度受市场影响大。建设单位容易受到经济环境以及产业周期而引致需求变动的影响，对平台组织的稳定性带来较大影响。三是企业营利性与行业公共性矛盾突出。这类平台往往注重能直接带来市场收益的服务功能的发展，而在共性技术开发、技术的引进与扩散等公共服务方面则显得较为薄弱。其他方面的缺点表现为：平台建立和运行所需资金得不到有效保障；不能整合集群内所有资源，造成资源浪费；研发成果很难在整个集群内共享等。

（二）行业协会主导模式

行业协会主导模式适合结构均衡型产业，此类型专业镇辖内有大量中小企业，通过行业商协会的有效组织，协会可以代表广大中小企业利益。行业协会作为企业与政府间的桥梁和纽带，能较好反映企业的创新诉求，通过政府的引导和支持，利用科技创新项目与高校院所、科技服务机构达成合作，为专业镇内企业提供不以盈利为目的的创新服务。在该模式下，行业协会是建设主体，政府起到辅助功能，平台功能大多定位于行业共性技术开发、技术中介服务、信息服务、区域品牌推介等创新服务。

目前，广东也有一批属于行业协会投资组建的创新服务平台。例如，佛山环市街道办（现属祖庙街道）童装创新中心于 2006 年 3 月 23 日落成，由当时的环市街道童装产业管理委员会承办。清远市有色金属加工科技创新服务中心主要是由商会投资组建，行业协会以第三方身份，整合高校、科研院所等多方资源，采取公益类服务无偿机制与个性化服务微利机制相辅相成的方式，独立运营，实现自收自支的同时，有力地推动了行业技术创新和企业发展。

行业协会主导模式的特征：一是行业协会处于主导地位。在此模式下，行业协会通常是创新平台的发起者，在平台的功能选择、运行机制、组织体制等方面都有一系列的设计，直接服务于专业镇中的行业企业，尤其是协会会员企业。例如，汕头市潮阳区贵屿再生资源协会发起并设计了贵屿镇信息网络服务平台，为本区域内 810 家企业提供产品推介、信息服务等；潮州市潮安县古巷镇古巷陶瓷协会牵头成立了潮安县卫生陶瓷产品检测室，为 300 多家陶瓷制造企业提供质量检测服务；二是政府扶持平台建设。在行业协会、商会建设创新平台并形成服务能力的过程中，通常离不开当地政府引导、扶持。当地政府在人才政策、税收优化、用地优化等方面的政策，能够促进创新服务平台不断发展壮大，为会员企业提供更多、更好的综合性服务，促进行业技术进步，推动产业发展；三是企业参与平台建设。通过行业协会建设特色产业创新服务平台通常会依托有实力的企业主体，为平台服务提供支持，其他企业也必须通过缴纳会费等形式参与平台建设。另外一个重要方面，通常接受平台服务的企业通过意见反馈、需求诉诸等方式向平台提高有效信息，为平台发展战略提供符合现实的有利依据；四是创新服务有一定市场收益。行业协会主导建设的公共创新服务平台虽具有公益性质，但其仍会通过收取成本加成的服务价格，一定程度上解决了平台发展的资金需求。例如，中山小榄生产力中心的发展模式在于以较小的财政投入带动多方的投入，支撑了中心发展的资金需求。在经费构成上，该中心与香港生产力促进局相似，也是一方面由其自身力量进行创收，一方面享受政府经费补贴，还有一部分经费来自各部门的专项扶持资金。近几年，这三方面经费分别约为 5 000 万元、1 000 万元和 1 500 万元，即自身创收占七成。

行业协会模式有以下三个优点：一是组织较为稳定。行业协会有一个相对完整、有效且相对稳定的组织架构和领导团队，组织机构内部各部门之间的互动与合作较为密切，因主要领导变动而引起平台布局全盘调整的可能性比较小。二是企业服务程度高。针对专业镇内企业发展的制约因素，围绕中小企业发展的需求，行业协会有针对性地提供专业信息、产品开发、原材料检测等产前服务，质量检测、行业品质管理等产中服务，市场信息、商贸物流、商贸合作等产后服务，力争为企业提供全方位的科技服务。三是市场接纳度高。行业协会作为平台建设主导单位，其优势是服务意识强，能够主动发现企业需求，密切联系服务对象，产业联系较强，所提供的服务被企业接纳的程度比较高。

行业协会模式的缺点则体现在以下三个方面：一是建设成本高。行业协会多是半官方组织，其在整合区域内创新资源的过程中所面临的困难往往比政府主导模式下多，体现在人才队伍组建、行政审批等方面，这些往往会增加平台创新建设的初始投入和寻租成本等。二是盈利模式不可持续。该模式虽然有一定的营收能力，但未能形成合理的市场机制，大多数平台都不具备自负盈亏的能力，长期依赖政府的资金扶持，使得该模式缺乏可持续性。三是技术积累能力不强。目前大多数专业镇的行业协会、商会组织仍较松散，在累积创新人才、创新基层设施，加强创新组织管理等方面较为薄弱，无法积累较强的创新能力，提供相应的服务。

（三）产学研联盟模式

产学研联盟模式主要是指产学研结合的技术创新组织在以提升产业技术创新能力为目的，以具有法律约束力的契约为保障，通过一定的合作与运行机制，组建成的联合开发、优势互补、互利共赢、风险共担的技术创新合作组织。产学研创新联盟是在传统产学研合作的基础上逐步发展形成的新型战略合作形式，与之前的产学研合作相比，企业与高校、科研院所在合作的广度和深度上都有很大拓展，联盟的合作方式和运行机制比原先更加强调合作的长期性、深入性和稳定性。合作各方之间的非零和合作博弈是产学研战略联盟形成的基础，合作各方优势互补是战略联盟形成的条件，追求各方利益及利益的交织是战略联盟形成的动力。

广东省省级专业镇创新服务平台在建设的过程中大都十分注重对于产学研合作的推进，根据自身的产业特点，选择了国内在相关产业领域具有优势的高校和科研院所开展合作，以产学研联盟形式打造公共创新服务平台，为专业镇内企业开展技术创新提供了必要的技术、知识和人才保障。[①] 例如，由东莞厚街政府支持的东莞厚街名家具俱乐部组建了东莞国际名家具设计研发院，其本身并不直接拥有技术研发力量，而是与清华大学美术学院、武汉理工大学艺术与设计学院、东北林业大学材料科学与工程学院等全国9所知名高校建立起院校合作网络，将高校的优质科研资源引进到本地，通过"产—学—研"课题形式，实现高校科技成果向企业转化。

产学研联盟模式的特征：一是拥有高效而稳定的创新网络。创新网络是企业和高校、科研院所在联盟内部通过长期合作逐渐形成，也是产学研创新联盟区别于传统产学研合作的最主要的标志。产学研创新联盟摆脱了单一的就创新价值链某一环节进行短期性、松散性合作的模式，通过创新优势互补，以企业为主导搭建起创新网络，包含知识创新、技术创新、市场创新等众多内容。在联盟中，企业和高校、科研院所通过某种机制达到风险共担、利益共享，以保证各方建立长久而稳定的合作关系，共同获取市场利润，取得最大的创新效果。小榄生产力促进中心先后与武大、华中科大、华南理工、中南大学等50多家高校及科研机构合办产学研平台便是很好的例子；二是企业共享技术、知识产权或其他技术基础设施。企业通过参与产学研联盟，利用联盟中学校、科研院所的研发人才和基础设备，以较低的成本获得联盟中知识创新和技术创新成果，共同享有成果的知识产权和产业化利润，同时可以分担市场风险；三是利益共享和合作共赢。产学研联盟各方参加联盟的战略意图不尽相同，但各联盟成员的目标都是要依托联盟这

---

① 薛捷．广东专业镇科技创新平台的建设与发展研究．科学与科学技术管理，2008：87–91.

个载体，在充分利用联盟为各方创造价值的基础上，获得更多的经济利益，在这点上联盟各方具有高度的一致性。正是这种获得经济利益的动力将各方紧密地团结在一起，并形成联盟共同的目标和愿景。

产学研联盟模式的优点体现为：一是企业参与程度高。产学研联盟往往能凭借其成本低、产出高等优势，吸引地区众多企业参与联盟建设，分享创新成果。如佛山顺德区的白色家电产学研战略联盟由美的集团、科龙集团、格兰仕集团等10多家家电龙头企业，联合清华大学、同济大学、上海交通大学、中国科技大学等10余所高校共同建成；二是技术创新能力强。在我国科技成果主要集中于高校和科研院所的现实条件下，产学研联盟能够实现技术资源与市场需求的高效整合，创造符合需求的产品；三是资源利用效率高。通过产学研联盟，把各方特有的资源和优势进行有效组合，利用资源共享和优势互补，可使产学研联盟获得前所未有的、新的综合优势，可进一步提高对各种资源的利用效率。

产学研联盟模式的缺点主要表现为：一是联盟建立难度大。我国真正开展产学研联盟工作的时间还很短，产学研联盟在具体运行过程中还存在许多问题，在动力机制、选择机制、协调机制与利润分配机制等方面还存在许多亟待解决的问题，没能形成一套完善、健全、高效的运行机制。二是企业和高校利益难以平衡。在合作初期，由于各方地位不同且利益成果未显性化，比较容易达成共识，但随着合作项目的深入，利益分配中易产生冲突，导致各方分道扬镳或寻求其他合作者。另外，合作研究目标不一致也制约了产学研合作的开展。由于评价体系等体制问题，导致高校和科研机构的科研导向，倾向于追求学术价值和地位，偏离了面向市场的需求和企业需要，忽略了技术"市场价值"或"转化价值"。

（四）政府主导模式

政府主导模式主要是指以政府投入为主导力量建设公共创新服务平台，为专业镇内的企业提供相应的公共创新服务，政府主导模式较适用于公益型产业平台的建设。这种模式强调发挥政府的主导作用，政府是决策者和主要投资者，并通过制定合理的技术创新政策，引导企业、高等院校、科研院所、中介机构、金融机构等组织参与创新平台建设，主要目的是为专业镇内企业提供解决产业关键共性技术服务，也包括科技中介服务、科技信息咨询、人才培训等其他服务功能。

十多年来，在广东专业镇创新服务平台的建设过程中，以地方政府为主的资金投入发挥了非常重要的作用。例如，佛山西樵镇的"南方技术创新中心"的运行主要依靠镇政府的长期投入，从1998年开始建设运营，至今镇政府累计投入已经超过1.2亿元，为平台建设和运行提供了有效的资金保障①；中山小榄镇

---

① 杨勇. 广东省专业镇公共创新服务平台建设研究. 广东科技，2011，20（16）：1-3.

在建设中小企业科技信息平台方面投入了财政资金 5500 多万元，而后为了解决镇区企业在五金模具方面的技术难题，再次投资近千万元组建快速成型技术服务中心。

政府主导模式的特征：第一，政府是投资主体。政府主导模式建设公共创新服务平台，以国家资金、省级资金、市级资金、镇级资金等形式的政府投入在平台建设和运行过程中占据了主导地位，政府资金投入是创新平台赖以生存的基础。从专业镇创新平台的实践来看，其中以镇级政府的投入为最重要。此类平台大多数定位于技术中介服务和区域品牌推介等具有较强外部性的创新服务，以弥补由于市场效率低下而引发的投入不足。例如，东莞大朗镇针对镇内毛纺织特色产业技术外部性较强的特点，以镇政府财政资金成立了"毛纺织技术创新平台"，为镇内 3 000 多家毛纺织企业提供产品设计开发、产品质量检测、技术标准推广、信息服务、商贸物流、融资服务等众多服务内容，为大朗毛纺织产业提供了新技术、新产品、新成果的孵化平台；政府负责平台运营。在政府主导型建设模式中，政府直接参与创新平台运作的具体工作。在该模式下，政府职能部门或下属事业单位负责公共创新平台的建设、运营和实施等具体工作，包括平台的机构组织、平台功能定位选择、创新资源的引进、服务对象和范围的选择、服务费用的收取方式等一系列的体制机制设计。中山市民众镇以农业局为牵头单位，与其他单位及企业合作，规划了农业科技园，通过以科普长廊、名优农产品展示、科普展馆、培训中心、种植基地、生态旅游等形式，打造非营利性的农业科技创新平台，为本镇农业经济快速发展提供技术支持。第二，创新平台的公益性质。以政府主导模式建立的创新平台，更多是以推进本地区产业的技术升级，服务于本地区经济发展为目标。大多数平台以非营利为导向，公益作用突出。如茂名市公馆镇与茂南三高良种繁殖场合作，建立了罗非鱼专业镇技术创新中心，在向广大鱼农销售鱼苗的同时，免费或低价为广大渔农提供现场诊断、渔病解剖分析、对症治疗等服务，从而为罗非鱼健康养殖提供可靠的技术保障。

政府主导模式的优点体现在多方面：第一，平台易于建立。以政府作为推动力量，通过政府出面组织进行整体规划，有利于创新服务平台建设运营过程中各部门之间的协调，有利于平台建设项目顺利推进。第二，平台建设经费容易落实到位。各级政府及主管部门能够通过科技专项资金、平台建设扶持资金等形式，快速引导财政资金转入创新服务平台建设。第三，能快速聚集平台所需管理和专业人才队伍。一方面，抽调专业管理人才和技术骨干负责创新平台日常运营，另一方面，能够实施人才引进政策，吸引优秀的技术、管理和营销人才，包括具有较强研究开发能力的技术骨干、具有丰富现代企业管理经验的管理人才和熟悉世贸组织规则的国际市场营销人才，为镇经济发展提供强有力的智力支持。第四，有效克服外部性所导致的创新服务供应不足。由于一些创新服务存在外部性问题，市场机制无法保障有效的服务供给，那么政府的介入能够进行弥补，保证特定产业的技术创新等服务需求。

同时，政府主导模式也存在一些固有缺陷：一是体制相对僵化。由于社会管理体制改革和政府转型滞后，创新平台的建设会存在管理领域政府越位、缺位、错位等现象，影响平台管理的有效性，出现规划、管理混乱等问题。二是财政压力大。这种模式下平台表现为非营利性强、自我创收能力弱，平台的建设以政府部门投入为主，平台的运营也主要依靠政府的项目资助或者补贴来维持，会给地方财政造成较大的压力。三是缺乏有效的内部激励机制。在平台建设和运行过程中，行政因素占据了主要方面，极大可能使得平台运营目标不是立足于企业创新需求，导致市场需求把握不足，无法及时根据外部市场环境变化调整平台服务内容和运营策略。在其他方面，以政府模式建设的创新服务平台还表现出创新要素数量增长缓慢、质量难以提高、组合不合理等优化技术积累能力偏弱现象，以及平台人员稳定性不够等缺陷。

第三节　协同创新平台的运行体制机制

专业镇是广东产业集群的表现形式，在其镇域已产生一定的产业规模效应和范围经济。而在这种产业集群环境下，产业链、价值链和知识链容易使协同创新资源方与集群内企业形成长期稳定的协作创新关系。产业集聚优势带来了较低的交易成本、较高的知识溢出和较频繁的技术转移，因此更容易形成以产学研协同创新各方为支点的开放式区域创新网络。从而使专业镇内企业的创新活动、能力与成果更加容易扩散，并在集群内相互影响而产生催化作用，进而形成了相互促进、相互激发的创新集群。

产学研协同创新是一个运行机制复杂的生态系统，其中产业企业、高校院所是实施创新的主体，科技中介机构、地方政府提供支撑服务，各个主体之间相互影响、相互促进。创新平台则作为支持协同创新活动的主要载体，厘清平台运行体制机制，对优化平台运营管理、保障协同创新活动的有效开展有着积极的作用。

一、平台主体

目前，专业镇创新平台的主体多种多样，主要形式有产业开发研究院、生产力促进中心和企业技术创新中心等，它们各具特点。

（一）产业开发研究院

产业开发研究院以专业镇特色产业为对象，围绕特色产业内的共性技术研究与开发提供服务，在技术和产品开发周期的前期便投入人员、资金和设备，参与产业共性关键技术研发，为此类关键技术提供信息、检测等方面的服务。作为非营利性质的产业开发研究院，一般不追求产品性和成果转化的开发，主要职能包括共性技术研发、生产技术服务、聚集人才与信息、促进交流与合作等，并伴随着专业镇经济的不断发展而随之转变。围绕产业共性需求，采取多主体参与、多层次合作、政产学研联合的"联盟"体制成为产业开发研究院建设的最佳选择。

以专业镇产业联盟形式实现的产业开发研究院应具有三大特征，以有利于在技术、知识产权和标准三个方面取得突破性发展。一是产业开发研究院作为研究开发机构具有独立法人地位，在实行理事会领导下的院长负责制的基础上，产业开发研究院设立研究开发部、中试基地、成果转化与技术服务三个研发链上直属的管理机构。二是产业开发研究院领导和三大管理部门构成产业开发研究院的核心管理机构和项目投资机构。三是以项目制为中心设立的各种研发中心、测试中心和科技成果转化中心由高校、科研院所、企业与产业开发研究院共同出资建立（高校和科研院所可以采取技术入股的方式进入研究院所属研究中心）并进行产业共性关键技术的研发与科技成果的转化。其架构如图6-1所示。

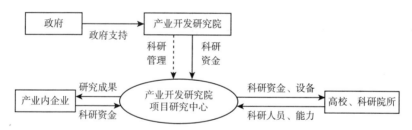

图6-1 产业开发研究院研究中心体制模式

在这一体制中，产业开发研究院各项目研究中心可以从三个层面开展技术开发和成果转化活动，一是"企业出题"，即由企业提出具体技术需求，由研究中心组织科研力量开展研究、服务企业。[①] 二是"产业命题"。即由研发院理事会提出，由研究院组织的产业重大共性技术开发和产业化项目，着眼于对产业影响巨大的重大关键技术的储备和市场化、产业化。三是"高校点题"，即由高校提供科研成果与技术入股，研究中心联合高校技术人员进行应用开发、寻找产业化

---

① 倪锋. 发挥政府引导、支持作用，建设和完善中小企业技术创新服务体系，加快提高中小企业技术创新能力. 中国中小企业创新发展高级研讨会论文集，2005.

载体并与企业共同实施科研成果的产业化。通过这三个层面的服务活动，以产业开发研究院及其各研究中心为核心，将事关专业镇协同创新的企业、高校、科研院所和中介服务平台紧密联系在一起，共同推荐产业技术创新和经济发展。

（二）生产力促进中心

专业镇生产力促进中心面向专业镇企业提供科技创新服务，以技术研发、成果转化、产品服务为纽带贯穿于企业生产、销售的整体环节，主要任务是汇聚本地企业技术创新需求，为企业寻找和开辟进行产学研合作、获取创新资源的通道，为企业提供孵化、检测、咨询、评估、信息、专利、投融资等技术创新服务；通过整合企业技术创新需求，向综合平台反映产业科技需求；并通过承接和消化吸收综合创新平台的科技成果，示范推广产业共性技术和关键技术，辐射带动产业发展。

生产力促进中心的主要职能是以技术为核心的知识产权、成果转化、科技中介、产学研合作等，支撑专业镇传统产业的技术升级和产业链升级。因此，在具体的面向专业镇的技术创新平台建设中，需要因地制宜，根据专业镇的产业特色与技术创新实力，结合特色产业的未来整体发展前景和趋势，发展多元化的技术创新服务。

专业镇生产力促进中心主要通过政府出资建立，独立法人，采取政府扶持、企业运营的模式面向企业开展服务。非营利性的重要特征决定了它与产业开发研究院的"专业化"特征不同，生产力促进中心的特点在于"全面"，对组织技术研发能力的要求较低，因而可以采取更灵活的体制，根据专业镇特色产业发展程度及当地区域经济特征的不同，在"服务商"和"中间商"两种服务模式之间取得一定的平衡。

生产力促进中心在起步阶段，受有限资源和信息的限制，尚未建立完善的企业技术需求信息网络和产学研战略联盟网络，因而需要政府较大的投入，发展信息咨询、技术中介等技术创新的基本服务功能，按照本地企业技术需求，引入有利于主导产业和新兴产业发展的高校、科研院所等资源，并整合中心下属机构，为专业镇企业提供多元化的服务，即主要采取"服务商模式"。

当专业镇特色行业发展较为成熟时，镇内科研资源相对较为丰富，基础设施相对完善，专业镇生产力促进中心可以尝试转向"中间商模式"，整合孵化器、检测中心、研究中心等技术创新相关单位，建立统一的门户网站和行业知识产权数据库，并帮助这些创新机构与省内外高校、科研院所开展产学研合作，引入科技资源为专业镇内企业提供高层次的服务。

（三） 企业技术创新中心

企业技术创新中心是在企业建立的技术创新机构，有企业研究院、工程技术研究开发中心、企业技术中心等形式，工作重点是产生增值价值的应用性开发。企业技术创新中心由企业根据现实市场需求以增加产品附加值提高盈利水平为目的，从科技角度进行产品或服务的创新。企业技术创新中心的建设可以根据企业科技能力和未来创新潜力的差别采取三种体制模式。

一是针对创新能力较强的企业，由企业在自身科研实力的基础上独立建设企业工程技术研发中心、企业技术中心和企业重点实验室。专业镇政府主要提供辅助支持和科研引导，通过协同地区科技部门采取科技项目引导、政府支持的方式引导企业创新和研发，具体形式包括，组织企业参加省、市科技厅（局）工程技术研发中心项目、重点实验室项目的申报和评审；组织企业参与省部产学研合作项目；组织企业参加重大专项的攻关和其他科技项目。

二是针对创新能力较弱，从事新兴产业或拥有创新潜力的企业，可由专业镇镇政府和专业镇生产力促进中心采取"公共 BOT 模式"建设企业工程研发机构，即通过政府资金和科技项目支持资金组建企业研发机构（B）；借助生产力促进中心专业化的科研机构管理队伍进行为期五年的运营（O），在运营期间，研发机构科研成果及产业化的收益将由 50% 归政府和生产力促进中心所有；在项目结束期末，研发机构的产权和管理权将全部移交企业（T）。

三是针对具有创新活力的中小企业，此类中小企业可进入专业镇生产力促进中心所属的孵化器，由专业镇政府和地方科技部门通过针对科技型中小企业发展的配套资金对其予以扶持，鼓励其技术水平和企业规模在一定期限内达到成熟水平，并建立自己的研发机构。

二、运行机制

平台在具体的工作实践中，形成了项目委托开发、项目合作开发、产业孵化和联盟组织等形式的微观运行机制。

（一） 项目委托开发

在项目委托开发机制中，企业既能够在自身缺乏相应研发能力的条件下实现工艺和产品的创新和产品化的开发，技术创新平台、科研院所和高校等单位则通过接受委托开发的方式获得相应收益。项目委托开发机制如图 6-2 所示。

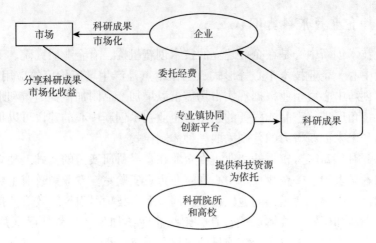

图 6 - 2   技术创新项目委托开发机制

（二）项目合作开发

项目合作开发的运行机制适合具备一定研发实力，拥有较为完整的研发机构和相当实力的研发队伍的企业。由于这类企业向公共创新服务平台提出的技术创新需求具有行业关键性、前瞻性和原始创新特征，依靠企业或公共创新服务平台自身实力难以完成，企业往往倾向于采用联合技术创新平台、高校或科研院所的方式对项目进行合作开发，共同完成研发任务。以科研项目为核心，从关键技术的开发到科研成果的产业化转化，企业、服务平台等多方单位通过相互的技术交流与技术合作，可以提高技术创新项目研究的效率与质量，项目创新合作开发机制如图 6 - 3 所示。

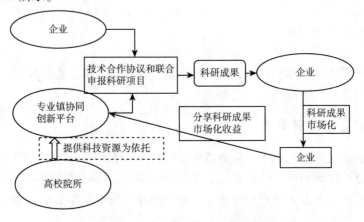

图 6 - 3   技术创新项目合作开发机制

（三）产业孵化

产业孵化机制的运行借助于专业镇特定的科技园模式，通过科技园区享受的各种优惠政策和配套的产业设施促进具有一定技术创新基础的企业迅速扩张；在企业成长到一定阶段后，加快高校和科研院所等外部创新资源的融入，以专业镇创新服务平台为中心纽带，实现孵化器内成长性企业的成熟及长远发展。

产业孵化机制下的主要载体——产业孵化园主要开展五方面工作：一是围绕行业共性关键技术攻关和成果转化建立产业园公共技术研发中心（如公共实验室），为园区企业提供测试、研发服务。二是搭建产学研平台。整合园区内创新资源，提高政府建设的技术基础设施水平，形成从科研到市场的有序链条，促成企业与高校、科研院所之间的产学研合作。三是完善产业孵化园科技金融配套，引导当地金融机构和企业合作，为企业特别是科技型企业寻找良好的融资渠道。四是建立产品展示中心，引导科技园区内的企业进行产品升级和技术换代。五是建立知识产权保护制度，引入专利代理机构，在园区实施专利战略。

（四）联盟组织

联盟组织的运行机制依托于专业镇协同创新平台，服务于专业镇特色产业，主要形式有两种：

一是技术联盟。此类联盟的组成和运作以技术为纽带，根据相应产业和企业的技术需求，以核心技术、关键共性技术的研究开发和应用推广为重点，在专业镇协同创新平台上联合具有相关优势的院校，共享科研信息、人才、技术基础等资源，联合开展技术攻关。

二是知识产权与标准联盟。此类联盟主要以知识产权为纽带，推动与知识产权相关产学研联盟成员单位加强专利技术的开发、实施和共享。按照"产权明晰、交叉许可、密切合作、互利互惠"的原则，在特色产业领域建立技术"专利池"，联盟成员将各自专利投放到专利池中，池内所有专利实现成员共享，最大限度发挥产学研联盟的知识产权效益；联盟成员参与地方标准、行业标准、国家标准的制定，推行"技术专利化、专利标准化、标准国际化"工作，把专利和标准捆绑起来，及时把知识产权转化、上升为技术标准。

第四节 基于"众包模式"协同创新平台建设的思考

众包是互联网时代共享经济中对资源进行有效配置的方式。众包模式在现代商业上取得的成功，源于其利用互联网技术对社会资源的进行合理配置与有效利用，众包模式的主要特征有：资源的开放式；配置的自由化；互联网的无边界。应用"众包模式"来进行创新活动的"科研众包"，将是适应新时期创新环境下有效的协同创新组织方式。

一、众包创新环境

众包模式的兴起源于全球创新环境的变化，主要因素有三方面：

（一）知识经济的兴起

工业化、信息化和知识化是现代化发展的三个阶段。1996年，世界经济合作与发展组织发表了题为《以知识为基础的经济》的报告。[①] 该报告将知识经济定义为建立在知识的生产、分配和使用（消费）之上的经济。其中所述的知识，包括人类迄今为止所创造的一切知识，最重要的部分是科学技术、管理及行为科学知识。报告指出人类未来的发展将更加倚重自己的知识和智能、知识经济将取代工业经济成为时代的主流。改革开放以来，中国经济已发生了巨大变化，实现农业国向工业国的转换，但全国工业经济中技术结构仍然在总体上以初中级技术为主，科技产业化、集约化程度较低，先进生产技术主要依靠国外引进。我国的经济增长方式与世界经济发展的趋势不相称，不仅面临着发达国家在知识经济和科技创新方面所具有的强大优势压力，也面临着新兴工业化国家和体制转型国家的激烈竞争。现在发达国家经济增长和企业发展主要依靠科技创新，成长最快的是科技产业，世界经济合作与发展组织主要成员国的知识经济已占国内生产总值的50%以上，美国的许多高技术企业的无形资产已超过总资产的60%，而科技产品利润率远高于一般工业产品。

知识经济的兴起将对投资模式、产业结构、增长方式和教育的职能与形式产生深刻的影响。在知识经济时代，创新是知识经济发展的动力，教育、文化和研究开发是知识经济的先导产业，科技研发机构是最主要的部门，知识型和高素质的人力资源是最为重要的资源。而信息、教育、通讯等知识密集型高科技产业的巨大产出和展现出的骤然增长的就业前景，将导致社会对无形资产的大规模投资。在世界经济增长主要依赖于知识的生产、扩散和应用的背景下，美国经济学家罗默和卢卡斯提出了新经济增长理论。罗默把知识积累看作经济增长的一个内生的独立因素，认为知识可以提高投资效益，知识积累是现代经济增长的源泉。卢卡斯的新经济增长理论则将技术进步和知识积累重点地投射到人力资本上。他认为，特殊的、专业化的、表现为劳动者技能的人力资本者才是经济增长的真正源泉。

---

① 何传启. 第二次现代理论与中国现代化. 中国国情国力，2002（10）：50-52.

（二） 开放式创新转变

资源依赖理论认为，组织体的生存需要从周围环境汲取资源，并与周围环境相互依存、相互作用。从资源依赖的角度来看，企业作为一系列资源束组成的计划，其所拥有的异质性资源将为企业带来竞争优势，寻求异质性资源即为企业持续创新的源泉。在20世纪大部分时间里，企业一直坚信这样一句话，"如果你希望事情沿着正确的轨道前进的话，那么就必须自己动手"，企业的技术创新活动也是如此：他们认为创新需要强有力的控制，企业必须有自己的点子，然后进一步开发、研制新产品，推向市场，自己分销、提供服务、资金以及技术支持。从而来保证技术保密、技术独享，这便是"封闭式创新"。在封闭式创新模式下，企业往往是依靠自身资源开展创新，创新活动呈线性推进。但随着创新过程复杂性和不确定性的加剧、产品生命周期不断缩短、个性化需求日益增强等外部因素变化，企业创新模式呈现出新的特征——从封闭到开放、从零散到整合、从线性到非线性、从区域运作到全球化、从组织内部独立完成转为外部伙伴协作完成，这就是开放式创新模式。[①] 在开放式创新体系下，技术创新不再是一个简单的、线性的过程，而是一个具有复杂性的反馈机制，并且是科学、技术、学习、生产、需求等诸要素之间形成互动的过程。这种模式强调企业在创新过程中与外部进行资源的交换与共享，以此应对创新环境的变化，解决企业内部创新资源匮乏的问题。

（三） 互联网时代

毋庸置疑，互联网是20世纪最伟大、最具革命性、颠覆性、创造性的发明。互联网对创新活动的也有着重大的影响，主要可以归为三个方面：

一是知识获取与传播。在互联网时代，信息通过标准化、数字化的形式实现了快速的传播和存储。知识可以从标准化的信息集中实现快速的提前和共享，因此知识管理与知识创新的成本更加的低廉，知识网络借助互联网实现了规模性应用，创新工作的开展摆脱了空间上的限制。同时，互联网与知识网络的充分融合，使得互联网承载的需求信息，以最短的途径传递到知识网络中，知识网络将众多的知识个体进行聚集，这就为众包模式的开展提供最为重要的客观条件。

二是传统商业模式变革。互联网能够提供精确度极高的个性化产品的能力，动摇了传统商业模式的根基，网络时代的消费者已不再是标准化产品被动的接受者，而是参与产品开发、生产、营销的全过程。在互联网上，消费者只要利用搜索引擎就可以找到符合自己特殊需求的商品，虚拟市场也为企业发掘新市场机

---

① 王海花等. 开放式创新模式下创新资源共享的影响因素. 科研管理，2012，33（3）：49-55.

制、建立有活力的供应链条和组织各种资源提供了廉价而简单的途径。多用户参与可以帮助企业在创新中明确创新目标、提高技术采纳率、节约合作产生的成本，并通过企业间有效的知识传播增加企业的创新活动。

三是社交网络环境的形成。互联网特别是移动互联网时代的到来，社交网络通过不断丰富的手段和工具来替代传统社交。如果在电子邮件时代，网络可以满足人们5%的社交需求，那么今天的社交网络至少可以将这个数据提升10倍。互联网是一个能够互相交流、互相沟通、互相参与的互动平台，社交网络为拉进人与人沟通的距离也为创新带来了有效支持。现在互联网上产生的众多专业化社区已成为创新的土壤，让创新者能找到"小伙伴"实现跨界创新或发现最优解决方案，使自己的创新种子能够生根发芽。

二、众包模式的应用现状

（一）国外众包发展

目前众包模式在国外的发展已经深入到互联网的各个细分行业，GOOGLE、Youtube、eBay、IBM、雅虎等，均在业务开展中使用过众包模式，并获得了商业上的成功。典型网站有：

iStockphoto。2006年10月，iStockphoto拥有约110万张图片和23 000位摄影师，Gettyimages于2006年将其收于门下，目前已成为全球第一大微利图片库。

维基百科。由全球无数志愿学者、玩家、学生等有知识的人共同建筑，维基媒体基金会负责托管与资助，基金会属于非营利组织，经营主要是依赖公众或者企业的捐赠和补助金。2015年11月1日，英文维基百科条目数突破500万。

Elance-oDesk自由职业平台。由Elance以及oDesk两个网站合并而成，主要为找短工的企业以及网上的自由职业者搭建平台，让他们通过相互匹配来各取所需。2014年该平台称用户上升为1 300万，年收入达到9亿美元，平台上总共有将近500万个岗位，创造价值50亿美元以上。

众包模式应用到科研领域也取得了很好的成绩，已出现了一批具有代表性的科研众包中介平台。

InnoCentive（开放式众包科研平台）。客户包括宝洁公司、波音公司、美国航天宇航局等为数众多、规模不等的公司和研究机构，其签约注册的"解决者"则超过30万名，该公司成功地将外部专家和内部问题联系起来，已解决了几千个科技挑战，成功实现了挑战驱动创新。

Academia. edu（科研人员论文分享与交流平台）。目前美国最大的学术论文分享平台。用户分享学术研究，可以监测分析自身研究产生的影响，并跟踪研究相关课题学者的研究。目前已有 200 多万名签约学者，发表 160 多万篇论文和 60 多万的研究课题。平台每月有超过 390 万独立访客。

Kaggle（数据科学家社区）。一个数据分析的竞赛平台。企业或者研究者可以将数据、问题描述、期望的指标发布到 Kaggle 上，以竞赛的形式向广大的数据科学家征集解决方案，如果参赛者提交的结果符合指标要求并且在参赛者中排名第一，将获得比赛丰厚的奖金。8.5 万名数据科学家曾经参与过该平台的竞赛。

这些众包平台大致可分为两类，一是综合性的平台，通过集聚各行各业人才资源，解决同一类或不同类别的难题，如维基百科，Elance-oDesk，InnoCentive；二是垂直众包平台，通过构建某一特定知识领域兴趣爱好者社区，共同针对该领域提供服务或解决难题，如 iStockphoto、Kaggle。

（二）国内众包发展

近年来，中国的众包实践者们也开始在某些细分领域取得令人瞩目的发展。

以"猪八戒网"为代表的威客网站。"猪八戒网"是全国最大的服务类电子商务交易平台，服务交易品类涵盖创意设计、网站建设、网络营销、文案策划、生活服务等多种行业。[①] 此外还有"时间财富网"（http：//vikecn.com/）、"任务中国"（http：//www.taskcn.com/）、K68 创意平台（http：//www.k68.cn/）、"软件项目交易网"（http：//www.sxsoft.com/）、"聚能力"（http：//www.junengli.com/）、"时与中众包网"（http：//www.zb198.com）等，这些网站任务内容不约而同均以创意设计、软件开发、网站建设及推广、生活服务类内容为主，是典型的利益导向威客网站。

众包模式的问答社区网站。知乎（http：//www.zhihu.com）、豆瓣（http：//www.douban.com）、略晓网（http：//luexiao.com）等，均是通过集聚一定领域的兴趣爱好者，通过众人编辑、投票等行为来积累优质知识。

以"开源中国"（http：//www.oschina.net/）为代表的专业社区网站。开源中国是目前国内最大的开源技术社区，拥有超过 200 万会员。其建设目的是为 IT 开发者提供发现、使用、并交流开源技术的平台，并在社区平台的基础上提供技术开发众包服务。类似的网站还有译言网（http：//www.yeeyan.org）等。

以"易科学"（http：//www.yikexue.com/）为代表的科技服务型平台。易科学诞生于清华大学的创业课堂，从一个学生创业团队成长为初创的商业公司，2014 年 11 月上线运营。该平台专注于科学实验外包、仪器租赁、第三方检测服务，累计交易金额约 3.5 亿元。

---

① 刘士忠．电子商务人才外包培养方式的研究．教育教学论坛，2015（9）．

总体而言，国内众包平台也逐步成长发展起来，相关网站数量众多，但尤多数还是针对创意设计或低端技术服务业务领域，众包尚有较大开发空间。

三、众包协同创新平台展望

（一）互联网时代中的交易创新

互联网已颠覆了传统商业交易模式，初期首先是对传统商品，人们不再通过线下的商店、交易所、卖场进行买卖，而是利用互联网进行商品浏览和交易下单，通过物流配送完成商品交易；然后是对生活服务商品，像现在发展起来的团购、外卖、租车等，通过移动终端，指尖下单就可以享受服务；如果将智力服务作为商品，众包则是这类商品的交易平台，人们将通过众包平台进行更多服务商品的买卖。

国内众包类平台快速发展，已经证实了智力服务商品网上交易可行性。虽然这些平台暂时多集中在图形设计类（如商标设计、装修设计、广告设计等）和软件开发类（网站开发、软件开发、插件开发等）两方面业务。究其原因，一是图形设计和软件类工作市场需求广，能形成较多的交易量；二是图形设计类工作对于服务提供方来说，投入工作量相对较少，服务方不会过分担心劳动成本问题；而软件开发类任务，因为有标准化的指标要求和成熟的版本控制工具，可以有效降低服务交易风险。所以，目前市场上图形设计类众包平台发展早，已形成较完善的业务模式和成熟市场。软件开发类众包平台尚处在发展阶段，现有软件众包平台各具特色，有基于开发平台统一标准型，也有支持多平台多语言发布型等多模式，目前都在市场中进行实践验证。

协同创新服务相比较图形设计、方案编写、翻译之类的服务而言，应属于高等级的智力服务商品。协同创新服务范畴涵盖调研分析、产品设计、技术研发、产品开发、实验试制、测试分析，包罗技术领域广，缺少统一的服务标准和验收评判标准。但作为高级服务商品，通过互联网平台进行交易是一种发展趋势，如何用众包进行协同创新服务的交易，设计成熟的交易模型，有着广阔的想象与发挥空间。

（二）众包模式下的开放创新

建设协同创新平台是为了解决企业开放式创新下的创新资源供给问题。在专业镇中建设协同创新平台，也是因为专业镇受地域和城市发展等因素影响，无法解决高等科研人才、科研实验条件等问题，同时也是为高校院所提供成果转化的途径。基于互联网的众包平台，可打破空间限制，同时与以往的成果交易网、技术交易网这类平台主要差异有：一是将卖方市场转变为买方市场。以往的技术交易网是卖方市场交易环境，知识技术所有方将自己的成果发布出来，由买方选择购买。而买方所需的创新商品往往是复杂柔性订制需求，需要适应买方的工艺、生产线和营销网络，买方无法进行有效的判断和选择。众包则是买方市场交易环境，买方提出具体的服务需求，再由创新服务供给方提供解决方案；二是交易机制。技术交易网往往只是作为一个信息中介平台，而不参与到具体交易环节。这种模式不适应国内环境，从淘宝和 ebay 之战中，我们可以清晰地看出国外与国内商品交易环境的差别。在国内互联网交易环境中，平台作为第三方介入交易环节是非常有必要的。

基于网络而发展起来的众包模式来搭建创新服务交易平台，可预见将有几方面的业务优势：

广阔的选择空间。原有的技术需求方，在寻找技术研发依托单位或合作伙伴，往往基于个人人脉关系或有限的外界信息，结果往往面对是单一选择或"碰钉子"，无法找到最优选择。而基于公共网络的众包模式，可为其需求提供多项选择空间。

更低的研发成本。众包的最大优势在于用人而不养人，开放式创新环境下，需求方可以用众包实现弹性化的用工。对比传统的雇用用工，成本大幅降低，并更容易发现所需人才；同时，众包作为买方市场交易环境，买方会根据供给方的技术方案与报价进行大范围对比，择优选用，买方市场将会推动行业产业结构调整优化，在竞争环境下"创新服务产品"会往价廉物美的方向发展。

创新资源整合利用。知识经济环境下，创新首要资源就是人才，对知识人力资源的有效利用就是给"创新引擎"加油。按众包开放式的特质，众包不会对任务承接方设置过多条件限制，而交易保障措施也降低需求方对承接方的资质、能力、信誉等条件因素要求。这样众包交易就为专业技术人员提供一个用知识、用技术换财富的平台，通过市场交易机制充分调动个人的主观能动性；其次是对科研仪器设备的有效利用，通过互联网开放使用交易，将高校院所和企业的实验室、大型仪器进行租用或委托实验，提供科研仪器设备的利用率。

跨界思维中的创新。众包模式一大特色在于基于大众网络中非特定的对象进行外包，这将打破传统固有的技术与行业领域划分，跨界间的思维碰撞可能会带来一些意想不到却行之有效的技术解决方案。

（三）互联网平台的建设与运营机制

区别于以往的协同创新平台建设，互联网平台往往不会过分强调市场运作、合作共建及多方运营管理等协同问题，众包平台更多强调的是开放和交易。众包平台将是实现智力共享的交易平台，通过开放性和市场化交易机制来汇集创新资源，通过交易服务和交易担保来实现平台收益。众包是商业模式上的创新，是市场机制下的产物，有着天然的盈利模式，不用政府给予过多的持续性的投入支持。

在成熟的互联网技术支撑下，众包平台易于建设，在建设和运营中重点有两项：一是有效的创新资源汇集。从众多的众包平台案例中我们可以发现，多数平台是基于已有的专业化社区或技术交流群而发展起来的。因为有众多的专业技术人才，企业所发布的任务才能得到有效回馈，从而达成交易。所以众包平台需要先"有蛋再生鸡"，平台建设中必须基于有效的创新资源，再进行基于该资源的交易业务模型设计，这是平台建设中的重点问题；二是交易管理机制的设计。创新服务属于非标准化柔性订制商品，买方的个性化需求众多，如何实现交易撮合、交易担保和解决交易纠纷就是平台运营中最大的问题。

众包模式在市场的成功应用，让我们看到其在高端创新服务中的巨大市场潜力，它为企业提供了有效、低成本的创新渠道，符合企业开放式创新需求。如阿里、腾讯等大型企业，有着庞大的开发团队，但也在开源中国等平台上进行软件任务发包，阿里研究院也自行开展"活水"计划，进行部分课题研究的社会化众包。由此可见，众包模式的协同创新平台具有一定市场发展前景，通过互联网交易模式来改变原有协同创新平台的创新服务模式。

实 证 篇

第七章　专业镇协同创新评价体系

第一节　关于创新评价研究的回顾

一、区域创新系统简述

（一）区域创新系统的定义

针对区域创新体系，国内外学者们展开了大量的研究。库克和摩根在其题为《通过网络化进行学习：区域创新及巴登—符腾堡的教训》中较早地提出了"区域创新系统"概念；英国学者 Metcalfa 提出，以国家作为创新体系进行研究所包含的动态范畴太大，他同时倡导应该"以一组有特色的、以技术为基础的、相互关联的、能够支撑国家创新体系发展的体系"为研究对象，即以组成国家创新体系的区域创新系统为研究对象将更加有意义。

21世纪初，Braczyk 等在其出版的著作《区域创新系统：全球化背景下区域政府管理的作用》中认为区域创新系统主要是由在地理上相互分工与关联的企业、高等教育机构和研究机构等组成的区域性组织体系。一个地区围绕创新所形成的创新网络和所组成的创新结构，便称为区域创新系统。区域创新是创新在区域层面的具体化，因而，区域创新是依托区域创新实力，有效地利用区域创新资源，协同区域主体间的合作与竞争，实现区域内创新资源的高效配置与结构优化，促进区域创新活动的广泛开展和创新成果的应用、推广及普及，从而创造和发展区域的竞争优势，其目的是为促进区域经济社会发展。此后，学者们纷纷对此进行了研究。库克认为区域创新系统是指在一定的地理范围内，经常地、密切地与区域企业的创新投入相互作用的创新网络和制度的行政性支撑安排。

国内众多学者在借鉴国外区域创新系统定义的基础上，结合我国具体的实践情况，提出了众多对区域创新系统的定义和观点。1999 年，陈光参照国家创新系统概念，提出了区域创新系统是在一定区域内与创新全过程相关的组织机构和现实条件所构成的网络系统。盖文启认为区域创新系统是在企业、大学、研究所、政府组织等各个机构的相互协同帮助下，共同创新并在区域网络中结网，最终融入到区域创新环境中的创新系统，是网络和创新环境的有效叠加、共同作区域科技协同创新绩效的评价及提升途径研究用的系统。学者赵修卫认为区域创新系统是一种充分利用社会中的创新资源，实现创新活动为目标的社会系统。胡志坚和苏靖认为，区域创新系统是由参与技术发展、创新和传播的公司企业、大学和研究机构组成，并有市场中介服务组织广泛介入和政府适当参与的一个创造、储备和转让知识、技能和新产品的相互作用的创新网络系统。我国区域创新能力报告中将区域创新系统定义为一个区域内有特色的、与地区资源相关联的、推进创新的制度组织网络，其目的是推动区域内新技术或新知识的产生、流动、更新和转化。由此可见，研究者对区域创新系统有多种理解和看法，但其基本的内涵是：

（1）具有一定地域空间和开放的边界。

（2）以企业、高校、科研机构、中介机构以及地方政府为主要创新主体。

（3）不同创新主体的相互联系构成创新系统的组织结构和网络结构。

（4）各创新主体通过与自身组织结构和环境相互作用，对区域社会、经济和生态产生影响。

（5）通过产业系统自组织和环境的作用维持创新的运行和持续发展。

（二）区域创新系统的分类

目前，国外已有多位学者从不同角度对区域创新系统分类进行了研究。Dolorous 对其进行了很好的总结，他认为区域创新系统归纳为五种标准，区域发展潜力、区域融合水平、治理结构、社会凝聚力和区域壁垒。

1. 基于区域融合水平的区域创新系统分类。Archibugi（1999）将区域创新系统分为两类：一类是自上而下的区域创新系统，是缩小了的国家创新系统，另一类是自下而上的区域创新系统，这种系统内的不同要素有自己的内部特征和相互作用的网络，各要素在地球层次上运行，这种分类方式有助于我们认识区域创新系统发展模式。

2. 基于治理结构的区域创新系统分类。Braczyk（1998）依据治理结构维度，将区域创新系统分为三类：基层型、网络型和统制型。在基层型创新系统中，科技转移活动大多数在本地开展，企业的资金来源广泛、研究成果更适用于应用实践，整个系统协同程度低、技术转移化水平也低。在网络型创新系统中，科技转移活动在各个方面进行，企业资金主要来源于银行，研究既重视理论分析，也适用于应用实践，整个系统的协同程度高、技术转移化水平一般。在统制型创新系统中，科技转移活动受到政府政策的限制，企业的资金也来源于政府，更侧重于理论基础研究，整个系统的协同程度高，技术专业化水平也很高。

3. 基于区域发展潜力的区域创新系统分类。这一分类依据是由库克等（2000）在项目"Regional Innovation Systems：Designing for the future"中提出的。他们通过调研十一个欧洲区域，对这些区域依据区域基础设施、政策、制度和企业组织形式为标准，将区域创新系统分为最大潜力、中等潜力和不具备发展潜力的区域创新系统三大类。

4. 基于社会凝聚力的区域创新系统分类。Asheim 和 Isaksen（2002）认为基于社会凝聚力的区域创新系统包括以下三种类型。一是依托本地发展的区域创新系统。当地的企业由于地理位置的关系，受到当地传统的社会文化风俗的影响，从而进行本地学习过程，与大学、研究所这些专业机构没有太多的联系。二是网络化的区域创新系统。企业和组织仍然是根植在特定的区域并以本地化、交互学习为特征。但系统通过加强区域制度供给和技术基础社会，从而更具有计划性。网络化创新系统是一种理想型的区域创新系统，依靠当地的基础设施建设，同时还有当地政府的政策和经济两方面支持的创新系统。三是国家区域化创新系统。在这种创新系统中，大多数企业引进了国家创新系统和国际创新系统，把这两种系统有机地整合，改善自己的管理制度以及基础设施建设，并和区域外的企业合作发展、共同创新，同时国内和国际之间的合作主要涉及特定的创新计划，基于线性模式运作，以利用正式的科学知识去开发突破性的创新。

5. 基于区域协同壁垒的创新系统分类。通过对区域产业协同壁垒系统研究分析，Isaksen（2001）将区域创新系统分为三大类：

其一，由于区域内缺少有代表性的主体，学习以实现集体形式出现，主要出现在知识组织的边缘地区，因为此地区的产业环境还不够成熟，远离相应的知识组织，即组织稀薄的创新系统。其二，区域内各个主体均已经成熟存在，但是主体之间缺乏信任和合作，导致该区域的创新系统无法正常运行，即断裂的区域创新系统。其三，该区域内已经形成较为完全的区域创新系统，但是系统不与外来的系统互相学习融合，处于一种封闭的状态，同时之间的合作过于僵硬化，导致系统基本处于锁定状态，此系统出现在老的工业园区，即锁定的区域创新系统。这种对系统的分类方式，有利于政府相关政策的制定，而且可以加强企业之间的知识交流，创新资源的流动与分享。

（三）区域创新系统的组成结构

区域创新系统的结构经过国内外学者的共同探讨和深入研究，已经形成具有一定相关体系的概念模型。比较有代表性的区域创新概念模型有以下几种：

1. Autio 的"二系统模型"。Autio（1998）认为知识应用和创新系统、知识的产生和传播系统共同构成了区域创新系统，这种区域系统建立在某一个区域的社会传统文化基础之上，同时依靠该区域的经济为支柱。知识应用和创新系统包含产业内公司、客户、供应商、竞争者和产业合作伙伴。系统内各要素通过横向或者纵向的网络相互连接在一起。公共研究机构、技术中介机构以及教育机构和区域科技协同创新绩效的评价及提升途径研究劳动中介机构。其描述的区域创新系统如图 7-1 所示。

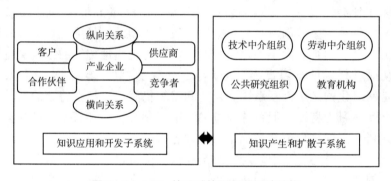

图 7-1 Autio 的区域协同创新系统结构

同时，部分学者认为 Autio 模型中忽略了区域创新政策。若区域政策主体在制定和实施创新政策方面有足够的自主权，则其在区域创新形成的过程中具有重要的作用。在理想的状态下，子系统内部和子系之间存在着密切的联系，促使知识、资源和人力资本的流动和交互。

2. Padmore 的"GEM 模型"。Padmore & Gibson（1998）认为区域创新系统是建立在产业集群的基础上，该系统包含三个关键要素。三要素是指环境（Groundings）、企业（Enterprises）和市场（Markets），因此称为 GEM 模型，如图 7-2 所示。

如图 7-2 所示。每个要素中又包含了两个关键的因素，第一要素是环境要素，它是区域创新系统的供应基础，在知识的产生过程中提供创新资源和基础设施建设这两个因素，起到关键性作用。第二要素是企业要素，它决定了产业集群的生产创新效率，是系统的结构基础，它包括两个因素：一是生产商家和相关企业；二是企业结构和战略。第三要素是市场要素，它是整个集群的需求要素，该要素也包含两个因素：一个外部市场，一个当地市场。Padmore & Gibson 的 GEM

模型对提示集群创新系统有很大的借鉴作用，基本涵盖了集群的构成要素，对产业集群竞争力的诊断具有较强的应用价值，但存在忽视资源动员的嵌入性和产业集群内部的竞争合作关系等问题。

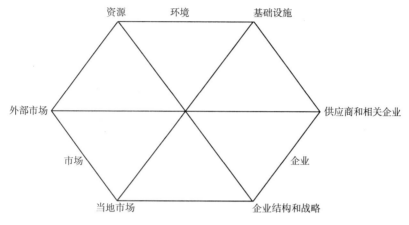

图7－2　区域创新系统的 GEM 模型

3. Radosevic 的"四要素模型"。Radosevic（2002）对中东欧的区域创新系统从决定性要素、组织者和联盟三个维度进行分析，提出了区域创新系统四要素模型，如图7－3所示。他认为区域创新系统是由国家的、区域的、行业的和微观的决定要素相互作用产生的。因此，区域创新系统包括四类决定要素：一是国家层面要素；二是区域层面要素；三是行业层面要素；四是微观层面要素。模型内这些优势决定要素从条件要素变成真正的优势，取决于上述要素的动员能力和不同的网络联盟。该模型指出了不同层面要素对区域创新系统的影响，并认识到培育网络、网络组织者以及进行网络联盟是提高区域创新力的重要途径，这些具有启发意义；但该模型比较宏观、对影响区域协同创新微观机制缺乏足够的分析。

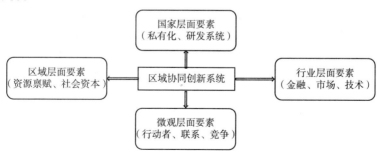

图7－3　Radosevic 的"四要素模型"

4. 区域创新系统的新钻石模型。根据 2005 年 Michael Guth 提出的区域创新系统的新钻石模型（如图 7-4 所示），可以显而易见内围的实线说明了各要素间的相关作用与依赖关系，而且说明了六个要素对创新的作用，而外围的虚线则说明了创新的各要素的反作用。从图 7-4 可以看出，创新应以公共研发机构支持的基础研究为基础；创新活动的重要性体现在个体的学习努力或是组织的学习开发的过程中，不论个人还是组织的学习过程都是遵循同样的原则和价值观，为了达到同一个社会目标。同时创新活动以社会进步和经济发展为基础，有了强而有力的依托，创新活动才能更加有效地进行。即便如此，创新也并非易事，创新需要在产品生产，工艺研发，新的管理制度的建立和更利于人们生活的服务类型中出现新知识，才能认为是创新。

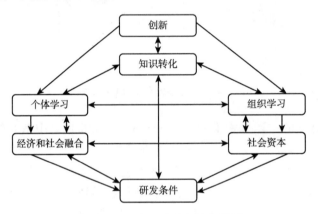

图 7-4　创新系统的新钻石模型

除了国外学者提出的上述四种区域创新系统结构模型外，国内学者也对此进行了深入研究。其中具有代表性的有王稼琼等（1999），认为区域创新系统包括创新机构、创新基础设施、创新资源和创新环境四个关键要素，这四者相互作用才构成了区域创新系统。创新机构包括公司企业、大学高校、科研机构及中介机构；创新基础设施包括信息网络系统、图书馆、期刊库、数据库等；创新资源指人才、企业或是政府的资金投入、前沿信息、知识和专利等；创新环境包括政策与法规、管理体制、市场与服务等。官建成和刘顺忠（2003）结合我国现存科技和经济体制，基于对创新系统比较和演化的角度，建立了我国区域创新系统的结构框架。

二、从技术创新到区域创新能力评价

（一）国外有关研究

技术创新能力的概念是由 Burns 等于 1961 年首次提出，但是国外对技术进步的度量研究最早可追溯到 20 世纪 50 年代。索罗等研究了技术进步对经济增长的贡献，而纳尔逊和温特对技术创新的过程以及经济产出做了开创性的理论与实证研究。

最早对创新的研究深化到系统的范畴，是在国家创新层面上的，也即国家创新体系。国家创新能力是指一个国家在长时间内产生创新性技术并使之商业化的能力。国家创新能力评价是各国政府出于制定本国创新政策的需要，围绕国家经济和社会发展的战略目标，有意识地通过国际横向对比，观测本国的整体创新水平，进而达到以改进国家创新系统绩效的目的。

国家创新体系的研究始于 20 世纪 80 年代末 90 年代初，英国经济学家弗里曼 1987 年在其著作《国家技术创新政策和经济绩效：源于日本的经验》中首次提出了国家创新系统的概念，将国家创新体系界定为"公共和私人部门中的机构网络，其活动和相互作用激发、引入、改变和扩散着新技术"，并且指出国家创新体系的功能是提高国家竞争力。以后，纳尔逊、爱德奎斯、伦德韦尔和波特等经济学家又从不同的角度进一步深化和丰富了国家创新系统理论。1988 年，弗里曼、纳尔逊和伦德韦尔合作出版了《科技变革和经济理论》一书，这三位学者均提交了有关国家创新体系问题的论文，使得国家创新体系的概念在创新文献中有了具体的定义和发展。首先，弗里曼（Freeman，1987）将国家创新体系界定为"公共和私人部门中的机构网络，其活动和相互作用激发、引入、改变和扩散着新技术"，总结出国家创新体系的四要素：政府、企业研究与发展、教育和培训、独特的产业结构。并且指出国家创新体系的功能是提高国家竞争力。

区域创新能力是构筑国家创新能力的重要支柱，国家层面上的创新必须依靠区域层面上的创新来支撑。随着研究的进一步深入，从现实的经济意义上来看，虽然经济全球化和外资控股迅猛发展，但是这些企业关键性的商业联系仍然集中于区域范围内，区域成为真正意义上的经济利益体。于是，在区域发展理论和国家创新体系理论基础上出现了区域创新体系理论。

1992 年，库克（Cook，1992）首次提出了区域创新系统的概念，并在其著作《区域创新系统：全球化背景下域政府的作用》中详尽阐述了区域创新系统的理论，认为区域创新系统是由在地理上相互分工与关联的生产企业、研究机构和高等教育机构等构成的区域性组织体系，而这种体系支持并产生创新。

区域创新体系是国家创新体系的重要组成部分，是国家创新体系建设的基础性工作，也体现了国家创新体系的层次性特征。目前，我国国家创新体系还处于加快建设和不断完善的阶段，主要目标是要在国家层面上形成推动持续创新、提升国际竞争力的组织与制度。加快区域创新体系建设，是系统推进国家创新体系建设的必然要求，必须服务于提升国家创新体系建设的大局，既要体现地方发展的具体目标，更要反映国家的整体利益和战略目标。

区域创新系统将比国家创新系统呈现更多的特色制度安排，更强的产业、技术专业化，且企业的创新性也更明显。在区域创新系统中，企业间的互相学习、创新活动和知识的流动性更紧密、更多。因此，区域创新系统绝不是国家创新系统的缩影，而是创新的区域化。由于不同地区有着不同的创新制约因素，例如，不同的价值观念、制度框架、消费习惯、产业专有等，就会造成区域创新体系的不同，这些因素是区域创新体系的核心，也是地区经济获得核心竞争力的关键。根据国家创新体系建设的总体目标和要求，区域创新体系建设要立足于创造良好的区域创新环境，促进创新资源的优化配置，使区域内的创新活动得到更加有效的体制和政策保障，得到全面及时的服务和条件支撑。具体而言，就是要形成以研究型大学和以重点研究机构为依托的科学研究体系；以企业为主体、产学研结合的技术创新体系；以促进知识传播、技术转移为目标的创新服务体系；以制度创新和环境建设为重点的宏观管理调控体系；以政府投入为引导的多元化创新投入体系。

（二）国内有关研究

我国在国家中长期科技发展规划纲要颁布以后，也涌现出众多关于国家创新能力评价的思考、研究。柳卸林等为成员的中国科发展战略研究小组，自 2001 年起对中国区域创新能力进行了持续深入的分析，由其发表的《中国区域创新能力报告》得到了很多学者的认可。目前可得的最新的是 2004~2005 年的版本，建立了包括知识创造能力、知识获取能力、企业创新能力、创新环境以及创新绩效五类指标的区域创新能力评价框架（见表 7-1）。这个评价体系也成为以后学者构建指标体系的基础。报告分析了中国区域创新能力研究的意义和演化历程，建立了一套综合的创新能力指标体系，对中国的区域创新能力作了一个基本判断，并就区域创新能力的成因作了自己的分析，最后还探讨了中国区域创新能力所揭示的政策意义和启示。

表 7-1　　中国科技发展战略研究小组建立的区域创新能力体系框架

一级指标	二级指标
创新环境	创新基础设施
	市场需求
	劳动者素质
	金融环境
	创业水平

续表

一级指标	二级指标
知识创造	研究开发投入
	专利情况
	科研论文
	投入产出效率指标
知识获取	技术合作
	技术转移
	外国直接投资
企业创新能力	大中型企业研究开发投入
	设计能力
	制造生产能力
	创新产出（新产品产值）
创新的经济绩效	宏观经济
	产业结构
	产业国际竞争力
	居民收入水平
	就业

但是对区域创新能力评价的研究没有就此停止，国内众多学者都对创新体系的建立进行了研究，创新能力评价研究尚没有统一的理论框架，关于创新能力的评价体系也有许多学者提出了不同的见解。他们的区别在于对区域创新能力的要素划分方式不同，在要素的命名上也有些差异，但是整体上看要素划分也存在着共性，如在要素划分中都包含了创新主体、创新环境、创新投入及产出，还有许多学者从广义的角度把制度创新、管理创新等考虑了进去，而且虽然有些学者对要素的命名不同，但是进一步观察要素细分出的评价指标会发现，这些名称不同的要素包含的指标基本一致。

三、协同创新相关研究综述

自从德国理论物理学家赫尔曼·哈肯提出协同理论之后，人们开始对协同的概念有了认识。协同理论认为，协同或称协作，即协同作用之意，是指在复杂大系统内，各子系统的协同行为产生出的超越各要素自身的单独作用，从而形成整个系统的统一作用和联合作用。

国内外关于协同创新的研究相当广泛，从内容上看主要可以分为对技术协同创新的关键要素、创新的协同形式以及协同创新的评价等。

1. 协同创新要素。在技术协同创新的要素方面，影响城镇技术协同创新绩效的要素众多，如创新治理的模式、区域专业化与演进、区域专有因素、产业集群与区域创新体系等（North，1981）。近年来，学者们对这一问题的认识有了进一步拓展，知识（或技术）的转移与交换开始进入研究者的视野。柳卸林和胡志坚（2002）认为，知识创造能力和知识流动能力与企业的技术创新能力、创新的环境和创新的产出能力一样，都是区域技术创新能力的主要方面，特定区域内创新体系建设的核心是创新要素的互动，即强调公共研究开发机构、企业、中介机构和政府等创新要素的网络化或者说知识在几个要素间流动的程度。朱根（2004）认为都市圈的发展有赖于产业、技术和知识结构的重组与创新，而知识结构的重组与创新主要可分为知识生产结构创新和知识服务结构创新。而袁付礼和喻红阳（2000）认为技术创新的具体协同形式会对协同效应产生影响。具体地，技术创新的协同形式主要包括联合研究公司、研究合同、技术贸易或转让、技术许可、制造或营销许可协议、研究人员的交换或转移等。建立了衡量技术协同创新行为和协同效应的定量分析模型并进行了实证检验，认为不同形式的协同对不同产业的创新贡献也有显著区别。

2. 协同创新评价。目前在创新协同的评价方面，相关的研究还比较少，而且已有的文献大部分都是针对企业进行研究。欧盟委员会（European Commission，1994）根据创新活动分类对创新型企业制定了评价标准。Diez（2000）对内部创新活动和网络创新活动进行了定义和区分。在国内，创新协同评价方面的研究还很少，有学者从企业特质、审计和政策层面对企业的创新协同能力和集成创新等进行评价，进一步丰富了评价手段。值得关注的是，楼高翔，曾赛星（2006）针对区域技术创新协同能力的评价及其评价体系构建，首次较全面深入地构建了区域技术创新协同的评价指标，首先根据技术创新协同的网络构成、协同过程及协同形式对区域技术创新协同能力评价对象进行分类，然后对评价对象分配具体评价指标，并最终形成一个能用于实证研究的较完整的评价体系。对区域技术创新协同能力的测度应包含以下内容：对技术创新主体的测度。即对区域内企业、高校和科研机构的测度；对市场中介机构的测度。区域技术创新协同的中介机构包括信息中心、咨询机构、经纪组织、评估机构、仲裁机构和交流中心等；对区域市场的测度。区域市场包括人才市场、金融资源、信息资源和基础设施等。对政府的测度。在区域技术创新协同网络中，政府是体制创新、机制创新、政策创新和管理创新的主体，政府还是区域技术创新系统公共基础设施建设的主体。对政府在协同网络的中作用测度是区域技术创新协同评价体系的重要内容。

四、已有研究总结与评价

综合国内外对于区域协同创新评价的有关研究可归纳为如下三个趋势：

1. 目前的区域协同创新能力评价体系，主要是根据对创新能力的分解建立层次结构关系，分解得到的能力模块是相互平行的，再在此基础上建立指标体系。忽视了创新要素之间的协同作用，区域创新的效果不只取决于各组成要素单个的创新能力，而且决定于要素之间互动的能力。协同的作用应该在区域创新能力评价体系中体现出来。目前国内区域创新协同还未成熟，协同的作用还没有得到充分发挥，协同主要局限在创新主体之间的协同上。

2. 区域协同创新系统尚未形成一个完善的理论体系，国内众多学者都对协同创新体系的建立进行了研究，协同创新能力评价研究尚没有统一的理论框架，关于创新能力的评价体系也有许多学者提出了不同的见解。国内学者研究的区别在于对区域创新能力的要素划分方式不同，在要素的命名上也有些差异，但是不同的划分方式之间仍存在许多共性，突出表现为都包含了关于创新主体、创新环境、创新投入及产出的评价指标。

3. 国外学者研究的重点放在协同创新能力决定性因素的分析以及创新理论验证，非常重视创新理论对建立评价体系的重要性，探索提高创新能力和经济绩效的途径；国内学者比较重视研究方法的选择，对数值分析方法的改进，从直接对比分析、因子分析、模糊综合评价到 BP 神经网络等，研究的重点放在了数值分析方法的应用研究上。

针对这三个问题，可在以下几方面进一步开展深入研究：

（1）把协同能力评价指标作为一个单独的模块有机地结合到指标体系当中。本书要建立的广东专业镇协同创新评价指标体系是把传统的创新评价与创新协同评价相结合，既考虑了创新主体的能力评价，也考虑到了创新主体间的协同作用对创新能力的贡献。

（2）建立科学合理的评价指标体系来评价专业镇协同创新能力。遵循建立评价指标体系的原则，又要考虑到专业镇协同创新评价的实际情况，结合已有研究成果，建立起专业镇协同创新能力评价指标体系。

（3）以广东省专业镇区域协同创新为研究对象，进行实证研究。目前已有的实证研究中鲜有以广东专业镇协同创新为对象的，故有必要选择合适的研究方法，对广东省珠三角、东西两翼、粤北山区四大区域的专业镇区域协同创新能力进行综合评价，并进行比较分析。从而为广东专业镇区域协同创新体系的建设提供参考。

第二节　指标评价体系构建

一、指标选择一般原则

本书的指标体系是在对国内外有关协同创新能力主要指标体系进行深入研究的基础上提出的，可以概括为科学性、现实性、开放性。

1. 科学性。它是指协同创新能力评价指标体系要符合创新驱动有关理论，能反映研究对象协同创新能力当期水平的真实情况。需要我们科学地选取评价指标，采用合理的评价考察方法，缩小评价误差，使得评价结果具有一定的客观性。

2. 现实性。它是指标体系所依赖的原始数据来源必须满足一定的现实可操作性，即保障指标数据可获取以及有关成本能够实现有效控制。需要我们在指标框架设计上，注意指标在现实获取操上作的可能性与便利性，既要避免计算繁复、定义复杂的指标，又要避免那些在理论上可行而在现实实践中难以获取或者获取代价过高的指标。如专业镇确实存在镇域研发（R&D）经费投入、信息技术人员数等指标。但在县级以下一般不做此类指标的统计工作，此类指标将在很长时间内不可取得，在研究上只能舍弃。

3. 开放性。由于广东专业镇尚未能建立常规的协同创新能力数据统计制度，一些能够很好表现创新驱动当前发展水平的指标，在数据来源上就不可获取。地区产业集群协同创新能力与专业镇综合发展日新月异，新兴特色产业也具有新颖的经济吸引方向，如物流发达地区专业镇的互联网销售能力，以及处在当前广东推进"互联网＋"战略建设步伐，必将会给专业镇带来新的经济增长点和新的发展模式。因此，随着镇域创新统计制度的建立和实施，也需要对指标体系进行补充和改善。

二、专业镇协同创新指标体系设计的原则

考虑到专业镇协同创新能力评价的特殊性，建立区域创新能力评价指标体系应遵循以下两个方面的原则。

一方面，以国家或区域技术创新系统为指导。专业镇协同创新体系是在国家技术创新的大背景下建立起来的，因此区域创新体系建设要站在国家战略的高度，在遵从国家创新体系的整体设计的同时，结合区域的资源特色、战略目标，

建立具有各地特色的专业镇协同创新体系，并把增强区域创新能力作为建设国家创新体系的重要内容，通过创建专业镇协同创新体系来逐步健全和完善区域创新体系。其次，企业是创新的核心主体。一个良好的专业镇协同创新体系应该是一个以创新应用为核心，以促进技术进步与经济增长、提高区域竞争力和可持续发展能力为目的，以市场机制为基础、企业为主体、政府为引导的高效率的开放型体系。生产者企业作为技术创新最终实现的载体，在专业镇协同创新体系中应起到关键主体的作用，让企业作为创新投入的主体，让市场作为创新体系的资源配置基础，充分发挥企业的创新积极性和能动性以及市场的创新导向性。

在建立专业镇协同创新能力评价体系时，认为需要把企业技术创新能力作为一个子模块来考虑，是一种与创新环境、成果绩效等平行的关系模块。

另一方面，创新协同是衡量区域创新能力的重要指标。专业镇协同创新体系建设的核心是创新要素的互动程度，即强调大学和研究开发机构、企业、中介机构和政府等创新要素的网络化或者说知识在几个要素间流动的程度。一个地区的技术创新能力关键是创新的系统化，而不是某一个方面的能力，有了很强的知识创造活动，不等于该地区就有较强的创新能力，区域创新的效果不只取决于各组成要素单个的创新能力，而且决定于要素之间互动的能力。因此，必须考虑创新协同在专业镇创新系统中的作用，把对技术创新协同的评价纳入到专业镇协同创新评价体系中去。在广东专业镇协同创新层面上，主体间的知识创造能力、获取能力、根据以上指标体系建立原则，在总结已有研究成果的基础上，本书结合了中国科技发展战略研究小组的《中国区域创新能力报告》（2004～2005）和近年来其他学者的评价体系，在协同能力评价上明确了专业镇协同创新能力的5个构成要素：协同创新基础、协同创新投入、产业集聚规模与效益、创新主体与活动、协同创新产出。

（一）专业镇创新基础要素

一般认为在一个给定的科技投入、给定的制度体系下，创新基础禀赋是决定一个地区创新能力的关键。所以，在市场经济体制国家，政府的主要作用是营造技术创新的氛围，而不是自己去从事或干预企业创新。针对广东省专业镇实际情况，需要从市场需求水平、从业职工素质、创新技术环境、金融服务这几个方面来反应协同创新水平。

1. 市场需求水平。是拉动专业镇协同创新的重要力量。一般用生活消费水平、固定资产投资、财政支出、金融支持和商品进出口四个指标来衡量。

2. 从业职工素质。从业职工素质的高低是协同创新环境的另一个重要因素。从业职工素质越高，企业就越容易获得创新需要的人才，才可以创造出更多的发展进步的机会。一般地，从业职工素质是一个综合指标，指标包括：新增接受高等教育的人数、从业职工人口中大专以上学历人数占比、从业职工中具有初级以上技术职称人员占比来衡量专业镇的劳动者素质。

3. 创新基础设施。是一个地区创新的各种要素流动的载体。一个地区的创新基础设施，包括生产生活便利程度、信息和知识的载体发展水平，如交通发达程度、有线和移动电话、互联网、平均上网时长、货流量、创新活动机构建设、创新平台建设等。

4. 金融环境。广东省专业镇的创新工艺与技术、充足的资金链是决定其创新驱动发展成败的关键。因此，金融环境作为专业镇创新基础的重要方面，主要指标是服务于专业镇特色产业的金融机构数、产业发展基金、平均贷款额度等。

（二）专业镇创新投入要素

专业镇辖内知识创造能力是专业镇的创新能力的基础。创新实际上是将投入成本、知识转化为新技术、新产品以及新服务的过程。

1. 研究创造。研究开发投入是创新能力形成的前提，只有资金和产业从业人员协同迈进，产业才能产生大量创新。在广东省专业镇研究中，政府财政支出的科技投入是研究开发投入的重要来源。研究开发投入指标由研究开发人力资源和科技投入两项构成。

2. 知识获取。是专业镇创新体系中的重要内容，没有知识获取，专业镇地区的创新是孤立的、封闭的，协同创新就不具有体系性。只有知识的获取，专业镇才会有较强的将科技转化为创新的能力。该指标反映了专业镇特色经济企业对知识需求的程度、知识产业化与基础设施的水平。在该指标中，主要考虑了专业镇辖内技术市场的交易状况、创新服务平台服务发展水平等。

（三）专业镇集聚规模与效益要素

尽管高校、科研院（所）在专业镇创新中产生着重要的技术源泉作用，但在区域创新体系中，特色产业各经济企业才是创新主体。由于企业直接地将新的技术转化为商品，直接面向市场，市场又通过企业，有效地引导创新研究的方向。因此，一个地区的创新能力关键核心的是企业的创新能力。在该项要素上，要强调了从创新活动技术链条出发，从创新的投入、过程和产出的框架综合且系统评价企业总体的创新活动。各子系统相互依存、互相作用。集聚创新因素是专业镇获得可持续发展竞争力的源泉，是推动创新集聚发展的核心动力。集聚创新能力的形成要有资源环境支撑、有特色产业集聚度高、专业化配套协助程度高、创新活跃等特点。集聚规模是产业集聚程度的重要衡量指标，能充分提高协同创新能力，降低集群创新成本，推动协同创新能力水平，集群创新网络的形成以及产业的融合发展，推进了优势创新集聚效应的出现和发展，可以持续增强产业竞争力。

因此，集聚规模与效益作为专业镇创新基础的重要方面，主要考察指标是特色产业总产值、人均产值水平、产业劳动生产率、销售利润率；工农业总产值与增速、新产品产值等。

（四）创新主体与创新活动要素

在影响专业镇协同创新众多要素中，创新主体间互动作用、创新主体参与的活动已成为影响创新协同的关键因素之一。对当前的广东专业镇来说，在促进协同创新上，实际上是促进区域创新协同的重要支点，科技中介是实现创新协同的另外一个重要枢纽，能够促进知识的流动和交换能力。专业镇镇政府是专业镇创新系统的重要支点，是制度创新和环境创造的主体。政府及相关部门通过制定产业政策、科技政策、人才引进政策、企业孵化等政策体系为协同创新运作构建一个良好的平台，这些将是对整体协同创新产生最突出的作用。

一般地，科技中介主要分为三类：技术转让机构、科技信息服务中介、产业技术创新孵化机构。它是将潜在的技术应用方与技术提供方联系起来的纽带，对技术的传播、扩散与实施起着辅助支持的作用。另外，创新的主体之间也能进行创新协同。专业镇创新协同能力的评价应包含以下内容：政府的支持程度、科技中介机构的服务水平、创新主体间的创新协同、知识技术的转移和交流状况。

1. 镇政府对区域协同的支持程度。主要体现在区域创新政策制度的制定、产业园区的建设、支持合作创新的力度等方面。考虑政府科技经费支出、高校合作科技经费、区域特色产业园区建设、集体荣誉称号等来衡量政府对区域协同创新的支持程度。

2. 技术创新主体间的协同。即高校、科研院（所）、行业协会、特色经济企业、区域产业联盟等主体之间的创新协同水平。当前的主体间协同尚未完善成熟，表现形式也大都局限在科研项目的合作上，可以采用企业与高校合作研发的经费占总研发费的比重、共建科技机构数、创新服务机构数这三项来衡量主体间的协同创新。

3. 科技中介机构的完善程度、知识和技术的转移和交流状况。尽管科技中介在创新协同中起着重要作用，但是同样局限于专业镇数据的可获得性，难以衡量其完善性，只能用技术在科技市场上的交易结果来间接替代。考虑技术转让占技术交易合同金额比重、创新平台项目参与和完成情况相关指标来衡量，该指标同样可以代表知识和技术的转移和交流状况。

（五）专业镇创新产出要素

一个地区的创新能力最终表现在对产品技术进步和专业镇经济增长的贡献

上，同时，地区经济的发展也有助于当地企业的再次创新。当然，影响各地区经济发展的因素很多，如国家政策的影响、地理位置的影响、资源环境的影响等。因此，地区经济的持续发展，是这一地区在过去进行了各种创新的结果，同时又转而为技术创新奠定一个坚实的基础。我们从技术和知识产出、产业结构及产品国际竞争力、居民收入水平与宏观经济几个方面来考察创新成果绩效。

1. 技术和知识产出。技术产出由专利指标来反映，是一个地区应用知识进行创新的能力指标，发明专利指标由发明专利申请和发明专利授权数量两部分构成。知识产出表现为科技产出的论文，反映了一个地区知识积淀的深厚程度，科研论文指标主要以国内论文发表和国外论文发表两部分构成。

2. 产业结构及产品国际竞争力。现在似乎没有一个合理的产业结构优化度的指标。为此，用三个指标来反映产业结构的优化水平。首先是前三个产业在当地产业总值中的比重，这是反映产业集中度的指标。其次是信息产业产值占GDP的比重。从全球的角度看，信息产业发展的规模和速度反映了一个国家的产业结构优化的程度。最后是高技术产业产值在GDP中的比例，这是一个国际通行的指标。

3. 居民收入水平与宏观经济。镇域居民收入水平越高，反映出当地经济发展水平越高，是区域协同创新工作的成绩表现之一。宏观GDP总量、GDP年增长率和出口总额指标来反映特色产业经济吸引力、行业宏观发展水平等。

三、建立基于协同的创新能力评价指标体系

（一）广东省专业镇协同创新体系特征

专业镇作为广东产业集聚发展的特殊形态，是以运用科技手段与创新管理方式，推动特色经济企业提高创新活力、产业竞争力与可持续发展能力。广东省专业镇特色产业集聚应该具有优势产业突出、产业规模较大、产业竞争力较强，市场生产要素集聚，品牌建设程度较高等特征。专业镇地区集聚特征明显，产业围绕链条进行各项科技资源和各类生产要素的集聚，是经济社会长期发展中形成的，是集群创新网络不断完善、创新环境与基础设施持续改善、各个产业协同发展主体不断完善自我组织与自我发展能力的相互作用体系范畴。

专业镇协同创新评价体系应符合当前建设规划路径，注重区域内企业、政府、科研院校、创新中心、产业联盟、市场等创新主体的协同发展关系。专业镇协同创新基础、专业镇创新投入、专业镇集聚规模与效益、专业镇创新主体与活动、专业镇创新产出。可概括为产业创新体系建设包括科技服务体系的不断完善、产业互相支撑基础、公共创新服务平台等方面。从政府、市场（企业）、社

会（基础设施、创新服务中介）三个协同创新主体出发，根据协同要义，主体与创新基础、创新投入、创新机构与活动情况、创新产出是相辅相成作用。下面将协同创新各主体与分项指标投影于二维交叉细目表上，可以清楚观察到各评价指标与主体间的对应关系（见表7-2）。

表7-2　　　　　　　　　　专业镇协同创新指标体系

	创新基础	创新投入	集聚规模与效益	创新机构与活动	创新成果
政府	1. 省级以上工程中心数量	10. 政府科技投入	19. 特色产业园区总产值	24. 创新服务平台总量	31. 财政收入增速
	2. 省级以上重点实验室数量	11. 政府科技经费支出占财政支出比重		25. 与大学、科研院所共建科技机构数	32. 集体荣誉称号数
	3. 科技企业孵化器数量	12. 关于支持协同创新的有效文件数			
市场	4. 高新技术企业数量	13. 服务于特色产业的金融担保机构数	20. 特色产业总产值	26. 产学研合作合同经费	33. 高新技术产品产值
	5. 出口总额	14. 金融服务业占GDP比重	21. 特色经济企业销售利润率	27. 规模以上企业R&D经费总量	34. 规模以上工业企业新产品销售收入占比
	6. 固定资产投资	15. 特色产业从业人员科技人员占比		28. 创新平台总收入	35. 高技术产业产值占规模以上工业产值比重
				29. 创新平台成果项目转化	36. 列入省级以上新成品产值
社会	7. 地区生产总值	16. 全社会科技投入	22. 工农业总产值增速	30. 创新服务机构数	37. 万人口拥有的名牌产品数
	8. 人均地区生产总值	17. R&D经费支出占GDP比重	23. 特色产业全员劳动生产率		38. 万人口专利授权数量
	9. 高等教育毛入学率	18. 每千人R&D活动人员数			39. 万人口专利申请量

（二）专业镇协同创新评价的指标体系

本书在综合考虑协同创新各主体关系下，根据表7-2的5个要素层面进一步细分指标项，建立广东省专业镇协同创新备选指标体系。如表7-3所示。

表 7−3　　　　　广东专业镇协同创新评价指标体系（备选）

一级指标	二级指标
创新环境	1. 地区生产总值（万元）
	2. GDP 增长速度（%）
	3. 出口总额（万元）
	4. 镇财政支出（万元）
	5. 每年新增接受高等教育的人数（人）
	6. 全社会固定资产投资总额（万元）
创新投入	7. 科技人员占特色产业从业人员比重（%）
	8. 设有研发机构的规模企业数（个）
	9. 每千人研究与开发（R&D）人员（人）
	10. 镇全社会科技投入（万元）
	11. 政府科技经费支出占财政支出比重（%）
创新主体、机构与创新活动	12. 高新技术企业数量（个）
	13. 高新技术企业总产值（万元）
	14. 设有研发机构的规模以上企业占比（%）
	15. 产学研合作合同经费（千元）
	16. 每百家企业拥有的创新服务机构数（个/百家）
	17. 与大学、科研院所共建科技机构数（个）
	18. 创新平台总收入（万元）
	19. 创新平台成果转化项目产值（万元）
创新成果	20. 万人口专利申请量（件/万人）
	21. 万人口专利授权量（件/万人）
	22. 高新技术企业产值占 GDP 比重（%）
	23. 省级及以上科技成果数（个）
	24. 万人口名牌名标数（个/万人）
集群产出与效益	25. 特色产业总产值（万元）
	26. 特色产业全员劳动生产率（万元/人）
	27. 人均特色产业产值（万元/人）
	28. 特色经济企业销售利润率（%）
	29. 工农业总产值增长速度（%）
	30. 列入省级以上新产品产值（万元）

部分指标解析：

1. 地区生产总值。地区生产总值是反映一个专业镇经济总量的指标。地区生产总值（GDP）是衡量经济发展水平与人民生活水平的一个重要的标准，它虽然有其一定的局限性，但仍作为衡量国家或地区经济状况的最佳指标。一个地区的 GDP 大幅增长，也反映出该地区经济发展蓬勃，居民收入增加。

2. 地区生产总值增速。地区生产总值增速（GDP 增速）越快，说明地区经济水平发展迅速，居民收入增加较快，则对创新支持的条件越好，表明创新驱动发展禀赋较高。

计算公式为：

$$GDP\ 增速(I_1) = \frac{计算期\ GDP\ 增量}{基期\ GDP\ 总量} \times 100\% \qquad (7-1)$$

3. 出口总额。出口总额是指统计年度内从国内向国外出口的商品和服务的全部价值。它反映的是一个地区的经济外向型与经济规模指标。出口总额越大，表明地区经济规模越大，发展潜力越高。

4. 全社会固定资产投资总额。固定资产投资总额是指一个统计年度内的固定资产投资总额，是建造和购置固定资产的活动，是社会固定资产再生产的主要手段。全社会固定资产投资总额越大，也表明当地经济规模越大，创新驱动的条件基础越好。

5. 研究与开发人员（R&D）数。研究与开发人员（R&D）数是指企业科技活动人员中从事基础研究、应用研究和试验发展三类活动的人员，包括直接参加上述三类项目活动的人员和这些项目的管理和服务人员。人力资源是促进经济转型升级的关键因素，研发人员越多，则表明区域创新投入的科技人力越大，创新驱动发展能力越高。

6. 镇全社会科技投入。镇全社会科技投入是指报告年度内所有被调查单位实际用于基础研究、应用研究以及试验发展的内部经费支出，包括企业科技投入和科研院所科技投入，是反映专业镇科技创新投入与转型经济发展水平的重要标志之一，全社会科技投入越大说明该专业镇的创新驱动发展活动越活跃。

7. 政府科技经费支出占财政支出比重。科技经费支出占比（公式以 I_2 表示）是一个反映政府对科技创新活动支持力度的问题。而基础科学创新多是有本地区财政包办，故我们用政府科技经费支出占财政支出的比例代表政府对科技创新的重视情况。占比越大，说明政府对当年的创新活动支持力度就越大。

计算公式为：

$$I_2 = \frac{政府科技经费支出}{政府财政支出总额} \times 100\% \qquad (7-2)$$

8. 特色产业总产值。特色产业总产值是产业集群的重要衡量指标，是指专业镇集群产业的产值总和。其总产值越高，表明产业集群水平越高。

9. 高新技术企业总产值。指特色产业总产值中由高新企业生产的部分，是地区特色产业创新科技水平的反映。该水平值越高，表明地区创新科技生产规模越大，产业集群驱动创新能力越高。

10. 工农业总产值增长速度。工农业总产值是地区工业总产值与农业总产值之和，是衡量一个地区总体产业的水平指标，其值越大，说明产业集聚水平越高。而工农业产值增速越大，则说明该地区产业发展越快，产业集群发展成效越显著。

计算公式为：

$$I_3 = \frac{计算期 I 农业增加额}{基期 I 农业总产值} \times 100\% \qquad (7-3)$$

11. 人均特色产业产值。人均特色产业产值是指在一个统计年度内地区特色产业总产值与常住人口数的比值。人均特色产业产值是衡量特色产业发展的重要指标，其值越大，表明特色产业发展水平越高，产业效益越高。

计算公式为：

$$I_4 = \frac{特色产业总产值}{常住人口总数} \times 100\% \qquad (7-4)$$

12. 特色产业全员劳动生产率。特色产业全员劳动生产率是一个相对指标，是统计年度内的特色产业总产值与其相应从业人员的比值。特色产业全员劳动生产率表示产业发展的效益指标，其值越大，表明劳动生产率越高，产业技术创新水平越高，效益越好。

计算公式为：

$$I_5 = \frac{特色产业总产值}{从业人员总数} \times 100\% \qquad (7-5)$$

13. 特色经济企业销售利润率。销售利润率是当期利润总额与销售收入的比值，是一个经济效益指标。其值越高，表明地区企业经济效益越好，创新成果越显著。

计算公式为：

$$I_6 = \frac{特色产业利润总额}{销售收入总额} \times 100\% \qquad (7-6)$$

14. 每百家企业拥有的创新服务机构数。创新服务机构是指服务于创新的研发设计、信息咨询、培训、创业孵化、成果转化和技术推广、科技投融资、技术交易、科技中介、生产力促进、检验检测、工业设计和创意设计、知识产权、法律政策服务等机构。它有利于产业集聚地区的协同创新发展，区域企业拥有的机构数越多，则对创新驱动发展促进的作用越显著。

15. 与大学、科研院所共建科技机构数。科技机构是指以科技研究为目的，有一定固定工作人员与场所，有一定组织规模的非企业组织形式。与大学、科研院所共建的科技机构最大特点在于密切联系政府、企业、高校及科研院所，能充分发挥协同调节作用，促进科技成果转化，提高地方企业科技创新竞争力。共建的科技机构数越多，表明科技成果转化能力更高、创新水平越高。

16. 产学研合作合同经费。产学研合作合同经费是指签订产学研合同的经费总额。其合同主体一方应为专业镇政府、所属创新平台或所管辖的企业，另一方为镇域以外的高校或科研机构。产学研合同经费越多，表明专业镇科技创新活动越活跃、利用外部创新资源能力越高，其创新驱动发展能力提高越快。

17. 科技人员占特色产业从业人员比重。科技人员是指调查单位在报告年度内直接从事科技活动，以及专门从事科技活动管理和为科技活动提供直接服务的人员。在特色产业相关评价中，科技活动人员参与比例越高，表明地区创新驱动的人力资本越好。

计算公式为：

$$I_7 = \frac{特色产业从业科技人员总数}{特色产业职工总数} \times 100\% \qquad (7-7)$$

18. 万人口名牌名标数。本地区获得的省级及以上著名商标和驰名商标以及区域品牌认证数。在专业镇考察层面上，主要对镇域获得的省级及以上名牌产品数、省级及以上著名商标数、中国驰名商标数三大指标加以考察。而万人口名牌名标数是指该地区每万人口拥有的名牌名标号数量，其值越大，则说明该地区品牌建设水平更好，创新成果越显著。

19. 万人口专利授权量。专利授权量是指报告期内由专利行政部门授予专利权的件数，是发明、实用新颖、外观设计三种专利授权数的总和。该指标是衡量一个国家或地区技术创新能力和水平的重要指标，已被世界所公认。而万人口专利授权量是指每万人口拥有的专利授权数目，其值越大，表明地区核心创新能力越高，创新成果越显著。

20. 列入省级以上新产品产值。列入省级以上新产品产值是指获省级以上科技部门或经贸部门认定的重点新产品、高新技术产品、自主创新产品的产值的总和，其值越大，表明地区创新成果产出水平越高。

21. 省级及以上科技成果数。科技成果是指由科技行政部门认可，在一定范围内具备先进性与新颖性、具有实用性的，能取得良好经济、社会或生态环境效益的科学技术成果，是创新成果能产出中不可缺少的重要组成部分。省级及以上科技成果数是指专业镇区域内个人或单位取得的由省或者以上主管部门认可的科技成果数量，其值越大，表明该专业镇创新成果产出水平越高。

第三节　从协同创新综合能力角度评价

一、研究方法

建立区域协同创新能力评价指标体系建立后，需要对评价体系各指标进行定量和定性分析，并通过综合评价得出各区域的协同创新能力，从而进行排序和比较。在此项评价领域中，国内学者对评价方法非常重视，并为评价区域创新能力提供了许多有用的方法。归纳起来，常用的创新能力综合评价方法主要有：模糊综合评价方法、BP 神经网络方法、因子分析法、数据包络分析法、层次分析法等。

在综合评价中，无论采用何种分析方法都需要解决指标赋权和指标相关性分析这两个问题。首先是评价指标的赋权问题，一般可以分为主观赋权法和客观赋权法。主观赋权法是根据主观经验或专家评判，事先设定综合评价指标体系中各项指标的权重，是一种定性分析法，模糊综合评价方法、层次分析法就属于此类；客观赋权法是根据评价指标体系中各指标的内在联系，运用多元统计分析的方法，确定各项评价指标权重的一种方法，BP 神经网络方法、数据包络分析法、因子分析法就属于这一类。虽然传统上大多使用主观评价法，简单明了，但是在技术上存在着明显的缺陷。权重值与指标实际值之间没有联系，而且预先设定好的权重影响了客观真实性。

关于指标之间的相关性问题：由于一个评价体系涉及多个方面的要素，细分的评价指标个数多，评价指标之间往往存在着一定的相关性，这种相关性造成评价信息的重复使用，在客观上会影响评价结果的有效性，从而使评价结果缺乏足够的说服力。

二、因子分析

（一）原理概念

因子分析是一种多元数据处理手段：首先把繁杂关系的变量或者样品进行降维转换，得到几个数量较少的综合因子；可以再现的相互关系。本书采用的研究方法是因子分析法，因子分析法是处理多变量数据的一种统计分析方法。其基本思想是消除变量之间的相关关系，以最少的信息丢失把众多的观测变量浓缩为少数几个因子，用较少的几个因子来概括和解释具有错综复杂关系的大量的观测事实，从而建立起最简洁、最基本的概念系统，揭示出事物之间本质的联系。同时根据不同的因子还可以对变量进行分类，它是多元统计分析数据处理中的一种处理降维的统计方法。

其主要应用在两个方面：第一，寻求基本结构方面。在多元统计数据的研究分析中，经常遇到观测变量数量较大而且各变量之间存在着较强的相关关系的情形。在找寻相互关系是，会由于庞杂而产生很大困难。统计学上，各变量之间高度相关反映的是信息高度重合，于是我们可以通过因子分析找到适当少数因子，便可以代表原本数据的基本结构，即反映其原本特征。第二，数据化简方面。因为因子分析最终把多个样本变量转换整合成少数几个因子，因子值反映了原来数据面貌的基本特征，根据传递与替代效应，可做进一步深入研究。例如，回归分析、判别分析等，也可通过构建综合因子得分反映综合信息。因子分析法在评价过程中对指标进行了降维处理，从而简化了评价过程。在技术创新能力评价中，评价指标数量很大，且具有一定的相关性，因此可以就众多常用的可观测变量进行因子分析，建立因子分析模型，并在此基础上进行因子评分，从而更好地对各区域的技术创新能力进行对比和评价。

（二）因子分析模型

通过使用有限多个不可观察的潜在变量可以反映原变量之间的相关性是因子分析的目的。一般地，人们将不可观察的潜在变量定义为"Common Factor"，即公共因子。对样品展开分析时，针对每个样品会检测多指标：不妨假设测得 p 个，但这 p 个指标可能仅仅受到 $m(m<p)$ 个共同因素的影响。

设 f_1，f_2，$\cdots$，f_m 这样 m 个随机变量，满足均值为 0，方差为 1。那么因子分析的数学模型为：

$$\begin{cases} X_1 = a_{11}f_1 + a_{12}f_2 + \cdots + a_{1m}f_m + e_1 \\ X_2 = a_{21}f_1 + a_{22}f_2 + \cdots + a_{2m}f_m + e_2 \\ \cdots\cdots \\ X_p = a_{p1}f_1 + a_{p2}f_2 + \cdots + a_{pm}f_m + e_p \end{cases}$$

在模型中：

（1）各个指标变量都受到 f_i 的影响，因此 f_i 称为公共因子，它们各个观测变量所共有的因子，反映的是变量之间的相关关系。

（2）e_i 是单变量 X_i 所特有的因子，称为 X_i 特殊因子（Unique Factor）。它们表示的是变量不能被公共因子所解析的部分。在公因子分析中，特殊因子起到残差的作用。

（3）a_{ji}是第 j 个变量在第 i 个公共因子上的负荷。

（三）因子旋转

因子模型被估计后，还必须对得到的公因子 f 进行解释。进行解释通常意味着对每个公共因子给出一种意义明确的名称，它用来反映在预测每个可观察变量中这个公因子的重要性，这个公因子的重要程度就是在因子模型矩阵中相应于这个因子的系数，显然这个因子的系数绝对值越大越重要，而接近 0 则表示对可观察变量没有什么影响。在实际工作中，为了使载荷矩阵有更好的实际意义，在求出因子载荷矩阵 A 后，再右乘一个正交阵 Γ，这样就变换了因子载荷矩阵，这种方法称为因子轴的正交旋转。

（四）因子分析的主要步骤

因子分析分析操作过程体现在如下步骤：

Step1 对全部变量计算相关矩阵。

因为相关矩阵会被直接应用于因子分析过程，在具体相关矩阵存在前提下才能进行分析。同时，我们需对相关矩阵设定相应的统计选取标准，用于判断计算数据是否适合选择使用因子分析法。地：

（1）若相关矩阵中大部分系数都小于 0.3，那么认为不适合做因子分析。

（2）运用巴特利特球度检验——该检验统计的零假设是相关阵为单位阵。如果原假设被拒绝，那么进行因子分析是合理的。

（3）KMO（Kaiscr-Meycr-OlkinMeasure of Sampling Adequacy）的测度。当 KMO 取值越靠近 1 时，因子分析不适合应用于该数据。一般地，KMO 在 0.9 以上，非常适合；0.8 ~ 0.9，很适合；0.7 ~ 0.8，一般适合；0.6 ~ 0.7，适合情况差；0.5 ~ 0.6，适合情况很差；0.5 以下，则认为不适合。

Step2 提取因子：

第二步需要在因子个数上作出取舍。地，需要满足因子积累解释方差在 80% 以上。这里涉及公因子的方差。公因子方差等于因子负载的平方和，只在公因子之间彼此正交时出现。所以，所有变量的方差可被分成两部分——一部分决定于公因子，另一部分决定于特殊因子。当公因子积累解释方差在 80% 以上时，此时公因子已能解释变量方差的绝大部分；说明当公因子方差越大，则公因子反映所有变量的程度越好。

Step3 是进行因子旋转。

因子需要在坐标转换后才能取得更为直观简便呈现变量关系。因子旋转的作用正好针对此目的进行展开。

Step4 计算因子值。

各因子在各自观测上的所有得分值构成了因子值。该模型有以下 3 个特征：①各公共因子的均值为 0，方差为 1，且因子之间不相关；②各特殊因子的均值为 0，具有不等方差，且不相关；③公共因子和特殊因子不相关。

（五）因子分析法主要优点

第一，因子分析法研究多变量交互问题，在赋权问题上克服了权重确定的主观性。利用因子分析法进行综合评价所用权重属于信息量权重，它与专家打分法等主观确定权重的方法不同，信息量权重是伴随数学变换过程生成的。使得采用信息量权重有助于保证客观地反映样本间的现实关系，提高综合评价的有效度。

第二，因子分析法可以通过对原始变量的标准化处理和数学变换，消除了指标间的相关影响，消除了由于指标分布不同、数值本身差异造成的不可比从数据源头保证了评价的质量。

三、综合评价过程

（一）研究对象与数据来源

本书旨在探讨广东专业镇协同创新综合能力，与广东专业镇创新投入、创新产出以及特色产业相关指标有重要关联性。广东省专业镇按主导产业类型分为工业专业镇、农业专业镇和服务业专业镇，截至 2014 年，广东省科学厅认定的专业镇有 383 个。本书数据均采用 2015 年广东省区域创新环境和专业镇相关数据。其中，区域创新环境中指标数据来源于《广东统计年鉴 2015》、各地市 2015 年统计年鉴和统计信息网上发布的 2015 年统计公报，以及广东科技统计年鉴。根据前面专业镇协同创新评价指标体系及其计算方法，以下将计算出全省 33 个典型专业镇的各指标水平情况。

（二）评价指标选择

广东省专业镇协同创新能力的影响因素众多，建立的评价模型需要使得变量间形成不相关的线性组合。因此，本书采用主成分法（Principal Components）进行因素萃取。同时为了使每个因子中具有最高荷载的变量数最小，需要在旋转方法上采取方差最大方差旋转法。

综合评价因素选择步骤如下：（1）对各测评指标重要程度作相关性分析，

判断各变量之间的关系；（2）逐步做主成分因素分析，进行变量萃取。

（三）相关性分析

各评价指标之间的简单相关性分析结果表明，各指标之间存在显著的相关性，适合进行主成分提取主因子进行降维分析。

（四）主成分因素分析与因素萃取

在对各测评指标进行因素分析，本书采用主成分法决定因素的抽取，按方差最大方差旋转法进行转轴，分析因素结构。

在进行因素分析之前，先作 Bartlett's 球度检验，以检验各变量所组成的相关矩阵，若 Bartlett's 球度检验值达到 0.05 的显著水平，则表示各变量的相关矩阵有共同因素存在；接着进行 KMO 抽样适度测定，当 KMO 值越大，表示变量间的共同因素越多，越适合进行因素分析；如果 KMO 的值小于 0.5 时，则不宜进行因素分析。

Bartlett's 球度检验值与 KMO 抽样适度测定值如表 7 – 4 所示。由表 7 – 4 可知，Bartlett's 球度检验值在 0.05 的显著性水平下，统计量 P < 0.001，达到了显著性要求。说明专业镇协同创新能力指标的指标体系测评指标中具有共同的因素存在，适合进行主成分因素分析。同时，KMO 抽样适度测定值为 0.813，远大于 0.5 的要求，说明协同创新能力指标体系的测评指标中存在众多的共同因素，十分符合主成分法因素萃取的标准。

表 7 – 4 　　　　　　　　　**Barlett's 球形检验值与 KMO 抽样适度测定值**

Barlett's 球度检验	近似卡方分布	1 076.971
	自由度	231
	显著性	P < 0.0001
KMO 抽样适度测定		0.813

资料来源：协同创新能力研究所得.

利用方差最大方差旋转法转轴，本研究可选取 5 个特征值，可以使得累计解释总方差达到 81.092%，满足主成分法萃取的要求。其中，各因素的方差贡献率如表 7 – 5 所示。主成分的特征值分别为 10.433、2.693、2.123、1.360 以及 1.231，对应的方差贡献率为 47.424%、12.242%、9.648%、6.183% 以及 5.595%，累计方差贡献率达到了 81.092%。根据上述要求，说明被提取的 5 个主成分能够反映原始数据提供的绝大部分信息，因此在此使用主成分提取前 5 个主因子。

表 7 - 5　　　　　　　　旋转后各因素解释方差贡献率

因素	特征值	方差贡献率	累计方差贡献率（％）
1	10.433	47.424	47.424
2	2.693	12.242	59.666
3	2.123	9.648	69.314
4	1.36	6.183	75.497
5	1.231	5.595	81.092

注：提取方法：主成分分析。

　　下一步，可以通过主成分运算得到旋转后的各个因子的成分系数，其中各变量对应最大系数值见表 7 - 6。

表 7 - 6　　　　　　　　初次旋转后系数显著矩阵

初选指标	系数在所有主成分上的最大值
1. 地区生产总值（万元）	0.721
2. GDP 增长速度（％）	0.668
3. 年新增接受高等教育人数（人）	0.619
4. 镇财政支出（万元）	0.767
5. 出口总额（万元）	0.526
6. 全社会固定资产投资总额（万元）	0.906
7. 高新技术企业数量（个）	0.253 *
8. 高新技术企业总产值（万元）	0.829
9. 高新技术企业产值占 GDP 比重（％）	0.146 *
10. 工农业总产值（万元）	0.341 *
11. 工农业总产值增长速度（％）	0.726
12. 列入省级以上新产品产值（万元）	0.826
13. 新兴产业规模以上企业产值（万元）	0.797
14. 特色产业总产值（万元）	0.926
15. 特色产业全员劳动生产率（万元/人）	0.661
16. 人均特色产业产值（万元/人）	0.596
17. 特色经济企业销售利润率（％）	0.015 *
18. 科技人员占特色产业从业人员比重（％）	0.999
19. 设有研发机构的规模以上企业占比（％）	0.615

备选指标	系数在所有主成分上的最大值
20. 每千人（R&D）人员全时当量（千人/年）	0.694
21. 镇全社会科技投入（万元）	0.846
22. 政府科技经费支出占财政支出比重（%）	−0.654
23. 万人口专利申请量（件/万人）	0.493*
24. 万人口专利授权量（件/万人）	0.598
25. 省级及以上科技成果数（个）	0.21*
26. 产学研合作合同经费（千元）	0.520
27. 每百家企业拥有的创新服务机构数（个/百个）	0.918
28. 与大学、科研院所共建科技机构数（个）	0.278*
29. 创新平台总收入（万元）	0.146*
30. 创新平台成果转化项目产值（万元）	0.146*
31. 万人口拥有的名牌名标数（个/万人）	0.893

注：当系数大于 0.5 以上的值，说明这些指标与公因子具有较强相关关系，带 * 表示未通过。

从表 7-6 的 32 个变量初始筛选出发，首先剔除高度相关的有关变量，如"万人口专利申请量"与"万人口专利授权量"两者相关系数为 0.91，显著正相关。因此，需要充分考虑指标的实际意义，决定舍弃"万人口专利申请量"而保留"万人口专利授权量"变量。同时，对系数不显著（小于 0.5）的变量进行逐步删除，提炼出针对专业镇协同创新能力评价的显著因素，构建指标体系。

于是，可以经过两步迭代，得到最终旋转后的因子成分矩阵见表 7-7。

表 7-7   旋转后的成分矩阵

指标	成分				
	1	2	3	4	5
全社会固定资产投资总额 C1	0.057	0.800	−0.001	0.277	0.144
列入省级以上新产品产值 C2	0.016	0.124	0.855	−0.045	0.044
特色产业总产值 C3	0.841	0.321	0.018	0.091	0.244
特色产业从业人员科技人员占比 C4	0.402	0.512	0.136	0.348	0.314
特色产业全员劳动生产率 C5	0.052	0.045	0.038	−0.051	0.940
镇全社会科技投入 C6	0.859	0.425	−0.049	0.117	0.007
镇政府科技经费支出占财政支出的比重 C7	−0.077	0.715	0.161	0.126	0.024
万人口专利授权量 C8	0.558	−0.011	0.824	0.179	−0.077

续表

指　标	成　分				
	1	2	3	4	5
产学研合作合同经费 C9	− 0.091	0.259	0.346	0.132	− 0.360
地区生产总值 C10	0.337	0.846	− 0.056	0.231	− 0.024
每千人（R&D）人员全时当量 C11	0.705	0.612	− 0.058	− 0.103	− 0.129
人均 GDP C12	0.069	0.206	0.024	0.906	− 0.062
工农业总产值 C13	0.591	0.692	− 0.009	0.382	− 0.090
人均工农业总产值 C14	0.240	0.243	0.077	0.905	− 0.068
人均特色产业产值 C15	0.777	0.152	0.280	0.374	0.226
万人口拥有名牌、名商号 C16	0.078	− 0.111	0.918	− 0.004	− 0.037
创新平台总收入 C17	0.211	− 0.010	− 0.099	0.904	0.102
出口总额 C18	0.553	0.654	− 0.001	− 0.070	− 0.189
镇财政支出 C19	0.811	0.533	− 0.110	0.053	0.028
设研发机构的规模企业 C20	0.592	0.793	− 0.006	0.376	− 0.087
高新技术企业产值占规模以上企业比例 C21	0.563	0.356	0.094	− 0.090	0.311
高新技术企业总产值 C22	0.829	0.435	− 0.037	0.217	− 0.051

对提取 5 个主因子建立原始因子载荷阵，选择使用最大方差正交旋转法对载荷阵进行因子旋转，实现因子载荷 0～1 分化（如表 7－7 所示）。可以看出，第 1 个公共因子对应关系较强的原始变量包括 C3、C6、C11、C13、C15、C19、C22；第 2 个因子包括 C1、C4、C7、C10、C13、C18、C20；第 3 个因子包括 C2、C8、C16；第 4 个因子包括 C12、C14、C17；第 5 个因子包括 C5。

（五）协同创新能力综合评价

根据因子分析研究过程，已经完成主因子提取，下一步需要计算综合评价函数。采用的综合评价公式如下：

$$F = \sum_{j=1}^{n} b_j F_j \quad j = 1,2,\cdots,n$$

其中，综合函数为 F，每个主因子的分值为 F_j，利用主因子对方差贡献率 b_j 进行加权。结合以上分析结果，主因子方差贡献率分别为 47.424%，12.242%，9.648%，6.183%，5.595%，可以得到综合评价值为：

$$F = 0.47424F_1 + 0.12242F_2 + 0.09648F_3 + 0.06183F_4 + 0.05595F_5$$

通过软件 spss20.0 计算各主因子得分值 F_j，具体如下：

本实证分析得到 5 个主成分因子，即 $j = 5$，对应的 F_1、F_2、F_3、F_4、F_5 得分可由因子得分系数矩阵乘指标标准化数值得到。因子得分系数如表 7-8 所示。

表 7-8   主成分得分系数矩阵

指　标	主因子				
	1	2	3	4	5
全社会固定资产投资总额 C1	-0.207	0.352	0	0.013	0.149
列入省级以上新产品产值 C2	-0.031	0.094	0.345	-0.105	0.016
特色产业总产值 C3	0.151	-0.055	0.003	-0.021	0.122
特色产业从业人员科技人员占比 C4	-0.045	0.116	0.037	0.092	0.229
特色产业全员劳动生产率 C5	-0.076	0.065	0	-0.001	0.674
镇全社会科技投入 C6	0.15	-0.025	-0.017	-0.031	-0.043
镇政府科技经费支出占财政支出的比重 C7	-0.001	-0.036	0.329	0.033	0.005
万人口专利授权量 C8	0.206	-0.209	-0.003	0.078	-0.106
产学研合作合同经费 C9	-0.067	0.124	0.143	-0.011	-0.242
地区生产总值 C10	-0.117	0.302	-0.014	-0.032	0.005
每千人（R&D）人员全时当量 C11	0.073	0.143	0.004	-0.187	-0.128
人均 GDP C12	-0.05	-0.078	-0.046	0.454	-0.004
工农业总产值 C13	0.001	0.13	-0.009	0.066	-0.067
人均工农业总产值 C14	-0.007	-0.102	-0.024	0.439	-0.023
人均特色产业产值 C15	0.168	-0.169	0.083	0.148	0.113
每万人拥有名标、名商号 C16	0.054	-0.051	0.362	-0.049	-0.059
创新平台总收入 C17	0.272	-0.237	-0.043	-0.009	-0.003
出口总额 C18	0.02	0.197	0.026	-0.178	-0.155
镇财政支出 C19	0.108	0.054	-0.034	-0.079	-0.02
设研发机构的规模企业 C20	0.001	0.131	-0.008	0.063	-0.065
高新技术企业产值占规模以上企业比例 C21	0.056	0.072	0.046	-0.122	0.187
高新技术企业总产值 C22	0.141	-0.032	-0.018	0.02	-0.078

通过该因子得分系数矩阵乘指标标准化数值，即通过下面计算公式可计算得到各主成分的得分值 F_j：

$$F_1 = (-0.207) * x_{11} + (-0.031) * x_{12} + 0.151 * x_{13} + \cdots + 0.141 * x_{54}$$

$$F_2 = 0.352 * x_{11} + 0.094 * x_{12} + (-0.055) * x_{13} + \cdots + (-0.032) * x_{54}$$

$$F_3 = 0.001 * x_{11} + 0.345 * x_{12} + 0.003 * x_{13} + \cdots + (-0.018) * x_{54}$$

$$F_4 = 0.013 * x_{11} + (-0.105) * x_{12} + (-0.021) * x_{13} + \cdots + 0.020 * x_{54}$$

$$F_5 = 0.149 * x_{11} + 0.016 * x_{12} + 0.122 * x_{13} + \cdots + (-0.078) * x_{54}$$

（六）广东省专业镇协同创新能力综合比较分析

由上述综合得分公式，可以通过软件计算得到广东省专业镇 2015 年协同创新能力综合得分（见表 7 - 9）。

表 7 - 9　　　　　　　协同创新能力得分情况

指　　标	成　　分					调整综合得分	排名
	1	2	3	4	5		
佛山市顺德区北滘镇	4.081	0.235	0.422	0.612	0.183	0.904	1
中山火炬高技术产业开发区	0.645	3.092	0.081	0.649	-0.04	0.779	2
阳江市阳东区东城镇	0.099	-0.41	5.124	0.18	0.129	0.747	3
佛山市顺德区乐从镇	0.237	0.128	-0.134	-0.348	4.489	0.724	4
中山市古镇镇	1.113	-1.359	-0.329	0.123	-0.675	0.717	5
中山市小榄镇	0.47	0.475	0.073	-0.557	-0.634	0.705	6
珠海市平沙镇	0.375	-0.657	-0.033	-0.659	0.952	0.689	7
东莞市常平镇	0.066	1.235	0	-0.985	-0.685	0.685	8
东莞市清溪镇	-0.08	1.218	0.153	-0.844	-1.024	0.676	9
佛山市禅城区张槎街道	-0.684	0.468	-0.073	4.511	-0.108	0.673	10
佛山市顺德区杏坛镇	-0.389	0.613	0.987	-0.003	0.101	0.672	11
佛山市南海区西樵镇	-0.12	0.86	-0.116	-0.809	-0.056	0.671	12
江门市蓬江区	-1.071	2.386	-0.594	0.162	0.427	0.67	13
江门市开平市水口镇	0.168	-0.846	-0.1	0.06	0.009	0.669	14
汕头市金平区石炮台街道	-0.2	-0.41	0.717	-0.266	0.678	0.666	15
东莞市樟木头镇	-0.07	-0.472	-0.261	-0.051	0.576	0.66	16
东莞市虎门镇	-0.429	1.659	-0.385	-0.602	-0.524	0.659	17
中山市南朗镇	-0.518	-0.038	-0.416	0.034	-0.047	0.652	18
揭阳市榕城区梅云街道	-0.43	-0.313	-0.18	0.361	1.628	0.652	19

指　　标	成　　分					调整综合得分	排名
	1	2	3	4	5		
揭阳空港经济区凤美街道	－0.095	－0.981	－0.19	0.667	－0.474	0.649	20
广州市花都区狮岭镇	－0.182	－0.415	－0.477	－0.522	－0.304	0.649	21
潮州市潮安区庵埠镇	－0.459	－0.06	0.87	0.011	－1.68	0.64	22
肇庆市四会市东城街道	－0.369	－0.148	－0.417	－0.228	0.057	0.639	23
珠海市斗门区白蕉镇	－0.498	－0.288	－0.599	－0.213	－0.415	0.632	24
湛江市坡头区龙头镇	－0.331	－0.652	－0.368	－0.272	－0.255	0.63	25
梅州市丰顺县汤坑镇	－0.127	－0.409	－0.224	－0.856	－0.187	0.629	26
梅州市五华县水寨镇	－0.287	－0.659	－0.188	－0.642	－0.558	0.629	27
惠州市博罗县园洲镇	－0.513	－0.207	－0.535	－0.387	0.427	0.627	28
云浮市云城区河口街道	－0.189	－0.823	－0.248	－0.071	－0.287	0.626	29
河源市连平县高莞镇	－0.279	－0.796	－0.548	－0.443	－0.569	0.624	30
云浮市新兴县簕竹镇	－0.551	－1.046	－0.773	2.08	－0.309	0.623	31
肇庆市高要市金渡镇	－0.207	－0.57	－0.114	－0.177	－0.04	0.621	32
茂名市茂南区公馆镇	－0.177	－0.812	－0.283	－0.513	－0.421	0.62	33

　　计算结果显示，在协同创新能力综合得分排位中，珠三角地区专业镇得分相对较高，在前10名中占据9席。全省专业镇可从最低分到最高分可分为高分等级5个（得分大于0.70）、中等水平等次20个（得分居于0.63～0.70）、低分等次8个（得分小于0.63）。总体来看，典型专业镇的综合得分呈现橄榄核状分布，即协同创新能力十分突出的优秀专业镇和处于得分较低的专业镇数量较少，专业镇主要集中于中间档次。珠三角专业镇总体综合得分较高，绝大多数高于中等水平档次，得分高者与全省平均拉开了较大距离；粤西和粤北山区专业镇协同创新能力得分位于低分等次。

　　得分在高分等次及低分等次的5个专业镇分项指标特征如下：

　　(1) 佛山市顺德区北滘镇：综合得分排在全省第1位。各因子得分均高于全省平均水平，其中创新基础因子得分全省最高，得分值是该项因子得分第2位的4倍。

　　(2) 中山火炬高技术产业开发区：综合得分排在全省第2位。因子1得分位居全省第3位，因子2得分全省第1位，但因子5得分低于全省平均水平。

　　(3) 阳江市阳东区东城镇：综合得分排在全省第3位。在因子3得分排位上居全省第1位，创新产出得分较高；因子4、因子5得分均高于全省平均水平。

（4）云浮市新兴县簕竹镇、茂名市茂南区公馆镇：是粤西板块农业专业镇的典型代表，综合协同创新能力得分处于全省低分等次，在因子1、因子2、因子4三项得分上较为靠后，其他因子得分均低于全省平均水平，协同创新能力仍需大力提高。

第四节　从协同创新投入角度评价

一、统计描述

协同创新投入评价指标由6个指标组成，包含每千人中研究开发（R&D）人员数（人）、全社会科技投入（万元）、设有研发机构的规模企业数（个）、特色产业科技人员数（人）、镇政府科技经费支出占财政支出的比重（%）、创新平台研发经费（万元）。33个专业镇协同创新投入相关指标统计描述分别如表7-10所示。

表7-10　　　　　　　　创新投入指标描述统计信息

指　　标	均值	标准差	分析 N
每千人中 R&D 人员数（人）	8.53	9.56	33
全社会科技投入（万元）	38 108.58	97 178.48	33
设有研发机构的规模企业数（个）	23.27	38.931	33
特色产业科技人员数（人）	3 026.67	3 562.83	33
镇政府科技经费支出占财政支出的比重（%）	5.40	16.64	33
创新平台研发经费（万元）	1 146.21	3 468.05	33

二、变量检验与因子分析

求出协同创新环境各指标的相关系数矩阵（见表7-11），可以看出，各指标之间具有不完全相关性（见表7-11）。由表7-12可以看出，Bartlett's 球形检验的显著性概率小于0.01，可否定相关矩阵为单位阵的零假设，同时，KMO检验值为0.707，表明协同创新投入指标适合做因子分析。

表 7 – 11 专业镇协同创新投入指标相关系数矩阵

	X1	X2	X3	X4	X5	X6
X1	1.000	0.832	0.864	0.710	0.536	0.915
X2	0.832	1.000	0.561	0.566	0.531	0.751
X3	0.864	0.561	1.000	0.867	0.753	0.881
X4	0.710	0.566	0.867	1.000	0.852	0.846
X5	0.536	0.531	0.753	0.852	1.000	0.722
X6	0.915	0.751	0.881	0.846	0.722	1.000

表 7 – 12 专业镇协同创新投入指标 KMO 和 Bartlett 的检验

取样足够度的 Kaiser-Meyer-Olkin 度量		0.707
Bartlett 的球形度检验	近似卡方	168.093
	df	15
	Sig.	0.000

将协同创新投入各指标数据导入 SPSS 后进行主成分分析。提取主成分特征值大于 1 的因子。由表 7 – 13 可知，专业镇协同创新投入指标仅有 2 个因子特征值大于 1，且该因子累计贡献率达到 81.2%，表明该 2 个因子已可以反映协同创新 6 项指标的绝大部分信息。因此确定主成分个数为 2，采用 2 个综合指标（即创新投入指标）来替代原来的 6 个指标。

表 7 – 13 专业镇协同创新投入指标总方差解释

成分	初始特征值			提取平方和载入		
	合计	方差的%	累积%	合计	方差的%	累积%
1	3.550	59.161	59.161	3.550	59.161	59.161
2	1.322	22.033	81.194	1.322	22.033	81.194
3	1.712	11.866	93.067			
4	0.277	4.612	97.679			
5	0.111	1.853	99.532			
6	0.028	0.468	100.000			

三、因子得分与排序

在得到公共因子以及因子载荷矩阵后，需要把公共因子表示成原始变量的线性组合，对每个样本计算公共因子的估计值，也就是求因子得分。根据因子载荷矩阵，采取加权平均算法，求出 33 个专业镇分别在创新投入指标中的得分及排序情况（见表 7－14）。

表 7－14　　　　　　　　　专业镇协同创新投入因子得分情况

序号	专业镇名称	F_1	F_2	F
1	佛山市顺德区北滘镇	2.632	0.694	1.333
2	中山火炬高技术产业开发区	0.858	1.837	0.632
3	阳江市阳东区东城镇	0.640	0.436	0.357
4	佛山市顺德区乐从镇	0.695	0.651	0.409
5	中山市古镇	1.045	0.056	0.503
6	中山市小榄镇	0.788	0.790	0.471
7	珠海市平沙镇	0.750	0.337	0.397
8	东莞市常平镇	0.626	1.094	0.431
9	东莞市清溪镇	0.568	1.087	0.403
10	佛山市禅城区张槎街道	0.326	0.787	0.251
11	佛山市顺德区杏坛镇	0.444	0.845	0.314
12	佛山市南海区西樵镇	0.552	0.944	0.377
13	江门市蓬江区	0.171	1.554	0.272
14	江门市开平市水口镇	0.667	0.262	0.349
15	汕头市金平区石炮台街道	0.520	0.436	0.300
16	东莞市樟木头镇	0.572	0.411	0.322
17	东莞市虎门镇	0.428	1.264	0.358
18	中山市南朗镇	0.393	0.585	0.258
19	揭阳市榕城区梅云街道	0.428	0.475	0.261
20	揭阳空港经济区凤美街道	0.562	0.208	0.292
21	广州市花都区狮岭镇	0.527	0.434	0.303
22	潮州市潮安区庵埠镇	0.416	0.576	0.268
23	肇庆市四会市东城街道	0.453	0.541	0.281
24	珠海市斗门区白蕉镇	0.401	0.485	0.249
25	湛江市坡头区龙头镇	0.468	0.339	0.263
26	梅州市丰顺县汤坑镇	0.549	0.436	0.314
27	梅州市五华县水寨镇	0.485	0.336	0.271
28	惠州市博罗县园洲镇	0.395	0.517	0.251

续表

序号	专业镇名称	F_1	F_2	F
29	云浮市云城区河口街道	0.525	0.271	0.282
30	河源市连平县高莞镇	0.488	0.282	0.266
31	云浮市新兴县籣竹镇	0.380	0.182	0.202
32	肇庆市高要市金渡镇	0.517	0.372	0.291
33	茂名市茂南区公馆镇	0.529	0.275	0.285

从创新投入综合得分情况看，33 个典型专业镇得分存在显著差异：其中珠三角地区专业镇协同创新投入水平较高。

其中，佛山市顺德区北滘镇、中山火炬高技术产业开发区、中山古镇、中山市小榄镇、东莞市常平镇的协同创新投入总得分居前 5 位。

案例一：北滘镇创新投入综合评分排第 1 位，其中：

该镇协同创新人力资源投入、科技经费投入水平最高。每千人中研究与开发（R&D）人员数量最多，达 43.6（人/千人），是平均水平的 5.1 倍；特色产业科技人员数 12 620 人，是平均水平的 4 倍。镇全社会科技投入总额 505 000 万元，约为第 2 位火炬高技术产业开发区的 2 倍。在设有研发机构的规模企业数、创新平台研发经费投入也具有较大优势，但政府科技经费支出占财政支出比重上低于全省平均水平。以家电制造为特色产业的北滘镇在协同创新综合能力排名第 1 位，作为中国家电生产示范基地，其创新投入要素水平在珠三角地区一直处于领先水平。

案例二：中山市小榄镇创新投入综合评分排第 4 位，其中：

该镇协同创新人力资源投入、科技经费投入水平高。每千人中研究与开发（R&D）人员数量最多，达 17.3（人/千人），约为平均水平的 2 倍；特色产业科技人员数 8 912 人，居全省第 3 位。镇全社会科技投入总额排在全省第 6 位，设有研发机构的规模企业数排在全省第 3 位，创新平台研发经费投入处于全省前列，总体协调投入较为均衡。

第五节 从协同创新产出角度评价

一、统计描述

协同创新产出评价指标由 8 个指标组成，包含列入省级以上新产品产值（万元）、万人口专利申请量（件/万人）、万人口专利授权量（件/万人）、创新平台总收入（万元）、创新平台成果项目转化产值（万元）、万人口拥有的名牌名标数（个/万人）、特色产业高新技术企业总产值（万元）、获得省级以上科技成果数（个）。广东省 33 个典型专业镇协同创新产出相关指标描述统计信息见表 7 – 15。

表 7 – 15　　　　　　　　　创新产出指标描述统计信息

指　　标	均值	标准差	分析 N
列入省级以上新产品产值（万元）	181 954.91	418 244.976	33
万人口专利申请量（件/万人）	43.61	66.67	33
万人口专利授权量（件/万人）	30.08	47.90	33
创新平台总收入（万元）	2 576.42	5 806.75	33
创新平台成果转化项目产值（万元）	18 865.61	69 508.17	33
万口人拥有名标、名商号（个/万人）	1.90	4.16	33
特色产业高新技术企业总产值（万元）	1 062 172.85	2 762 794.01	33
获省级及以上科技成果数（个）	20.73	86.007	33

二、变量检验与因子分析

求出协同创新产出各指标的相关系数矩阵（见表 7 – 16），可以看出，各指标之间具有不完全相关性（见表 7 – 17），Bartlett's 球形检验的显著性概率小于 0.01，可否定相关矩阵为单位阵的零假设，同时，KMO 检验值为 0.751，表明协同创新产出指标适合做因子分析。

表 7 – 16　　　　　　　专业镇协同创新产出指标相关系数矩阵

	Y1	Y2	Y3	Y4	Y5	Y6	Y7	Y8
Y1	1.000	0.895	0.957	0.689	0.933	0.770	0.569	0.979
Y2	0.895	1.000	0.854	0.619	0.931	0.713	0.893	0.906
Y3	0.957	0.854	1.000	0.496	0.833	0.624	0.729	0.943
Y4	0.689	0.619	0.496	1.000	0.759	0.902	0.794	0.469
Y5	0.933	0.931	0.833	0.759	1.000	0.816	0.970	0.951
Y6	0.770	0.713	0.624	0.902	0.816	1.000	0.789	0.775
Y7	0.569	0.893	0.729	0.794	0.970	0.789	1.000	0.861
Y8	0.979	0.906	0.943	0.469	0.951	0.775	0.861	1.000

表 7 – 17 专业镇协同创新产出指标 KMO 和 Bartlett 的检验

取样足够度的 Kaiser-Meyer-Olkin 度量		0.751
Bartlett 的球形度检验	近似卡方	270.477
	df	28
	Sig.	0.000

将协同创新产出各指标数据导入 SPSS 后进行主成分分析。提取主成分特征值大于 1 的因子。由表 7 – 18 可知，产出指标仅有 2 个因子特征值大于 1，且该因子累计贡献率达到 74.6%，表明该 2 个因子已可以反映协同创新产出 8 项指标的绝大部分信息。因此确定主成分个数为 2，采用 2 个协同创新产出综合指标（即创新产出指标）来替代原来的 8 个指标。

表 7 – 18 专业镇协同创新产出指标总方差解释

成分	初始特征值			提取平方和载入		
	合计	方差的%	累积%	合计	方差的%	累积%
1	4.759	59.484	59.484	4.759	59.484	59.484
2	1.209	15.117	74.601	1.209	15.117	74.601
3	0.834	10.425	85.027			
4	0.599	7.483	92.510			
5	0.378	4.728	97.238			
6	0.149	1.868	99.106			
7	0.064	0.804	99.910			
8	0.007	0.090	100.000			

三、因子得分与排序

在上述计算得到公共因子以及因子载荷矩阵后，也需要把公共因子表示成原始变量的线性组合，对 33 个典型专业镇样本计算公共因子的估计值，求解因子得分。根据因子载荷矩阵，采取加权平均算法，求出 33 个专业镇分别在创新产出指标中的得分及排序情况（见表 7 – 19）。

表 7 – 19 专业镇创新产出得分情况

序号	专业镇名称	F_1	F_2	F
1	佛山市顺德区北滘镇	0.431	0.845	0.094
2	中山火炬高技术产业开发区	0.632	0.859	0.114

续表

序号	专业镇名称	F_1	F_2	F
3	阳江市阳东区东城镇	2.650	0.672	0.297
4	佛山市顺德区乐从镇	0.547	0.461	0.081
5	中山市古镇	0.469	0.649	0.085
6	中山市小榄镇	0.629	0.377	0.084
7	珠海市平沙镇	0.587	0.336	0.077
8	东莞市常平镇	0.600	0.206	0.071
9	东莞市清溪镇	0.661	0.262	0.080
10	佛山市禅城区张槎街道	0.571	2.404	0.204
11	佛山市顺德区杏坛镇	0.995	0.599	0.133
12	佛山市南海区西樵镇	0.553	0.276	0.070
13	江门市蓬江区	0.362	0.665	0.076
14	江门市开平市水口镇	0.560	0.624	0.093
15	汕头市金平区石炮台街道	0.887	0.494	0.116
16	东莞市樟木头镇	0.496	0.580	0.084
17	东莞市虎门镇	0.446	0.359	0.065
18	中山市南朗镇	0.434	0.614	0.080
19	揭阳市榕城区梅云街道	0.528	0.744	0.097
20	揭阳空港经济区凤美街道	0.524	0.867	0.104
21	广州市花都区狮岭镇	0.409	0.391	0.064
22	潮州市潮安区庵埠镇	0.948	0.604	0.129
23	肇庆市四会市东城街道	0.433	0.509	0.073
24	珠海市斗门区白蕉镇	0.361	0.515	0.067
25	湛江市坡头区龙头镇	0.453	0.491	0.074
26	梅州市丰顺县汤坑镇	0.510	0.257	0.065
27	梅州市五华县水寨镇	0.525	0.343	0.072
28	惠州市博罗县园洲镇	0.386	0.445	0.065
29	云浮市云城区河口街道	0.501	0.572	0.084
30	河源市连平县高莞镇	0.381	0.423	0.063
31	云浮市新兴县簕竹镇	0.291	1.432	0.117
32	肇庆市高要市金渡镇	0.554	0.529	0.086
33	茂名市茂南区公馆镇	0.487	0.395	0.071

从创新产出上看，33 个典型专业镇得分存在显著差异：与第四节比较看，协同创新投入多者，不一定协同创新成果产出较好。

阳江市阳东区东城镇、佛山市禅城区张槎街道、佛山市顺德区杏坛镇、潮州市潮安区庵埠镇、云浮市新兴县簕竹镇在产出成果方面排列较前，其中东城镇

2015 年产出因子得分最高。

案例：东城镇创新产出综合评分排第 1 位，其中：

该镇协同创新名牌产品、著名商标、驰名商标水平最高。万人口拥有的名牌名标数最多，达 24（个/万人），是第 2 位的 6 倍。该新产品产值生产取得领先，列入省级以上新产品产值达 198 亿元，全省最高，约为平均水平的 10 倍。万人口专利申请量、万人口专利授权量、获得省级以上科技成果数分别位列全省第 6 位、第 7 位、第 4 位，处于领先水平。但在特色产业高新技术企业产值、创新平台总收入指标水平低于全省平均水平，仍需大力提高。以五金刀具制品为特色产业的东城镇镇在协同创新综合能力排名第 3 位，作为广东乃至全国著名的五金刀具名镇，其创新产出要素水平在新产品、新技术生产、名牌产品、著名商标相关指标上一直是广东省专业镇翘楚。

第八章　创新环境对专业镇协同创新的影响

第一节　专业镇协同创新环境理论与方法

一、研究概念界定

（一）区域创新环境分析

1. 区域创新环境内涵。国内学者王缉慈（1999）较早提出了区域创新环境的概念，他认为区域创新环境是指地方上行为主体的单位与个人（企业、大学、科研院所、地方政府等组织及个人）之间，在长期正式或非正式的关系基础上形成的相对稳定的合作与交流系统[①]。盖文启（2002）将区域创新环境分为静态环境和动态环境两个方面，静态环境是指促进区域内各行为主体不断创新的区域创新环境；动态环境是指区域环境自身随着客观条件的变化而变化，不断自我创新和改善，从而进一步促进区域内创新活动的发生和创新绩效的提高，以形成自我调节功能的区域创新环境。以上两位学者对区域创新环境的定义已在学术界普遍达成共识。2002 年之后学者们对区域创新环境的研究主要侧重于区域创新环境的构成要素和评价体系上。

2. 区域创新环境的构成要素。学者们对区域创新环境构成要素的分析较多，从不同角度构建区域创新环境要素体系，目前仍没有统一的划分标准。表 8 - 1 列出了国内学者在区域创新环境构成要素上所做的主要工作。

---

① 王缉慈. 营造区域创新环境 [J]. 前沿, 1999 (1)：1.

表 8 - 1 区域创新环境构成要素划分

作者	区域创新环境构成要素划分
王缉慈（1999）	硬环境、软环境
王恕立，赵富强（2000）	网络、人才、知识产权保护、教育、创业风险基金
易成栋（2001）	政治环境、经济环境、社会文化环境、资源环境
贾亚男（2001）	基础层次网络、文化层次网络、组织层次网络、信息层次网络
盖文启（2002）	社会文化环境、制度创新环境、劳动力市场环境
蔡秀玲（2004）	硬环境（基础设施环境）、软环境（社会文化环境、制度环境、学习环境）
黄桥庆，赵自强，王志敏（2004）	硬环境（基础设施环境、创新资源环境）、软环境（政策与制度环境、社会文化环境）
杭雪花，施琴芬，闻曙明（2005）	制度创新、企业技术创新、管理体制创新、文化创新
隋广军，胡希（2006）	基础设施禀赋、经济发展水平、知识产权保护、人力资源禀赋、技术禀赋、政府支持力度
赵强，杨锡怀，孙琦（2006）	创新服务环境、创新技术环境、创新人文环境、创新市场环境
郑健壮，潘虹（2009）	基础设施环境、市场经济环境、人力资源环境、社会文化环境、制度法规环境、社会服务环境
中国区域创新能力报告2011	基础水平设施、劳动者素质、市场需求、金融支持能力、创业水平

国内学者最早提出区域创新环境构成要素的是王缉慈，他在界定了区域创新环境概念后进一步将区域创新环境分为硬环境和软环境两个方面，硬环境是指经济因素，软环境是指难以量化的非经济因素，并强调了软环境如社会和文化环境的重要性。之后部分学者沿用软硬环境的划分，将区域创新环境构成因素细化，如贾亚男（2001）、蔡秀玲（2004）、黄桥庆、赵自强、王志敏（2004）等在软硬环境框架下具体提出了区域创新环境构成因素。在硬环境方面，学者们较为一致，主要指基础设施环境或创新资源环境，如交通基础设施、信息设施等。软环境构成因素方面，依据研究目的，学者们进行了多种角度的探讨，提出了制度环境、政策环境、人文环境、社会文化环境等构成要素。其他学者如王恕立、赵富强（2000）、易成栋（2001）、杭雪花、施琴芬、闻曙明（2005）、隋广军、胡希（2006）等则从影响区域创新的因素考虑，提出了区域创新环境构成要素，如劳动力素质、教育水平、市场需求环境、技术支持环境等。

以上是从理论分析的角度对区域创新环境构成要素进行划分，依据不同研究背景和目的，学者们丰富了区域创新环境构成要素，但至今仍没有统一的划分标准。随着统计分析软件的广泛应用，部分学者在前人理论分析的基础上，综合选取多个区域创新环境指标进行量化，通过提取主成分等分析方法，将指标提炼为少数几个公因子并命名，以此划分区域创新环境构成要素。此方法能有效克服理论分析的主观性和片面性，且通过量化指标对地区区域创新环境水平进行评价，更具有科学性和实际意义。这方面的研究见表 8 - 2。

表 8 - 2　　　　　　　　　　　　对区域创新环境的实证分析

作者	因素划分
陈文韬（2008）	选取 25 个指标，运用主成分分析和聚类分析方法，对我国 31 个省市的创新活动数据进行分析，结果表明，近年来我国区域创新环境中的制度环境、基础设施环境和组织网络环境的差距整体上在缩小，但绝对差距仍在加大；北京、上海和广东的区域创新环境位于前列，并从软硬环境分别归类分析
张莹（2009）	采用《中国区域创新能力报告》2002 ~ 2006 年指标数据，研究区域创新环境对创新能力的影响，得出区域创新环境中劳动者素质、市场需求对区域创新能力的影响最大，金融环境次之，创业水平和基础设施环境影响最弱
王鹏，赵捷（2010）	选择《中国区域创新能力报告》中区域创新环境的指标，运用因子分析法和回归分析对广东省 21 个地级市区域创新环境差异分析，提炼出创新基础环境、技术环境、资源环境三个因子，并分析其对产业集群升级的影响
赵瑞芬，王俊玲（2011）	选取 20 个指标，采用因子分析法提炼出硬环境、创业环境和水平、就业情况、教育情况四个因子，对我国 31 个省市创新环境差异进行了度量，得出我国区域创新环境发展分布及不平衡的结论。东、中、西部各省的区域环境得分相对集中，整体呈现得分递减的趋势，东部创新环境最强，西部最弱
陈一鸣，杜德斌，张建伟（2011）	选择 6 个指标，采用因子分析法得到区域创新环境综合变量，运用脉冲响应函数分析了上海区域创新环境与研发产业的协整关系，认为二者存在长期均衡关系
李强（2011）	选择 21 个评价指标，运用因子分析和 DEA 方法对我国 31 个省市区域创新环境进行评价，得出创新资源、人均科教、创新氛围三个因子及其对企业创新绩效的影响

表 8 - 2 对区域创新环境的评价均采用因子分析法，首先通过评价指标体系的构建得到多个量化的指标，然后进行因子分析，提取公因子并对各地区区域创新环境进行排名评价。此方法的关键在于评价指标体系的构建，指标选择的科学性、完整性、可比性等都会影响到实证结果的有效性。

综合上述研究，本章可以确定各方面公认的区域创新环境外延的界定可包括创新的基础设施环境、经济与市场环境（创新需求环境）、制度与政策环境、科技资源环境、科技人文环境，其中第一项、二项、四项为可用指标刻画的具有鲜明经济含义的硬环境，而第三项和第五项则为难以刻画的软环境。

由于本章的实证研究定位，对于难以刻画的软环境因素不得不予以舍弃，同时引入政府的创新资源和创新政策投入，用以刻画制度与政策环境。因此，初步设定的区域创新环境构成要素见表8-3。

表8-3 区域创新环境的构成要素

	准则层	分解层
区域创新环境	基础设施环境	信息水平
	经济与市场环境（创新需求环境）	交通水平
		经济水平
	制度和政策环境	市场需求
		财政支持力度
	科技资源环境	政府激励力度
		创新资本
		创新人力资源
		创新支撑条件（如科技机构）

（二）专业镇创新绩效分析

1. 专业镇内涵。"专业镇"的概念最早于2000年由广东省经济理论学界正式提出，它是指以镇为基本地理单元，拥有相对集中的主导产业、较大的经济规模以及程度较高的专业化配套协作的经济形态。专业镇经济就是建立在一种或两三种产品的专业化生产优势基础上的乡镇经济[1]。专业镇是广东省产业集群的一种特殊表现形式，专业镇经济以中小企业、民营经济为主，其产业普遍层次较低且技术含量不高。

2. 专业镇创新绩效内涵与外延。本章对专业镇创新绩效的界定主要是从其作为一种产业集群形式的创新绩效分析，可以参照产业集群的创新绩效来阐述。目前，学者们对集群创新绩效的研究并不多，且多是从构建指标定量评价方面探讨集群创新绩效。在产业集群创新绩效内涵方面，陈勇智（2005）用产业集群行为主体共同作用的创新效果或产出来定义集群创新绩效，具体表现为集群经济、社会、科技、生态四个方面的创新绩效。张危宁、朱秀梅等（2006）借鉴区域创新绩效的评价体系，把集群创新绩效分为集群经济绩效、社会绩效、集群成长性三个方面，并构建了含有12个指标的集群创新绩效指标体系。李志刚（2007）把产业集群创新定义为集群内成员将创意转化为商业价值的努力，并从创新成果、经济绩效两个方面构建产业集群创新绩效评价指标。曾繁英、罗致

---

[1] 王珺. 论专业镇经济的发展 [J]. 广东科技, 2000 (11): 4-8.

（2009）采用平衡积分卡的方法得出产业集群创新与学习绩效可通集群研发能力、培训能力、专利水平来评价集群技术开发与创新状况。尹猛基（2012）构建了包括技术水平、创新投入、创新绩效、创新环境四个方面的产业集群创新能力评价体系，其中创新绩效通过高新技术企业数、集群经济效应、专利申请授予量和对区域经济的贡献四个指标来衡量。

从以上学者对产业集群创新绩效的构成要素划分中可以看出，经济绩效是首要考虑的指标，其次是从创新效果上的绩效，如对社会效应、科技进步、生态改善方面的效果评价。本书吸取前人的成果，以产业集群创新绩效的概念外延和要素划分将专业镇创新绩效定位为四个方面，即经济绩效、集群绩效、科技绩效和社会绩效。

二、影响机制分析

（一）专业镇集群效应和区域创新环境的互动

企业作为产业集群创新主体，产业集群创新绩效主要表现为集群内企业创新绩效。大量研究表明，集群效应能增加企业创新可行性区域，从而提高企业创新能力。影响集群企业创新的主要因素有集群的技术溢出效应和外部规模效应，这两个效应对企业创新绩效的促进过程中，区域创新环境起到基础保障和调节作用。

1. 产业集群的技术溢出效应其实是一种技术外部性。得益于众多相关企业的地理集聚，集群内企业的创新活动相比集群外的企业而言更具有地域优势，不仅可以方便、快捷地获取创新所需的显性技术知识，如通过技术转让或专利文献阅读得到新专利或新技术，还可以与技术溢出源企业进行充分互动，通过对创新经验、技能等交流，进一步取得创新所需的隐性技术知识。技术溢出通过提高企业研发所需的知识存量，可有效缩短企业研发周期和减小企业研发风险，从而提高企业研发可行性区域，提高企业创新绩效。

集群技术溢出提高了企业对创新技术知识尤其是隐性知识获取的可能性，然而，在技术溢出效应和企业创新绩效之间，区域创新环境和企业吸收能力是重要的调节变量。企业吸收能力主要是指企业消化、吸收和利用外部技术溢出的能力，是企业进行模仿创新的基础。区域创新环境对企业创新绩效的影响不仅体现在直接为企业提供创新所需的条件，还通过为技术溢出渠道和企业吸收能力的正向调节作用，从而提高技术溢出对集群企业创新促进作用的效率。

2. 集群外部规模效应是指随着产业集聚、集群规模的扩大，首先使得企业创新所需的公共基础设施、创新平台更加完善，企业可享受更集中化、高效率和专业化的服务。其次，企业间的分工协作，更廉价的购入原料，更小的运输、信息成本，人才的高度集中等规模效应能有效降低企业的研发成本，增大企业研发可行性区域，从而提高企业的创新绩效。外部规模效应的作用是建立在要素自由流动的基础上的，区域创新环境中的基础设施环境和政策文化环境的建设是提高要素自由流动，提高外部规模效应对企业创新绩效影响效率的重要保障。

（二）区域创新环境对专业镇集群企业创新绩效的传导机制

由于专业镇集群创新绩效基本表现在专业镇内企业的创新绩效，而企业作为理性人，进行创新活动的出发点是基于利益最大化的考虑，因此，分析区域创新环境对企业创新绩效的影响，可以从"投入—产出"的角度来解释。根据投入—产出理论，集群企业创新的生产函数为 $Q = F(A, L, K)$，式中，产出 Q 为企业创新，A 为企业生产创新所需的技术要素，L 为劳动力投入要素，K 为资本投入要素。这是企业生产创新的供给方面，而企业创新的供给总会依据需求来选择利益最大化的创新量，因此，市场需求也是影响企业创新绩效的重要因素。此外，区域基础设施水平为企业创新得以顺利生产提供了交通和信息等方面的基础保障。

1. "创新"投入方面。区域创新环境中的技术环境要素通过影响创新生产函数中技术条件（A）这一投入部分来影响企业创新绩效。区域内的技术水平、创新意识和创业水平等技术环境因子的营造为企业的创新活动创造了较好的技术起点，为创新人才或科研团队进行交流与协同创新提供了良好的平台。区域创新环境中的劳动者素质环境影响着创新生产函数中的劳动力（L）投入因子，区域创新的直接生产者是具有创新能力的高素质的人才，他们对创新的主动性和敏感性、对知识技术的掌握与应用以及终生学习的能力是创新持续产生的必要条件。劳动者素质的高低作为区域创新环境的重要因素，直接影响企业创新绩效。而创新生产函数的资本投入（K）则受到区域创新环境中的金融支持环境的影响。如果说技术创新的竞争就是创新人才的竞争，而有力的物资支持便是人才得以创新的保障和动力，研发投入的增加、创新基金的支持有利于企业创新绩效的提高。

2. "创新"产出方面。区域创新环境中的市场环境要素从产出方面决定了集群企业的创新绩效。尤其是市场需求环境包括了经济发展水平、消费者消费偏好、进出口需求等因素，能有效刺激并引导集群内企业进行技术创新，通过模仿创新或自主创新生产出符合市场需求的新产品，市场需求是企业进行创新活动的原动力。

3. "创新"基础条件。企业进行创新活动需要区域创新环境为其提供良好的基础设施保障。基础设施是一个地区区域创新的各种流动要素的载体，包括了物流的载体、信息和知识的载体，即交通基础设施和信息流通设施。基础设施环境的建设是企业进行创新活动的基本前提，是区域技术创新的基本保障。

（三）区域创新环境对专业镇创新绩效影响的界定

以上基于集群创新理论和区域创新环境研究的综合理论分析表明，专业镇作为一种集群表现形式，其创新绩效将受制于区域创新环境条件。即区域创新环境条件是专业镇创新绩效的约束条件（必要条件）而非支撑条件（充分条件）。

考虑到专业镇集群的外部性影响，显然应该将制约专业镇创新的区域创新环境要素划分为具有外部性的间接环境和具有直接作用效果的直接环境两个部分。间接环境更多地表现为经济规模、市场和基础设施对专业镇创新行为的溢出效果；直接环境则包括了用于专业镇企业创新的各种要素，及影响专业镇创新的制度条件。从投入产出理论视角看，区域创新环境的投入部分，显然就是对专业镇创新绩效的直接环境，而其产出部分和基础条件则对创新绩效产生间接性的影响——或通过集群的溢出效应增进创新产出，提升创新绩效；或通过影响集群的创新资源配置改变企业创新行为，进而改变集群（专业镇）的创新绩效。

因此，可将以上初步梳理的区域创新环境构成要素进一步分为直接性要素和间接性要素（见表8-4）。并据此构建区域创新环境两个层面的指标体系（见表8-5）。

表8-4　　　　　　　　　　　区域创新环境间接要素构成

间接要素	准则层	分解层
经济与基础设施因子	基础设施环境	信息水平
		交通水平
	经济与市场环境（创新需求环境）	经济水平
		市场需求

表8-5　　　　　　　　　　　区域创新环境直接要素构成

直接要素	准则层	分解层
技术创新支撑因子	制度和政策环境	财政支持力度
		政府激励力度
	科技资源环境	创新资本
		创新人力资源
		创新支撑条件（如科技机构）

三、实证方法分析

在分别对区域创新环境和专业镇（集群）创新绩效的评价方法上，学者们采用的主要方法有因子分析法、问卷调查法、灰色层次评价法、人工神经网络法等方法，其中因子分析法运用最为广泛。在区域创新环境对专业镇（集群）创新绩效的影响研究方面，本章将采用主成分因子分析法与数据包络分析法（DEA）相结合的方法，即基于主成分因子分析法的结果，将因子得分作为原始数据运用于 DEA 分析法，得到区域创新环境对专业镇创新绩效影响的综合评价。

将因子分析法与 DEA 分析法相结合使用并非首创，前人已经运用于多个领域研究中，具体见表 8 - 6。

表 8 - 6　　　　　　　　　因子分析与 DEA 分析相结合的研究情况

作者	研究目的	研究内容
卞政惠 (2004)	商业银行经营绩效	通过因子分析对商业银行现状评价，并在此基础上运用 DEA 分析中的 C^2R 和 C^2GC^2 模型探讨商业银行综合效率
刘晶 (2007)	商业银行并购的绩效情况	以光大银行为例，根据 1995～2003 年的时间序列数据，结合因子分析与 DEA 分析方法，得出银行的并购行为时 DEA 从有效变为无效，需要长时间整合后才能发挥并购的作用
黄崇伟等（2008）	交通科技投入产出的效率	用因子分析法对指标体系进行降维处理，并将其结果运用于 DEA 分析，DEA 模型选择投入导向的 CCR 模型，研究投入因子的效率值
董艳青 (2008)	开放式基金业绩评价	从基金业绩评价体系中选取 11 个指标进行因子分析，在其结果的基础上选出指标作为 DEA 输入输出指标，DEA 分析得到开放式基金业绩效率值
袁海婷 (2009)	高速公路网社会效益评价	构建社会效益评价指标体系，对初选指标量化后用因子分析法得到公因子做进一步 DEA 分析，得出结果对四川省高速公路建设进行了验证
陈岚 (2010)	电子政务效率评价	对影响电子政务效率的备选输入输出指标进行因子分析得到提炼的公因子指标，进一步通过超效率 DEA 模型对我国各省市电子政务效率进行综合评价
容美平， 王斌会 (2010)	高技术产业投入产出效率	将 14 个指标通过因子分析提炼出 4 个投入产出指标，通过投入导向的 DEA 模型对我国 31 个省市高技术产业投入产出进行效率评价
马圆圆 (2011)	广西创新环境投入对技术创新产出的效率	选取 26 个创新环境指标，通过因子分析提炼出 7 个公因子，运用 DEA 产出导向的投入产出模型得到广西地市创新环境对地市技术创新影响效率的评价

从表 8 - 6 可以看出，近几年因子分析与 DEA 分析相结合的方法已被学者们认可并广泛运用于多个领域中。两种方法的结合对多输入、输出指标的影响分析非常实用，不仅可以消除指标间的相关性对实证结果的影响，而且通过降维的方法对多指标简化处理，用少数几个公因子替代，使得实证结果更加明晰、更具有实际意义。学者们在结合因子分析与 DEA 分析两种方法进行研究时，主要按照以下三个步骤来进行分析：（1）构建完整的指标体系，这是实证研究的基础。（2）分别对投入、产出指标进行因子分析，提炼公因子替代原指标。（3）基于因子分析的结果，将公因子作为输入、输出指标，选择恰当的模型进行 DEA 分析，得到 DEA 效率值并讨论实际意义。第二步与第三步之间，由于公因子得分可能有负数情况，不能直接作为 DEA 分析的原始数据（DEA 分析数据要求为正数），需先将公因子在不失去原有含义的基础上进行正数化处理，方能进入第三步 DEA 分析。

由于本章对区域创新环境与专业镇创新绩效的评价指标体系中含有较多指标，且之间具有较高的相关性。为了研究结果的有效性和客观性，采用因子分析与 DEA 分析相结合的方法，按照以上步骤进行实证研究。

第二节　专业镇协同创新环境实证研究过程

一、评价指标选取

（一）评价指标体系构建

区域创新环境、集群创新绩效指标体系的构建是实证研究的起点和基础，对评价区域创新环境和集群创新绩效有着直接的影响，为保证评价结果的科学性、准确性和实用性，本书在建构指标体系时遵循数据有效性、结构层次性、可操作性的指标选取原则。

1. 区域创新环境指标体系。基于对集群创新视角下区域创新环境概念与构成要素的分析，本书从间接的经济与基础设施环境和直接的技术创新资源环境两个层面构建区域创新环境指标体系。

从指标获取的现实性考虑，选取的经济与基础设施环境主要包括经济发展水平、市场需求水平、信息基础水平三个方面。经济发展水平和市场需求水平是创新得以生长的需求基础，经济质量、工业规模在一定程度上标志着创新的总需求。投资和消费中包含新产品的部分代表着对创新的直接需求；不包含新产品的部分则可能包含了对创新的间接需求。信息基础水平是创新产生的最基本的物质保障，知识信息是创新的直接要素，信息手段则是创新的基本方法，信息基础设施能有效提高知识的获取和吸收能力。

技术创新支撑环境是集群创新的直接要素，在专业镇集群创新条件下，创新资本投入、创新人力投入和创新制度投入是产生创新绩效的基本条件。创新资本投入不但包括全社会创新资本的总量和质量，还应包括创新机构的直接投入；创新人力投入则包括创新人才的规模与质量；创新制度投入的核心政府的创新投入及对创新的政策补贴和奖励。

由此构建集群创新视角下区域创新环境两个层面的创新体系，经济与基础设施层面包括三个维度和 6 个指标；技术创新支撑层面包括三个维度和 8 个指标（见表 8-7 和表 8-8）。

表 8-7　　　　　　　　　经济与基础设施环境评价指标体系

准则层	指标层	指标代码
信息水平	每百人移动电话用户数（户）	X1
	每百人互联网用户数（户）	X2
经济水平	人均 GDP（元）	X3
	工业总产值（亿元）	X4
市场需求	人均全社会固定资产投资总额（元）	X5
	城镇居民消费性支出（元）	X6

表 8-8　　　　　　　　　技术创新支撑环境评价指标体系

准则层	指标层	指标代码
创新制度投入	地方财政科技拨款（万元）	Y1
	各地区省级科技计划项目经费（万元）	Y2
	各地区国家和省级科技奖励（项）	Y3
创新资本投入	R&D 经费占地区 GDP 的比重（%）	Y4
	科技活动经费内部支出（万元）	Y5
	各地区科技机构科技经费内部支出额（万元）	Y6
创新人力投入	各地区每万从业人员中科技活动人员数（人/万人）	Y7
	R&D 活动人员（人）	Y8

经济与基础设施环境评价指标体系由三个维度组成：信息水平用每百人移动电话用户数（户）、每百人互联网用户数（户）等 2 个指标来衡量；经济水平即创新宏观需求环境，具体指标选取人均 GDP（元）、工业总产值（亿元）予以衡量；市场环境则表示创新的总体需求环境，由人均全社会固定资产投资总额

（元）、城镇居民消费性支出（元）2 个指标构成。

技术创新支撑环境评价指标体系也由三个维度组成：创新制度投入表示创新的制度与政策环境，由衡量政府科技财政投入、创新补贴政策和创新奖励政策的地方财政科技拨款（万元）、各地区省级科技计划项目经费（万元）、各地区国家和省级科技奖励（项）3 个指标构成；创新资本投入由 R&D 经费占地区 GDP 的比重（%）、科技活动经费内部支出（万元）和各地区科技机构科技经费内部支出额（万元）3 个指标组成；创新人力投入则由每万从业人员中科技活动人员数（人/万人）、R&D 活动人员（人）2 个指标来衡量。

2. 广东专业镇创新绩效指标体系。

参照已有的产业集群创新绩效指标评价体系经验及广东省专业镇统计调查表的相关指标，广东省专业创新绩效指标体系可划分为经济发展绩效、集群发展绩效、科技发展绩效和社会发展绩效四个维度。基于指标可获取性和运算简便的考虑，每个维度采用 1 个指标予以表现（见表 8 - 9）。

表 8 - 9 广东省专业镇创新绩效指标体系

准则层	指标层	指标代码
经济绩效	专业镇人均 GDP（万元/人）	Z1
集群绩效	平均每个专业镇的特色产业总产值（万元）	Z2
科技绩效	工业劳动生产率（万元/人）	Z3
社会绩效	每千元 GDP 消耗的电能（度/千元）	Z4

其中，经济发展绩效用反映经济发展质量水平的指标专业镇人均 GDP（万元/人）；集群绩效采用特色产业总产值，考虑到各个地区分布的专业镇的数量不同，因而采用平均指标，即各地区平均每个专业镇特色产业总产值（万元）；科技绩效反映集群的科技创新能力，考虑到广东专业镇中的创新更偏重制造水平的提升而非创新产品的开发，因此使用生产效率衡量指标工业劳动生产率（万元/人）予以表现；社会绩效主要反映专业镇可持续发展的水平，因此采用能耗指标予以反映，即每千元 GDP 的单位电耗水平。需要注意的是，每千元 GDP 的单位电耗对专业镇创新绩效来说是负向指标，因此，在指标分析时需将其加上负号进行计算。

（二）研究对象与数据来源

本章旨在探讨区域创新环境对广东省专业镇创新绩效的影响。广东省专业镇按主导产业类型分为工业专业镇、农业专业镇和服务业专业镇，截至 2010 年，广东省科学厅认定的专业镇有 309 个，其中有工业专业镇达到 195 个，占比约

63%，且工业专业镇的数据的可获取性和可靠性相对较强，因此，考虑到数据的有效性和分析结果的可靠性，仅选取工业专业镇数据样本来评价专业镇创新绩效。鉴于深圳、韶关两市无工业专业镇，研究对象为除深圳、韶关以外的广东省19个地市，探讨各地市区域创新环境对各地市中专业镇平均创新绩效水平的影响。

数据均采用 2010 年广东省区域创新环境和专业镇相关数据。其中，区域创新环境中指标数据来源于《广东统计年鉴 2011》、各地市 2011 年统计年鉴和统计信息网上发布的 2010 年统计公报以及广东科技统计年鉴。由于数据的滞后性，区域创新环境指标中的省级科技计划项目经费（万元）、各地区科技机构科技经费内部支出额（万元）、各地区每万从业人员中科技活动人员数（人/万人）3 个指标数据是根据 2007~2008 年广东科技统计年鉴估算而得。广东省专业镇创新绩效（2010）各指标数据来源于广东省科技厅，整理各地市工业专业镇相关指标数据而得。

（三）统计描述

广东省区域创新环境与专业镇创新绩效统计描述分别见表 8 – 10 和表 8 – 11。

表 8 – 10　　　　　　　广东省区域创新环境指标统计描述

指标层	样本量	均值	最大值	最小值	标准离差
每百人移动电话用户数（户）	19	75. 52	172. 86	35. 24	44. 58
每百人互联网用户数（户）	19	12. 36	46. 91	1. 78	11. 71
人均 GDP（元）	19	36 591. 07	87 458. 01	14 553. 95	23 526. 85
工业总产值（亿元）	19	2 970. 19	14 527. 47	115. 73	4 202. 29
人均全社会固定资产投资总额（元）	19	5 737. 83	25 678. 05	1 438. 12	5 675. 38
城镇居民消费性支出（元）	19	14 844. 74	25 732. 81	8 371. 12	5 383. 21
地方财政科技拨款（万元）	19	43 007. 84	319 379. 00	4 000. 00	73 585. 00
各地区省级科技计划项目经费（万元）	19	1 858. 42	6 770. 00	318. 00	1 602. 95
各地区国家和省级科技奖励（项）	19	9. 37	93. 00	0. 00	20. 75
科技活动经费内部支出（万元）	19	204 496. 70	1 187 729. 00	3 917. 20	329 146. 90
各地区科技机构科技经费内部支出额（万元）	19	123 213. 60	952 899. 90	5 655. 30	228 356. 60
各地区每万从业人员中科技活动人员数（人/万人）	19	60. 11	178. 76	11. 60	54. 76
R&D 活动人员（人）	19	10 421. 00	47 296. 00	477. 00	14 770. 64

表 8 - 11   广东省专业镇创新绩效指标统计描述

指标层	样本量	均值	最大值	最小值	标准离差
专业镇人均 GDP（万元/人）	19	4.73	9.70	1.42	2.32
平均每个专业镇的特色产业总产值（万元）	19	65.05	198.04	3.80	60.79
工业劳动生产率（万元/人）	19	5.19	14.68	0.79	3.73
万元 GDP 电耗（度/万元）	19	708.35	1 690.88	97.05	420.07

二、因子分析

（一）主成分因子分析方法原理和步骤

为了更加准确反映事务的特征，在建立多元回归模型时，通常会含有较多的相关解释变量。然而，在分析问题时较多解释变量不仅可能存在多重共线性，还会使得问题的分析变得复杂，甚至会抹杀事物的真正特征。因此，通常情况下可以采用降维的方法来解决过多相关解释变量的问题。此方法是将所有相关变量的信息通过少数的几个指标来反映，在低纬度空间通过信息分解成为互不相关的部分从而获得更有意义的解释。

因子分析的思想最早源于查尔斯·斯皮曼（Charles Spearman）对学生考试成绩的研究。作为主成分分析的推广，因子分析相对于主成分分析，更加侧重于解释被观测变量之间的相关系数或协方差之间的结构。研究发现，众多解释变量之间相关性形成的背景原因是各种各样的，其中共同的原因称为公共因子。因子分析的实质就是用几个潜在的不能观察的互不相关的随机变量去描述众多变量之间的相关关系，这些随机变量则被称为因子。这些因子在给出合理解释的情况下能很好地替代原数据。

因此，可以简单将因子分析的步骤概括为四个方面：（1）通过 KMO 检验和 Bartlett 球型检验等对变量进行检验，以确定是否适合做因子分析。（2）提取公因子以构造因子变量。（3）确定因子并予以解释。选择因子是采用特征值判断方法，即取特征值大于 1 的因子，二是提取前 m 个因子累积方差贡献率不低于 80% 的因子。若提取的公共因子含义不清，实际意义不能较好地被解释，则可以根据因子载荷的不唯一性，通过对因子载荷矩阵进行旋转以使公共因子便于解释。（4）计算各因子变量得分及综合得分。各原始变量的标准化数据与对应的因子旋转载荷相加并求和即可得出各公共因子得分。

以上步骤均在 SPSS 计量软件中实现。

（二）经济与基础设施环境主成分因子分析

1. 变量检验。求出区域创新环境各指标的相关系数矩阵（见表 8 - 12），可以看出，各指标之间具有不完全相关性。如表 8 - 13 所示，Bartlett's 球形检验的显著性概率小于 0.01，可否定相关矩阵为单位阵的零假设，同时，KMO 检验值为 0.752，表明经济与基础设施指标适合做因子分析。

表 8 - 12 经济与基础设施环境指标相关系数矩阵

	X1	X2	X3	X4	X5	X6
X1	1.000	0.832	0.864	0.710	0.536	0.915
X2	0.832	1.000	0.861	0.566	0.531	0.751
X3	0.864	0.861	1.000	0.867	0.753	0.881
X4	0.710	0.566	0.867	1.000	0.852	0.846
X5	0.536	0.531	0.753	0.852	1.000	0.722
X6	0.915	0.751	0.881	0.846	0.722	1.000

表 8 - 13 经济与基础设施环境指标 KMO 和 Bartlett's 检验

Kaiser-Meyer-Olkin 度量		0.752
Bartlett's 球形检验	近似卡方	137.105
	自由度	15
	显著性	0.000

2. 因子提取及解释。将经济与基础设施环境各指标数据导入 SPSS 后进行主成分分析。提取主成分特征值大于 1 的因子。由表 8 - 14 可知，经济与基础设施环境指标仅有 1 个因子特征值大于 1，且该因子累计贡献率达到 80.8%，表明该因子已可以反映经济与基础设施环境 6 项指标的绝大部分信息。因此确定主成分个数为 1，采用 1 个综合指标（即经济与基础设施环境指标）来替代原来的 6 个指标。

表 8 - 14 经济与基础设施环境指标总方差解释

因子	初始特征值			平方加载的提取和		
	总和	方差（%）	累积方差（%）	总和	方差（%）	累积方差（%）
1	4.848	80.792	80.792	4.848	80.792	80.792
2	0.690	11.503	92.296			
3	0.272	4.538	96.834			

续表

因子	初始特征值			平方加载的提取和		
	总和	方差（%）	累积方差（%）	总和	方差（%）	累积方差（%）
4	0.123	2.048	98.882			
5	0.042	0.694	99.576			
6	0.025	0.424	100.000			

注：提取方法：主成分分析。

3. 因子得分与排序。在得到公共因子以及因子载荷矩阵后，需要把公共因子表示成原始变量的线性组合，对每个样本计算公共因子的估计值，也就是求因子得分。根据因子载荷矩阵，采取加权平均算法，求出广东省 19 个地级市分别在经济与基础设施环境指标中的得分及排序情况（见表 8-15）。

表 8-15　　　　　各地市经济与基础设施环境指标因子得分情况

地市	因子得分	地市	因子得分	地市	因子得分	地市	因子得分
广州	2.37	惠州	0.30	湛江	(0.63)	梅州	(0.80)
佛山	1.61	江门	(0.13)	潮州	(0.66)	云浮	(0.80)
珠海	1.35	汕头	(0.30)	阳江	(0.68)	汕尾	(0.81)
东莞	1.34	肇庆	(0.31)	揭阳	(0.70)	河源	(0.89)
中山	0.85	清远	(0.36)	茂名	(0.75)		

注：（）内数字表示负数，即低于全部样本的平均水平。

（三）技术创新支撑环境主成分因子分析

1. 变量检验。求解技术创新支撑环境相关系数矩阵（见表 8-16）可得技术创新支撑环境各指标之间具有不完全相关性。如表 8-17 所示，Bartlett's 球形检验的显著性概率小于 0.01，可否定相关矩阵为单位阵的零假设，KMO 检验值为 0.775，表明技术创新支撑环境指标适合做因子分析。

表 8-16　　　　　技术创新支撑环境指标相关系数矩阵

	Y1	Y2	Y3	Y4	Y5	Y6	Y7	Y8
Y1	1.000	0.895	0.957	0.689	0.933	0.770	0.869	0.979
Y2	0.895	1.000	0.854	0.619	0.931	0.713	0.893	0.906
Y3	0.957	0.854	1.000	0.496	0.833	0.624	0.729	0.943
Y4	0.689	0.619	0.496	1.000	0.759	0.902	0.794	0.669

续表

	Y1	Y2	Y3	Y4	Y5	Y6	Y7	Y8
Y5	0.933	0.931	0.833	0.759	1.000	0.816	0.970	0.951
Y6	0.770	0.713	0.624	0.902	0.816	1.000	0.789	0.775
Y7	0.869	0.893	0.729	0.794	0.970	0.789	1.000	0.861
Y8	0.979	0.906	0.943	0.669	0.951	0.775	0.861	1.000

表 8 – 17　　　　　　技术创新支撑环境指标 KMO 和 Bartlett's 检验

Kaiser-Meyer-Olkin 度量		0.775
Bartlett's 球形检验	近似卡方	289.894
	自由度	28
	显著性	0.000

2. 因子提取及解释。对技术创新支撑环境各指标数据进行主成分分析，提取主成分特征值大于 1 的因子，得到总方差解释表（见表 8 – 18），由此可知，技术创新支撑环境指标只有一个公共因子的特征值大于 1（特征值为 6.757），且该因子累计贡献率达到了 84.5%。因此确定主成分因子 1 个，并命名为技术创新支撑因子。

表 8 – 18　　　　　　　技术创新支撑环境指标总方差解释

因子	初始特征值			平方加载的提取和		
	总和	方差（%）	累积方差（%）	总和	方差（%）	累积方差（%）
1	6.757	84.458	84.458	6.757	84.458	84.458
2	0.777	9.708	94.166			
3	0.262	3.273	97.439			
4	0.107	1.338	98.777			
5	0.063	0.784	99.561			
6	0.028	0.346	99.907			
7	0.006	0.077	99.983			
8	0.001	0.017	100.000			

注：提取方法：主成分分析。

3. 因子得分与排序。进一步计算技术创新支撑环境因子的载荷矩阵，并据此求得广东省 19 个地级市样本的因子得分及排序情况，具体结果如表 8 – 19 所示。

表 8 – 19 各地市技术创新支撑环境指标因子得分情况

地市	因子得分	地市	因子得分	地市	因子得分	地市	因子得分
广州	3.256	惠州	(0.055)	湛江	(0.502)	阳江	(0.633)
佛山	1.681	江门	(0.207)	梅州	(0.527)	河源	(0.643)
东莞	0.695	肇庆	(0.276)	云浮	(0.535)	清远	(0.661)
中山	0.535	汕头	(0.280)	揭阳	(0.585)	汕尾	(0.719)
珠海	0.429	潮州	(0.388)	茂名	(0.586)		

注：（ ）内数字表示负数，即低于全部样本的平均水平。

（四）专业镇创新绩效主成分因子分析

1. 变量检验。与技术创新支授环境主成分因子分析和专业镇创新绩效主成分因子分析方法相同，对专业镇创新绩效各指标求相关系数矩阵（见表 8 – 20），各变量间存在不完全相关性。

表 8 – 20 技术创新支撑环境指标相关系数矩阵

		Z1	Z2	Z3	Z4
相关系数	Z1	1.000	0.724	0.685	– 0.171
	Z2	0.724	1.000	0.845	– 0.523
	Z3	0.685	0.845	1.000	– 0.501
	Z4	– 0.171	– 0.523	– 0.501	1.000

同时，对变量进行 KMO 检验和 Bartlett's 球形检验（见表 8 – 21），可知其 Bartlett's 球形检验显著性概率小于 0.01，KMO 检验值为 0.712，表明专业镇创新绩效指标适合做因子分析。

表 8 – 21 专业镇创新绩效指标 KMO 和 Bartlett's 检验

Kaiser-Meyer-Olkin 度量		0.712
Bartlett's 球形检验	近似卡方	40.180
	自由度	6
	显著性	0.000

2. 因子提取及解释。对专业镇创新绩效指标提取主成分特征值大于 1 的因子，得到总方差解释（见表 8 – 22），得到唯一特征值大于 1 的因子，该因子累

计贡献率达到了 69.569%。因此确定主成分因子 1 个，并命名为专业镇创新绩效因子。

表 8 - 22　　　　　　　　　专业镇创新绩效指标总方差解释

因子	初始特征值			平方加载的提取和		
	总和	方差（%）	累积方差（%）	总和	方差（%）	累积方差（%）
1	2.783	69.569	69.569	2.783	69.569	69.569
2	0.840	20.993	90.561			
3	0.231	5.782	96.343			
4	0.146	3.657	100.000			

注：提取方法：主成分分析。

3. 因子得分与排序。根据因子载荷矩阵进一步求出全省 19 个地市专业镇创新绩效指标的因子得分及其排序，如表 8 - 23 所示。

表 8 - 23　　　　　　　　　专业镇创新绩效指标因子得分情况

地市	因子得分	地市	因子得分	地市	因子得分	地市	因子得分
佛山	2.11	中山	0.64	湛江	(0.51)	汕尾	(0.87)
珠海	1.61	阳江	0.24	潮州	(0.56)	河源	(0.99)
清远	1.31	江门	0.15	揭阳	(0.57)	茂名	(1.22)
广州	0.95	惠州	(0.01)	肇庆	(0.67)	梅州	(1.34)
东莞	0.86	汕头	(0.31)	云浮	(0.82)		

三、DEA 分析

（一）DEA 方法原理及步骤

DEA 是数据包络分析（Data Envelopment Analysis）的简称，它最早产生于运筹学领域，于 1978 年由美国运筹学家 W. W. Cooper 和 A. Charnes 等提出。到如今，数据包络分析方法已渗透到数学、经济学、管理学等多个学科中广泛运用。数据包络分析是以线性规划为基础，用于对具有相同类型的多个产出和多个投入的决策单元进行是否技术有效评价的一种非参数统计方法。对比其他方法，数据包络分析方法的主要优势表现在：首先，数据包络分析法可以同时处理多个投入和产出指标的评价问题，用于分析的投入、产出指标的权重不受人为主观因素的影响，由系统中数学规划产生，提高了评价的客观性。其次，DEA 分析结果能显示每一个决策单元的投入产出利用效率、松弛变量（改进值）等相关指标，更具有管理决策意义。

DEA 模型是将具有可比性的 M 个决策单元（本书为广东省 19 个地市）中的 N 种类型的输入指标（本书为区域创新环境相关指标，包括经济与基础设施因子和技术创新支撑因子）和 S 种类型的输出指标（本章为专业镇创新绩效因子），通过不同模型方法的计算，得出每个决策单元的输入输出效率关系。一般理解是，输出越大越好，输入越小越好。具体进行 DEA 分析的步骤为：

1. 确定决策单元，构建合理的投入产出指标体系。对决策单元的选择要求具有相同的比较基础，如相同的目标、任务及投入产出指标。构建投入产出指标体系时，需考虑所选投入、产出指标二者之间满足必然的正向关系、数据的真实性及可获得性、测度标准前后一致性等因素。

2. 选择恰当的 DEA 评价模型。DEA 模型的评价方法有很多种，适用于不同经济背景下的研究，最常用的投入产出模型评价方法有 CCR、BCC、C^2GS、C^2WH 等多种模型，且根据投入导向、产出导向、无导向又可区分为不同类别，因此，选择恰当的 DEA 评价模型很重要。

3. 得出评价结果并分析。根据以上两步的操作，导出评价结果，通过效率值、改进值等相关结果进行综合评价及解释。

（二）数据处理

根据 DEA 方法的要求，DEA 分析的决策单元个数必须大于投入产出指标之和的两倍。本书采用主成分因子分析法得到的公因子作为进行 DEA 分析的投入产出指标，其中区域创新环境三个公因子为投入指标，专业镇创新绩效两个公因子为产出指标，DEA 分析的决策单元为广东省 19 个地市，满足 DEA 分析方法的前提条件。

由于公因子得分有负数，而 DEA 方法要求的决策单元数据需均为非负数，因此，需要将公因子得分进行正数化处理才能进行 DEA 分析。在正数化处理的方法上，为了避免主观性对 DEA 分析结果产生影响，依照大多数学者使用的处理方法——无量纲化法对公因子得分进行处理。

DEA 分析的决策单元为广东省 19 个地市，令 $F_{ij}(i=1, 2, 3, j=1, 2, \cdots, 19)$ 为区域创新环境中第 j 个地市第 i 个公因子的得分，$Q_{ij}(i=1, 2, j=1, 2, \cdots, 19)$ 为专业镇创新绩效中第 j 个地市第 i 个公因子得分，具体转化公式如下：

$$F'_{ij} = 0.1 + \left[\left(F_{ij} - \min_j\{F_{ij}\} \right) \big/ \left(\max_j\{F_{ij}\} - \min_j\{F_{ij}\} \right) \right] \times 0.9$$
$$(i=1, 2, 3, j=1, 2, \cdots, 19)$$

$$Q'_{ij} = 0.1 + \left[\left(Q_{ij} - \min_j \{ Q_{ij} \} \right) / \left(\max_j \{ Q_{ij} \} - \min_j \{ Q_{ij} \} \right) \right] \times 0.9$$

$$(i = 1, 2, j = 1, 2, \cdots, 19)$$

用以上公式对公因子得分进行处理后，所有公因子数据都变为正值，得到 DEA 分析中投入产出指标数据如表 8 - 24 所示。

表 8 - 24　　　　　　　　无量纲化处理后的 DEA 投入产出指标数据

地市	经济与基础	技术支撑	创新绩效
广州	1.000	1.000	0.696
珠海	0.718	0.360	0.868
汕头	0.264	0.199	0.369
佛山	0.790	0.643	1.000
河源	0.100	0.117	0.191
梅州	0.125	0.143	0.100
惠州	0.428	0.250	0.446
汕尾	0.122	0.100	0.222
东莞	0.715	0.420	0.672
中山	0.580	0.384	0.615
江门	0.310	0.216	0.488
阳江	0.158	0.119	0.512
湛江	0.172	0.149	0.315
茂名	0.138	0.130	0.131
肇庆	0.258	0.200	0.274
清远	0.246	0.113	0.792
潮州	0.164	0.175	0.303
揭阳	0.151	0.130	0.301
云浮	0.123	0.142	0.235

（三）DEA 模型选择

1. 导向选择。DEA 模型中投入产出评价方法分为投入导向和产出导向两大类，投入导向模型侧重于投入指标，运算出的无效单元通过投入的改变来改进效率，产出导向模型则相反，运算出的无效单元通过产出指标的改善来增加效率。本章研究的是区域创新环境对专业镇创新绩效的影响，因此，减少环境方面的投入不具有实际意义。选择产出导向 DEA 模型，对无效的单元通过创新绩效的改善来增进效率。

2. 方法选择。除了导向差异，DEA 模型中根据规模收益的设定又分为 BCC 和 CCR 两种主要方法。BCC 是基于不变规模收益（CRS）下的技术效率评价，CCR 是基于可变规模收益（VRS）的评价方法，前者是短期内技术效率的体现，后者则是综合效率的表达。本书侧重综合效率的分析，因此采用 CCR 模型。

（四）DEA 分析结果

通过 DEA 模型中产出导向的 CCR 方法，求得广东省 19 个地市（决策单元）在区域创新环境对专业镇创新绩效的影响效率，同时，对未取得效率最优的地市（决策单元）计算出产出指标的改进值及投入指标的改进值，见表 8-25。

表 8-25　　　　　　　　　DEA 效率评价结果及投入指标的改进值

DMU	效率得分	经济基础可改进值	技术支撑可改进值	创新绩效可改进值
佛山	1.000	0	0	0
河源	1.000	0	0	0
清远	1.000	0	0	0
汕尾	1.000	0	0	0
阳江	1.000	0	0	0
珠海	0.977	-0.219	0	0.021
东莞	0.737	-0.154	0	0.240
中山	0.685	-0.056	0	0.283
惠州	0.527	-0.041	0	0.400
云浮	0.737	0	-0.024	0.084
揭阳	0.635	0	-0.011	0.173
江门	0.598	0	-0.041	0.328
潮州	0.571	0	-0.056	0.227
湛江	0.565	0	-0.031	0.243
汕头	0.462	0	-0.069	0.430
肇庆	0.344	0	-0.075	0.523
茂名	0.324	0	-0.012	0.272
梅州	0.306	0	-0.025	0.227
广州	0.696	-0.210	-0.357	0.304

表 8-25 根据效率得分进行排序，并根据效率改进情况进行了分类。第一类为效率最优的地市（决策单元），包括佛山、河源、清远、汕尾、阳江；第二类为经济基础投入指标可改进（存在冗余）的地市，包括珠海、东莞、中山、惠州；第三类为技术支撑基础可改进（存在冗余）的地市，包括于粤东西北地区的主要地市，云浮、揭阳、江门、潮州、湛江、汕头、肇庆、茂名、梅州；第四类为经济基础和技术支撑因子都存在改进余地（存在冗余）的地市，只包括广州。

第三节　专业镇协同创新环境实证结果分析

一、因子分析实证结果分析

（一）经济与基础设施环境分析

由实证结果可知，在全省有工业专业镇分布的 19 个地市中，经济与基础设施环境处于平均水平之上的全部集中于珠三角地区，即广州、佛山、珠海、东莞、中山和惠州，而在低于平均水平的地区中，仅有江门、肇庆属于珠三角地区，其他各地市均处于东西北地区。由此，可以判断珠三角地区专业镇创新的经济基础环境普遍优于粤东西北地区，这也与全省专业镇的区域分布是相匹配的。

将经济与基础设施环境得分进行得分分层，可以发现专业镇经济与基础设施环境的地区分布呈现出以广州为核心，向周边梯次递减态势（见表 8-26）。这在一定程度上反映了广州对全省工业专业镇的中心市场地位和信息枢纽地位。

表 8-26　　　　各地市经济与基础设施环境指标因子得分情况

地市	因子得分	地市	因子得分	地市	因子得分	地市	因子得分
广州	2.37	阳江	(0.68)	河源	(0.89)	湛江	(0.63)
佛山	1.61	潮州	(0.66)	惠州	0.30	汕头	(0.30)
珠海	1.35	茂名	(0.75)	江门	(0.13)	揭阳	(0.70)
东莞	1.34	梅州	(0.80)	肇庆	(0.31)	汕尾	(0.81)
中山	0.85	云浮	(0.80)	清远	(0.36)		

注：（）内数字表示负数，即低于全部样本的平均水平。

此外，以汕头为核心的东部潮汕地区也呈现相似规律（汕头市的相应得分类似于珠三角外圈层的江门、肇庆）。

（二）技术创新支撑环境分析

在技术创新支撑环境方面，由于全省绝大多数高校、科研院所和国有企事业单位集中于广州，因而广州的技术环境远远优于其他地区，其技术创新因子得分甚至近似两倍于排名第 2 位的佛山。在该项环境因子中，广州集中 19 个地市 39.2% 的地方财政科技拨款，31.2% 的 R&D 经费，24.1% 的研发人员和 42.4% 的科研机构科技活动经费支出，其研发强度和研发人才密度都居于首位，凸显了广州在技术创新环境中的优势地位。

相比较而言，全省技术创新环境因子得分高于全体均值的地市仅有小珠三角地区的广州、佛山、东莞、中山和珠海，在其余 14 个地区中，64% 的地区技术支撑因子得分低于 -0.5，处于环境较差地区。

从因子载荷矩阵分析，创新资本投入和制度投入拥有较高的载荷水平（均约占 40% 的比重，见表 8 - 27），而制度投入中，政府科技投入水平也是最重要的因子。所以，技术创新环境因子得分的高低很大程度决定于各地区创新主体（企业）和创新支撑机构（政府、科研机构）对创新的投入水平。另一方面，从创新投入的主体分析，如果考虑到科研机构的科技经费内部支出主要来自于政府的资助，那么政府的创新投入水平则对技术创新环境起到了更为显著的作用（加上科研机构指标载荷得分，政府的制度投入占因子载荷的比重可达 55%）。因此，可以认为，技术创新环境较差地区的环境得分较低很大程度上与科技创新投入水平低，特别是政府创新引导投资较低有较大的关联。

表 8 - 27　　　　　　　　　技术创新环境因子载荷矩阵

指标名称	Component
地方财政科技拨款（万元）	0.143
各地区省级科技计划项目经费（万元）	0.138
各地区国家和省级科技奖励（项）	0.131
R&D 经费占地区 GDP 的比重	0.118
科技活动经费内部支出（万元）	0.145
各地区科技机构科技经费内部支出额（万元）	0.143
各地区每万从业人员中科技活动人员数（人/万人）	0.128
RD 人数（万人）	0.139

（三）专业镇创新绩效分析

与区域创新环境分析结论相似，专业镇创新绩效也表现出珠三角—东西北两大地区的分化，创新绩效较高的地区基本集中于珠三角地区，特别是小珠三角地区；创新绩效相对较低的地区则主要分布于粤北和粤西。

与区域创新环境不同的是，专业镇创新绩效因子得分最高的是佛山和珠海，两者绩效水平较高主要得益于专业镇的经济规模、产业规模和生产效率三个指标的得分较高，佛山在此三项指标均列全省第1位，珠海则分列第2位、第2位和第3位。广州虽然具有较强的经济实力，但其经济形态主要表现为城市经济，工业专业镇总数上且主要分布于增城、花都和番禺等经济力量相对较弱的地区，其规模方面的绩效（特色产业产值和人均GDP）以及质量方面的绩效（劳动生产率）都低于佛山和珠海。东莞虽然是全省专业镇竞争力较强的地区，虽然集群产出水平较高（居全省第3位），但其产业绩效的人均水平、质量水平及能耗水平则相对较差（人均GDP指标列全省第7位，劳动生产率指标列全省第8位，能耗指标列全省倒数第2位），因而使其因子得分劣于先进地区。中山则与东莞情况相反，主要是产业规模指标导致了与先进地区的差距。此外，值得注意的是，在专业镇创新因子得分较高（高于全部样本均值）的地市中，处于珠三角外围地区和粤西地区的清远、阳江的得分相对较高，分别列全省第3位和第7位，其部分原因是清远和阳江工业专业镇相对较少，但入选的工业专业镇在经济规模、产值等方面具有较高的水平。

在得分低于全省平均水平的各地市中，梅州、汕头均是全省专业镇主要聚集地（专业镇拥有数量分别居全省第3位和第2位），但两地专业镇发展质量不高，相对处于绩效弱势。

（四）综合分析

从宏观看，区域创新环境两因子和专业镇创新绩效呈现出相同的分布规律，但从微观来说，两者则有不同的分布特点。

在19个地市中，惠州表现为区域创新因子（经济与基础设施因子水平较高）相对较强而创新绩效因子水平较低的特点，其中可能的原因是惠州技术创新支撑因子的得分相对较低，即经济环境强技术环境差，使专业镇难以得到有效技术支撑，从而在绩效表现相对较弱。清远和阳江的经济基础环境和技术支撑环境都处于全省平均线下，但其却具有较好的专业镇创新绩效，这部分是因为两者入选的数据样本量较小而方差较大；但结合两市专业镇承接产业转移和加速产学研合作的相关现象，这样的数据也可能反映了两市专业镇通过获得外部创新资源提升专业镇绩效的特征（见表8-28）。

表 8－28　　　　　区域创新环境、专业镇创新绩效等 3 个因子的对比

地市	经济基础	技术支撑	创新绩效
潮州	(0.66)	(0.39)	(0.56)
东莞	1.34	0.70	0.86
佛山	1.61	1.68	2.11
广州	2.37	3.26	0.95
河源	(0.89)	(0.64)	(0.99)
惠州	0.30	(0.05)	(0.01)
江门	(0.13)	(0.21)	0.15
揭阳	(0.70)	(0.59)	(0.57)
茂名	(0.75)	(0.59)	(1.22)
梅州	(0.80)	(0.53)	(1.34)
清远	(0.36)	(0.66)	1.31
汕头	(0.30)	(0.28)	(0.31)
汕尾	(0.81)	(0.72)	(0.87)
阳江	(0.68)	(0.63)	0.24
云浮	(0.80)	(0.53)	(0.82)
湛江	(0.63)	(0.50)	(0.51)
肇庆	(0.31)	(0.28)	(0.67)
中山	0.85	0.54	0.64
珠海	1.35	0.43	1.61

注：（　）内数字表示负数，即低于全部样本的平均水平。

二、DEA 分析实证结果分析

从上述因子分析的结果，在直观上分析了区域创新环境两因子对专业镇创新绩效因子的影响效果，指出了区域创新环境因子与专业镇创新绩效因子呈现相同或相似的区域分布，在微观上不同地市也表现出不同的指标特征。为了进一步定量分析区域创新环境因子对专业镇创新绩效因子的影响效用，本书对 DEA 实证结果（见表 8－29）进行结果评析。

表 8 - 29 高水平最优与低水平最优的比较

地市	效率值	经济基础因子	技术支撑因子
佛山	1	1.61	1.68
河源	1	(0.89)	(0.64)
清远	1	(0.36)	(0.66)
汕尾	1	(0.81)	(0.72)
阳江	1	(0.68)	(0.63)

注：（ ）内数字表示负数，即低于全部样本的平均水平。

总体来看，由表 8 - 29，显然可以得到 5 个效率值为 1 的地市，即佛山、河源、清远、汕尾、阳江 5 个地市当前区域创新环境下其已达到专业镇创新绩效的最优水平。而其他地市则存在不同程度的产出改进余地，即可以利用现有的区域创新环境，获得更高的专业镇创新绩效。

具体分析来看，DEA 分析可以得出如下结论：

1. 专业镇创新绩效有效区域偏少，且为低水平有效。在表 8 - 29 中，全省 19 个拥有工业专业镇的地市，仅有 5 个为创新有效地区，占全省的 26.3%，绝大多数地市专业镇存在为有效利用区域创新环境的问题。在完全有效利用区域创新环境达到专业镇创新绩效最优的 5 个地市中，实际上也并不完全都具有最优的区域创新效率。这是因为，DEA 方法计算所得是各决策单元投入产出的比值关系，即区域创新环境因子与专业镇创新绩效因子之间的比值，这使得部分创新环境水平较低的地市由于规模效应的原因具有较优的效率值。如果考虑区域创新环境因子的得分，可以发现上述 5 个地市中，仅有佛山为高水平有效，而河源、清远、汕尾和阳江均处于低水平有效。

2. 部分区域经济基础环境与技术支撑环境不相匹配。如果观测经济基础因子和技术支撑因子在 DEA 模型结果中得效率改进值，可以发现，除了效率值为 1 的 5 个地市及广州以外，其余地市可以划分为两种不同的情况（见表 8 - 30）。

表 8 - 30 不同种类的区域创新环境可改进因子的分析

DMU	效率得分	经济基础可改进值	技术支撑可改进值	创新绩效可改进值
珠海	0.977	-0.219	0	0.021
东莞	0.737	-0.154	0	0.240
中山	0.685	-0.056	0	0.283
惠州	0.527	-0.041	0	0.400
云浮	0.737	0	-0.024	0.084

续表

DMU	效率 得分	经济基础 可改进值	技术支撑 可改进值	创新绩效 可改进值
揭阳	0.635	0	-0.011	0.173
江门	0.598	0	-0.041	0.328
潮州	0.571	0	-0.056	0.227
湛江	0.565	0	-0.031	0.243
汕头	0.462	0	-0.069	0.430
肇庆	0.344	0	-0.075	0.523
茂名	0.324	0	-0.012	0.272
梅州	0.306	0	-0.025	0.227

（1）经济基础因子可改进的情形。在现有绩效约束下，经济基础环境得分为冗余项，可通过"降低"经济基础环境得分而实现技术效率和规模效率最优。考虑到 DEA 模型的决策单元得分是相对水平的赋值，因此，经济基础环境得分的冗余就以为这技术支撑环境的不足。显然，如果能够加强科技投入水平，提高技术支撑因子得分，将可以在更高水平的最优生产前沿面上达到效率最优，从而为专业镇绩效的提升提供更为广阔的空间。从该组别的地市来看，珠海、东莞、中山和惠州都处于珠三角地区，经济发展水平、市场水平和信息基础设施条件相对较高和较完善，对专业镇创新能够产生更充分的拉力，但其技术支撑环境相比经济基础环境较弱，对专业镇创新的推理相对不足，这也从一个侧面反映了这四个地区专业镇继续依靠强化科技投入，提升创新能力来改进专业镇创新绩效的发展道路。

（2）技术支撑因子可改进的情况。与前一种情况相似，在现有绩效约束下，模型结果的经济含义为技术支撑环境得分为冗余项，可通过"降低"技术创新支撑环境得分而实现技术效率和规模效率最优。反之，提高经济基础环境得分则可以使创新绩效达到更高水平的最优生产前沿面，为专业镇创新绩效提升提供了更大的空间。进一步的，技术支撑因子可改进的地市均分布于东西北地区，提升经济基础环境的政策含义也意味着这些地区亟须通过强化创新基础设施，加强内需引导和产业集聚的水平来优化经济基础环境，从而促进专业镇创新绩效的提升。

3. 珠三角外围和汕头可通过加快技术创新提高专业镇创新绩效。在经济基础环境和技术支撑环境固定不变的情形下，19 个地市个专业镇创新绩效的提升空间也呈现出显著不同（见表 8-31）。

肇庆、汕头、惠州的创新绩效可改进值都高于 0.4，江门、广州也超过了

0.3，表明这些地区在现有区域创新环境下，通过创新及产业资源的优化利用，提升专业镇产业的规模和质量水平即可以较大幅度地提高专业镇的创新效率，接近甚至实现专业镇创新绩效的最优水平。而中山、茂名、湛江、东莞、潮州和梅州也拥有一定的创新效率提升空间，通过提升专业镇创新能力也可以获得较好的创新绩效。而揭阳、云浮和珠海的创新绩效提升空间较小，需首先优化区域创新环境来推动最优生产前沿面的提高，获得更大的专业镇创新绩效提升空间，才能够更好地实现专业镇的创新。特别需要指出的是，珠海在未达到专业镇创新效率最优的地区中是最为接近效率最优的（效率得分0.977），其创新绩效的提升则更依赖于区域创新环境的优化。

表8-31　　　　　　　　　　创新绩效可改进情况的分析

地　　市	创新绩效可改进值
肇庆	0.523
汕头	0.430
惠州	0.400
江门	0.328
广州	0.304
中山	0.283
茂名	0.272
湛江	0.243
东莞	0.240
潮州	0.227
梅州	0.227
揭阳	0.173
云浮	0.084
珠海	0.021

第九章 专业镇协同创新的政策建议

第一节 专业镇协同创新顶层设计

一、加强顶层布局，完善省部、省地、省直部门协同等体制机制建设

（一）加强跨区域跨部门协调工作小组建设

进一步深化省部院产学研合作体制机制建设。完善产学研结合协调领导小组组织架构，切实做好领导小组的人员调整工作，形成跨区域跨部门多主体协同创新工作的统筹推进合力。领导小组组长、副组长由省政府及相关部委领导担任。协调工作小组办公室设在省科技主管部门，负责研究部署全省协同创新工作，协调解决协同创新工作推进中的重大问题；研究部署广东省多主体协同创新发展战略，指导和协调全省协同创新工作全面协调发展；整合各类创新资源，调整完善各项奖励政策，不断加强管理队伍建设，及时研究解决多主体协同创新中的重大问题。各地市应进一步强化省市联动机制，切实抓好产学研结合协调工作小组的建立健全工作，有效推进广东省多主体协同创新工作的规范化和制度化进程。建立起由省政府统一领导统筹实施、部门、地市紧密配合各负其责、社会共同参与的工作机制。科技主管部门要加强对多主体协同创新工作的宏观管理和综合协调，推进各项工作落实到位。

（二）健全省部院、省地、省直部门协同机制建设

充分发挥各级政府部门在多主体协同创新体系中的组织引导和协调功能，通过省、部、院、地、直等多部门、多主体联动，共同协商解决制约我省经济社会发展的各项重大科技问题和产业转型升级的重大科技需求。在省政府的统一领导下，发挥好科技主管部门牵头的组织协调和服务职能，建立健全多主体协同创新宏观统筹协调机制，做好年度重大问题会商制度工作安排，减少重复

部署。教育部继续动员和组织部属高校参与广东省多主体协同创新，促进部属高校科技资源向广东省产业界开放流动，建立有利于促进广东省多主体协同创新的政策导向机制，调整和完善有关考核评估指标体系。科技部在政策、资金、项目等方面对省部产学研结合工作予以倾斜支持，优先将省部产学研结合工作重大项目纳入国家科技计划项目。工信部继续加强与广东省的多主体协同创新，推动自主创新和技术改造，着眼国家重点产业技术创新需求，在科技成果转化、重大科研专项、质量品牌提升、中小企业创新等方面与有关部门协调配合，支持广东省进一步优化区域产业布局，改善产业组织结构。继续发挥中科院和工程院支持广东省科技创新的积极性，推动两院院士以各种方式切实加强与广东省高等学校、科研机构和企业的联系，提升多主体协同创新效能。打破行政区域对教育、科技资源的限制，弥补广东省在转变经济发展方式过程中科技、教育资源不足的问题，解决长期困扰广东省科技、教育与经济"两张皮"的问题，在省部级的层面搭建多主体协同创新平台。同时也应充分发挥市场在配置科技资源中的作用，确保地方配套措施和资金的投入，形成上下联动、协同推进的良好局面。

（三）进一步引导广东省各地市与相关高校、科研机构全面加强战略合作

面向广东省各地产业优势和企业科技需求，瞄准省委省政府战略性新兴产业培育目标，依托省部院产学研合作机制，在全国高校、科研机构优选创新资源，组织产学研专题对接活动，推动高校尤其是省外重点高校、科研院所的"校企"、"校市（县）"、"校镇"产学研合作。依据产业发展特点，联合省内外高校、科研机构，达成全面科技合作协议，建立长期稳定的全面合作机制。进一步推进与清华大学、华中科技大学等高校的产学研长效合作机制。每年选择部分重点产业，组织专业化的"科技成果洽谈会"，通过邀请高校、科研院所开展产业科技发展论坛、科技成果转化推介会、考察重点企业开展科技洽谈等活动，促进产学研合作，推进科技成果转化。组织企业代表团访问高校，参观国家重点实验室和重大实验装备，开展科技洽谈，加深地方政府、企业和高校的产学研合作。实施国际科技合作提升计划，重点加强与欧美、以色列等创新型国家或地区的合作，面向东盟打造"海上丝绸之路"科技交流合作桥头堡。扎实推进粤港科技创新走廊、深港创新圈建设。

二、加强前沿、关键技术布局，推进技术研发与成果转移转化

（一）产业前沿技术领域

产业前沿技术是指高技术领域中具有前瞻性、先导性和探索性的重大技术，是未来高技术更新换代和新兴产业发展的重要基础，是国家高技术创新能力的综合体现。广东省应积极跟踪科技前沿和基础性研究最新成果，特别是以面向应用的新技术和新工艺开展系统研究为目标并获得发明专利授权的成果，提前介入和引进未来可能成为主流技术和有重大产业化前景的项目，积极扶持科技创新学术带头人及其团队，培养优秀创新人才，提高广东省原始创新能力，促进学科建设，为广东省持续创新提供强有力的保障。建议可优先发展以下领域：

智能制造。在中高档数控机床、工业机器人、工业自动化控制系统及智能仪器仪表、智能专用设备等领域实现突破。重点发展焊接、搬运、装备等工业机器人及其成套系统，加快产品产业化进程。大力发展精密和智能仪器仪表、智能专用设备、工业自动化控制系统装置、智能化仪器仪表和试验机、专用检测仪器设备、智能化空港设备等产品。

新型功能材料与高性能复合材料。一般指新出现的具有优异性能和特殊功能的材料，或是传统材料改进后性能明显提高和产生新功能的材料。主要包括特种金属功能材料、高端金属结构材料、先进高分子材料、新型无机非金属材料、高性能复合材料和前沿新材料；其中，高性能复合材料包括树脂基复合材料、碳复合材料、陶瓷基复合材料和金属基复合材料等。

新一代无线通信与互联网。重点领域包括新一代移动通信、下一代互联网、三网融合、物联网、云计算、集成电路、新型显示、高端软件、高端服务器和信息服务等。推进 3G 网络向 TD‒LTE、4G 的演进，互联网向以 IPv6 为基础的下一代互联网演进。

生物技术。重点涵盖基础研究、应用研究和产业化层面的技术。基础研究如农业科学、人口健康与科学和工业生物科学等；主要包括"组学"技术、干细胞与再生医学技术、基因治疗与细胞治疗技术、分子分型与个体化诊疗技术、药靶发现与药物分子设计技术和生物安全关键技术等；重点发展生物医药技术、农业技术、制造技术、能源技术及产品。

生态农业。围绕农业生态系统过程、循环农业发展、退化生态系统恢复重建、农田污染控制、污染农业生境修复、农业防灾减灾、农业固碳减排等关键技术领域，建立与不同区域农业生态建设需求相适应的技术模式，推动生态农业的

发展。

海洋工程。在海岸带，重点发展海洋交通运输业、滨海旅游业、海洋油气业、海洋船舶工业、现代海洋渔业等优势海洋产业；在近海海域，发展现代海洋海洋渔业、滨海旅游、海洋油气、海洋运输和海洋可再生能源等产业；在深海海域，大力发展深海技术，深海油气资源勘探开发，拓展深海产业及深水渔业。

（二）产业共性核心关键技术领域

产业共性核心关键技术是能够在多个行业或领域广泛应用，并对整个产业或多个产业产生影响和瓶颈制约的技术。产业共性核心关键技术研发是一项长期的基础性工作。共性核心关键技术的研究难度大、周期长，特别是材料、关键工艺、装备制造等方面的共性核心关键技术，已经成为制约我省产业持续健康发展的核心问题；产业共性核心关键技术的研究开发是产业发展的基础，也是构建现代产业体系，加快转变发展方式，培育和发展战略性新兴产业，促进产业结构优化升级，增强自主创新能力和核心竞争力的关键环节。建议可优先发展以下领域：

高端纺织。推进纺织产业向"高科技含量、高文化含量、高附加值、低碳、低排放、低污染"的方向转变，包括一批高性能、高技术纤维的工艺技术以及智能化技术生产和应用，企业能源管理方面包括企业能源三级计量管理，可视化、信息化、智能化以及管控一体化。

新型建筑材料。大力发展多功能、绿色、安全、环保的新型建筑材料和高档产品，包括太阳能玻璃、高性能纤维增强复合材料、轻质高强高韧建筑材料、自动预警建筑材料和节能环保型墙体材料等。其中，墙体材料重点在防火、隔音、隔热、轻质、防潮等方面突破。

高端精密金属制品。主要包括精密冲压及塑胶模具、精密冲压及注塑零件、轴类零件、激光焊接产品、电子组立部品，用于制造 OA 设备、汽车零配件、医疗器械、消费类电子、高端家电、安防设备等。

高性能轻工机械装备的制造和工艺。轻工机械设计行业多、门类广、品种繁杂，包括木工、造纸、食品包装、缝制机械、砂光抛光、塑料成型等装备。可应用数控技术创新设计数控轻工机械，研发具有自主知识产权的轻工机械数控系统、伺服驱动装置和加工编程软件。

食品加工和农产品精深加工。针对食品加工中的共性和关键技术问题，研究适应工业化生产的产业化重大共性关键技术：生物工程技术、基因工程与酶工程技术、新材料技术、真空冷冻干燥技术、瞬间高温杀菌技术、无菌灌装与无菌大容器包装技术、现代包装技术等；农产品的加工向分子水平进军，在分子水平上提取研制人体所需的营养保健食品，使农产品精深加工能力得以提高。

陶瓷材料。鼓励发展仿古砖、复合材料陶瓷砖、轻质装饰板材、红外陶瓷、电热建筑陶瓷、防静电陶瓷、多功能节水型卫生陶瓷、以低质原料废渣作为坯体的陶瓷产品，以及陶瓷用耐高温喷墨打印墨水。重点发展薄型建筑陶瓷砖（板）、轻型节水卫生洁具等耐磨、耐污、防滑、保温、抗菌、自洁等多功能型产品。

铝型材。主要包括建筑铝型材（分为门窗和幕墙）、散热器铝型材、轨道车辆结构铝合金型材、装裱铝型材和一般工业铝型材，如自动化机械设备、封罩的骨架以及各公司根据自己的机械设备要求定制开模，如流水线输送带、提升机、点胶机、检测设备、货架等，电子机械行业和无尘室等。

（三）重大科技成果转移转化领域

依托省部院产学研合作平台，推进全国高校、科研院所科技成果在广东转移转化，是我省科技工作的重点之一。广东省自开展省部院产学研合作以来，组织实施了一批来自全国高校和科研机构的高新技术与创新成果在广东转移和落地转化，突破了一批制约产业发展的核心关键技术，打破了国外的技术垄断和封锁，提升了广东省自主创新水平，促进了广东省产业结构优化升级和战略性新兴产业的发展，也为地方承担和参与国家重大科学研究项目积累了有益经验。当前，广东省正面临产业转型升级的重要时期，以新模式、新机制继续组织实施产学研协同创新成果转移转化项目，将有利于促进广东突破更多产业关键技术、核心技术，加快成果转化应用，提高自主创新能力，助推广东产业转型升级。建议可优先发展以下领域：

计算与通信集成芯片。围绕移动互联网、信息家电、三网融合、物联网、智能电网和云计算等战略新兴产业和重点领域的需求，重点开发网络通信芯片、数模混合芯片、信息安全芯片、数字电视芯片、射频识别（RFID）芯片、传感器芯片等量大面广芯片。

移动互联关键技术与器件。代表有互联网 Web X.0 技术，如 Web2.0，包括 Mashup、RSS、P2P、Ajax、Widget 等，HTML5.0，P2P/P4P 技术，体现新一代架构的 SOA、SaaS（软件即服务）技术和满足大规模计算需求的云计算技术；从整个互联网产业来看，移动智能终端操作系统、核心芯片及屏幕大小、整机制造等是移动互联网的核心器件。

云计算与大数据管理技术。重点包括云计算核心技术架构、大数据核心技术与应用、云计算平台构建与实践、公用云构建与应用、云计算数据中心与运维、云计算安全等；在电子政务、医疗卫生、文化教育、城市管理等领域建立云应用试点；推进云计算创新解决方案、重大公共技术的研发、只是产权管理与标准化及认证检测与集成互通测试的服务。

新型印刷显示材料。突破高分子印刷喷墨技术，有源、柔性及印刷型邮寄发光显示核心材料与关键技术的研究，如金属氧化物 TFT 基板技术、有机 TFT 技术和有源有机发光显示集成技术；研制低逸出功印刷型和一维纳米线场发射显示样机，开发高性能场发射显示专用隔离子，发射显示驱动芯片、驱动模块与驱动系统。

可见光通信技术及标准光组件。主要包括多通道可见光传输系统、室内可见光定位系统等，重点是协助视觉障碍人群的室内导航、进行超市人流统计以及精确位置测量等，并应用于可穿戴设备、显示屏对手机发送广告、移动支付等方面。

智能工业机器人。推动智能工业机器人广泛应用于汽车及汽车零部件制造业、机械加工行业、电子电气行业等领域中，包括弧焊、点焊机器人、分配机器人、装配机器人、喷漆机器人及搬运机器人，并扩大到核能、航空航天、医药、生化等高科技领域以及家庭清洁、医疗康复等服务业领域中，如水下机器人、抛光、打毛刺机器人、擦玻璃机器人、高压线作业机器人、服装裁剪、制衣机器人等。

新能源汽车电池与动力系统。发展纯电动汽车、插电式混合动力汽车以及增程式电动汽车。重点推进动力电池关键技术开发，如铅酸动力电池技术、燃料电池技术（制氢、储氢与加氢技术）；鼓励开展电机、电动空调、电动转向、电动制动等关键产品和机电耦合、能量回收、轻量化等关键技术的研发。

干细胞与组织工程。主要包括细胞重编程研究，如过程和调控机制研究，干细胞自我更新及多功能性维持的机理研究及新物种多能干细胞的建立，干细胞定向诱导分化及调控机制研究、干细胞与微环境相互作用研究，干细胞临床前研究，如建立临床级干细胞库、重要疾病动物模型和干细胞治疗的安全性和有效性评估。

第二节　专业镇协同创新资源集聚

一、以专业镇创新需求为核心、大力推进适用人才团队引进和培养

（一）完善人才引进及培育机制

建立并完善引才引智机制，加快引进海内外高水平科技创新人才。加快培育发展高层次人才市场，构建统一开放的人才市场体系。建立海内外引才引智工作

机制，探索设立海外引才引智工作站。建立海外来粤工作的高层次人才信息库，编制广东省高层次紧缺人才开发目录，定期向海内外发布需求信息，引导供需对接。依托粤港澳的紧密合作，创建粤港澳人才交流平台，充分利用港澳地区人才资源优势。尽快出台多种形式、灵活便捷的引才引智政策，鼓励国内外高层次人才来粤从事兼职、咨询、讲学、科研活动，开展技术合作、技术入股、投资办企业或从事其他专业工作；鼓励用人单位以岗位聘用、项目聘用、任务聘用、项目合作等方式引进高层次人才。重点引进广东省优先发展产业急需的创新和科研团队，引进世界一流水平、对广东省产业发展有重大影响、并能带来重大经济效益和社会效益的创新和科研团队；引进国内顶尖水平、国际先进水平的创新和科研团队；引进国内先进水平的创新和科研团队。重点引进中国科学院院士、中国工程院院士和相同等级担任省级重大科技项目首席科学家、重大工程项目首席工程技术专家、管理专家。制定和落实特殊优惠政策，吸引有技术、资本及管理才能的海外留学人员来广东投资创业。

鼓励高校、职业学院、培训机构培养高端创新人才和高技能型人才。鼓励和支持高校、职业学院开展面向产业发展需求的人才培养，加强与特色产业相关的专业和学科建设，向产业输送毕业生或设立教学点和培训点，针对特色产业开展订单式的培训计划，以高端创新型人才和高技能型紧缺人才为重点，以提高专业水平和创新能力为核心，统筹推进不同类型、不同层次、不同地区管理人才、领军人才、专业技术人才协调发展，培养积聚一大批高水平学科带头人、中青年高级专家和经济社会发展急需紧缺人才，提升专业技术人才队伍建设的整体实力和国际竞争力。加强专业技术人才培训，推动专业技术人才向企业、社会组织和基层流动，促进专业技术人才在区域、产业和行业的合理分布。以提升职业技能为核心，以技师和高级技师为重点，打造一支规模宏大、门类齐全、技艺精湛的高技能人才队伍。有计划、有针对性地举办各种短期、业余或脱产的专项培训班，组织行业内的专家，对员工进行技术培训，更新专业知识，跟上行业技术发展的步伐。

（二）加快编制战略性新兴产业人才开发路线图

遵循科技发展规律、产业发展规律和人才成长规律，围绕广东省重点发展的高端新型电子信息、半导体照明（LED）、电动汽车、太阳能光伏、核电设备、风电、生物医药、节能环保、新材料、航空航天、海洋11个战略性新兴产业，结合广东省产业技术路线图和创新型企业成长路线图制订工作，制定广东省战略性新兴产业人才发展路线图。通过对战略性新兴产业发展不同阶段技术创新与人才需求的关联分析，对创新人才资源在全球分布状况的系统考察，做好战略性新兴产业人才开发的路径设计与制度安排，引导企业有计划、有目标、有步骤、有针对性地引进和培育掌握关键技术、核心技术的高端人才，突破人才瓶颈，攻克技术壁垒，科学配置和有效利用科技创新资源，推动人才链与产业链无缝对接，提升自主创新能力和产业竞争力。

（三）推动"科技特派员工作站"建设

引进国内外创新人才，不断提升科技特派员技术水平和服务能力。围绕企业或产业的发展需要，吸引国内外优势创新力量进站工作，整合入站特派员及派出单位、派驻单位的创新资源，形成一支相对稳定、多学科交叉的创新团队，并成为提升企业和产业自主创新能力的重要力量。通过组织进站特派员对企业的发展需求进行调研，凝练关键、共性技术，集聚国内外优势创新力量进行联合攻关，解决制约产业发展的技术瓶颈问题，帮主企业提升核心竞争力。通过与高校、科研院所共建、构筑共享的科技创新服务平台，提高为行业企业特别是中小企业服务的能力，加快科技成果转化，提升区域产业集群的自主创新能力，促进产业的转型升级。

加强科技特派员设站单位基础设施及配套措施建设。建设科技特派员工作站的单位应具备一定的特派员工作基础，有一定数量企业科技特派员，应根据科研工作需要为特派员提供专门的办公场地、必要的科研条件，建立相关的工作制度和服务配套措施，保证特派员基本的生活条件及薪酬待遇。设站单位需制订合理、清晰的企业科技特派员工作站建设方案，对进站特派员提出明确的工作任务，设立合适的特派员工作岗位。工作站要在充分调研的基础上，提出企业（产业）发展的共性技术问题，并组织特派员创新团队进行攻关，目标明确，任务分工合理，配套资金落实。优先支持国家863、支撑计划等重大科技计划项目成果在广东产业化。工作站要建立促进产学研合作的长效合作机制，如华南农业大学与温氏集团的合作，给特派员和学校相应股份，建立高校学生实习基地，有效推动学科和企业的发展。全省各地级以上市科技主管部门应认真组织做好企业科技特派员的引进工作，结合本地区的实际情况，制定扶持措施，指导符合条件的企业或机构建设工作站。

（四）推动院士工作站建设

继续贯彻落实《广东省人民政府　中国科学院全面战略合作协议》和《广东省人民政府　中国工程院全面推进产学研合作协议》精神，充分发挥广东省与中国科学院和中国工程院合作优势，搭建高层次科技创新平台，以中国科学院院士、中国工程院院士及其团队为核心，以省内创新型企业、高新技术企业、有条件的专业镇及高新区等科技园区为依托，建设一批院士工作站。通过院士工作站的建设，引进一批科技创新团队，培养一批本土创新型人才，联合攻克一批产业关键、共性技术，促进重大科技成果转化及产业化，建立以企业为主体、市场为导向、产学研相结合的技术创新体系。在广东企事业单位引进和建设一批院士工作站，柔性引进高端人才团队，集聚领军型创新人才，发挥领军人才带动作用，吸引高层次人才在广东省进行成果转化和创办科技企业，支撑广东省战略性新兴产业的培育和发展。优先支持在计算与通信集成芯片、移动互联关键技术与器件、云计算与大数据管理技术、新型印刷显示材料、可见光通信技术及标准光组件、智能工业机器人、新能源汽车电池与动力系统、干细胞与组织工程等领域开展合作攻关。

（五）营造良好的人才发展环境

建立人才发展专项资金，纳入省财政预算体系，保障引进、培养、激励人才等重大项目的实施，营造鼓励和支持人才干事创业的良好环境。围绕充分发挥现有人才作用，完善政府宏观管理、市场有效配置、单位自主用人、人才自主择业的人才管理体制，推动政府人才管理职能向创造良好发展环境、提供优质公共服务转变，形成规范有序、公开透明、便捷高效的人才管理运行机制和管理方式。完善科研诚信体系，从严治理学术不端行为。把评价人才与发现人才结合起来，重视在重大科研、工程项目实施和急难险重工作中发现、识别人才，健全举才荐才的社会化机制。加强知识产权保护，完善人才权益保护制度。

二、推动模式创新和机制创新，建立一批多主体协同创新平台

（一）推动新型研发机构建设

引导多种形式研发机构的建设与发展。一是做好发展新型研发机构的顶层设计。结合本地的产业转型升级需求做好市场调研和发展战略研究，进一步强化科技资源与市场需求的有效对接。从区域创新体系和创新驱动发展战略层面，准确定位新型研发组织的位置，从领域上、区域上、机制上做好引导的战略指向，合理引导新型研发机构的建设。二是引导地方结合本地需求组建新型研发机构。赋予地方政府更多自主权，支持其结合本地实际，自主探索建立满足不同层次、不同领域创新需求的新型研发组织。深入贯彻落实全省新型研发机构建设现场会精神，鼓励深圳市发挥国家自主创新示范区的政策优势，积极探索更加灵活、更有弹性的创新组织方式，专门制定促进新型研发机构发展的行动计划，培育发展一批市场导向、研发与产业化一体推进的新型科研机构。支持佛山、东莞等地发挥本地优势、主动作为，加快推进新型研发机构发展，更好地促进产业转型升级。

三是支持多种形式新型研发组织成立和发展。鼓励各类资本参与新型研发组织建设，鼓励境内外各类组织及个人以多种形式创办新型研发机构，引导央属大型科研机构参与新型研发组织建设。深化省部产学研合作，培育一批市场化导向的高等学校协同创新中心、产业研究开发院、行业技术中心等新型研发组织。四是支持更多民办新型研发机构发展。重点支持研发型企业、民办非企业型非营利研发组织、产业联盟组建的研发中心等以民间资本为主的新型研发机构建设。

强化新型研发机构服务经济社会发展的能力。一是不断探索完善运行机制。要明确新型研发机构的目标定位，树立产业技术研发和应用领导者的战略地位，以区别于传统科研机构和企业的定位。围绕公益需求、产业需求和社会需求，完善机构的管理机制、运行机制、激励机制和创新机制，促进三个"一体化"特征的不断深化。二是提升机构的创新服务能力。新型研发机构合理协调政府科技项目和市场服务项目的关系，一方面借助财政科技经费提升自身研发能力和夯实基础条件，另一方面主动面向市场需求提升反应能力，创新服务方式，拓展服务范围，提高服务效益。三是畅通创新服务渠道。建议政府层面加快发展科技服务业，健全创新服务体系，为新型研发机构提供创新服务提供畅顺通道。大力发展各类新型技术交易服务平台，直接面向新型研发机构提供技术转移、成果产业化等服务，丰富创新服务手段。

（二）推动广东产学研协同创新中心建设

着力谋划全省产学研协同创新中心建设工作的顶层设计。抓紧组织在全省范围建设产学研协同创新中心的必要性、可行性及出台政策等方面进行调研论证，同步开展建设发展规划、建设实施方案等规划性文件研究编制，研究制订运行管理、绩效考评、激励约束和退出机制方案，构建产学研协同创新体系。

实施产学研协同创新中心建设专题。通过支持协同创新中心建设，全面引导企业走产学研合作的协同创新道路，解决原来单一技术创新存在的各种弊端，形成协同创新的共识。结合"计算与通信集成芯片"、"云计算与大数据管理技术"、"可见光通信技术及标准光组件"、"智能工业机器人"、"新能源汽车电池及动力系统"、"干细胞与组织工程"等一批专题计划的实施，首先在新型研发机构建设中，部署协同创新中心建设，促进从原来单一的技术创新向技术、产业、金融、管理、商业模式等综合创新转变，同时，充分发挥省部产学研结合示范市（区、镇）的积极性和创造性，在省部产学研结合研发基地、省部产学研结合产业化基地部署建设一批协同创新中心，探索建立区域性、综合性多主体协同创新的新机制和新模式，提供新经验和新政策，辐射带动全省各地的多主体协同创新全面发展。

（三）深化产学研创新联盟建设

加强产学研创新联盟机制体制建设。广东省各级地方政府应围绕本区域产业特色和需求，积极引导和组织本地区的骨干企业、核心企业与国内优势高校、科研机构共同组建产学研创新联盟，联合开展重大产业共性技术、核心技术的攻关，制定有关技术标准。各联盟要创新运作机制，加强成员单位间的沟通和联系，形成良性循环机制；要积极吸纳行业内中小企业参加联盟，加快行业共性技术成果的推广应用，提高联盟在行业内的影响力，使之成为支撑和引领产业发展的创新团队。全省应以产学研创新联盟为载体，不断推动产学研合作由短期合作、松散合作、单项合作向长期合作、紧密合作、系统合作的转变。构建创新联盟的综合评价考核体系，通过考核体系的构建，加强对已成立联盟的评价与督查。结合联盟实际发展情况和行业特点，争取在一部分有基础的联盟开展机制创新试点，推动联盟的实体化建设。

充分发挥产学研创新联盟的辐射示范作用。通过构建产学研创新联盟，扶持培育一批引领产业技术创新的高科技企业，示范、辐射、带动一大批科技型中小企业提升自主创新能力，并以此为基础，建设一批高水平、高层次的产学研结合示范基地，总体提升区域和产业自主创新能力和核心竞争力。以产学研创新联盟为载体，培育一批自主创新型企业和名牌产品企业，以共建联合研发机构、博士后科研工作站、大学生实习实训基地等方式，共建人才培养基地，大力培养和引进高层次技术人才和管理人才。支持国内高校和科研机构进入产学研结合示范基地，进行科技成果转化和产业化。组织产学研创新联盟申报和承担国家、省重大科技项目，集中优势资源，争取承担一批重大科技或产业化项目，攻克一批制约广东省支柱产业和高新技术产业发展的关键技术、核心技术和共性技术。

（四）支持企业建设高水平研发机构

鼓励和支持科技型、创新型骨干企业建设综合性企业研究院。在国家、省内鼓励发展的重点产业领域，鼓励有条件的大型骨干企业组建企业研究院，加强对行业战略性、前瞻性和基础性技术问题的研究，进一步提升企业整合创新资源和引领产业发展的能力。鼓励有条件的大型企业研发机构向中小企业开放实验仪器、装备和设施。推进大型骨干企业瞄准产业关键共性技术，与高等院校、科研院所、上下游企业、行业协会等共建行业技术服务中心，推动行业技术进步。进一步建立和完善相应的政策措施，鼓励有实力的大型企业积极"走出去"，采取多种形式建立国际化的海外研发机构，增强企业的技术创新活力。积极引导和支持大型民营企业参与全球化的产业创新网络和研发平台建设，促进民营企业利用全球创新资源，提升企业参与国际技术交流与合作的层次和水平。

着力推进省级重点企业研究院管理机制建设。把支持企业提升技术创新能力作为全省的重点工作，全面推动产业重大技术攻关、青年科学家培养紧密结合的省级重点企业研究院建设。研究出台广东省重点企业研究院评价与择优支持相关管理办法，引入第三方评价机构，实行创新绩效评价、排名公布、择优扶持制度。建立省、市、县（市、区）、高新区协同支持企业提升技术创新能力的制度，形成事前共同择优筛选、事中按比例配套支持、全过程联合监管、按责任书合作推进机制。鼓励企业建立在读研究生的补助政策、引进高校的产业技术研究生团队到企业研究院工作的合作机制，开展研究创新方式试点。把省级重点企业研究院统一纳入科技条件管理，建立大型仪器设备的开放式市场化应用机制。

支持企业开展对外科技合作，共建企业研发中心。深化企业与国际知名高校、科研院所的科技合作建设企业研发中心，推动高端科技成果在广东省企业转化与产业化。支持企业参与军民两用技术的联合开发、成果转化和产业化，推动国防科技产业园和军民两用产业基地建设。支持以优势企业为主体，以企业研发中心为基础，联合国内外知名高校、科研院所，建设国际科技合作基地、国际联合研究中心、国际技术转移中心、双向互动的国际科技企业孵化器。支持以企业为主体，组织实施一批技术引进消化吸收再创新项目。支持企业以人才引进、技术引进、合作研发、研发外包等方式开展对外科技合作与交流。

（五）完善中小微企业公共服务平台建设

提升平台服务质量，增强平台核心竞争力。鼓励和支持平台购置先进的仪器设备，提高平台服务水平。运用现代信息技术，提高平台信息化水平，降低成本，提高效率，增强服务的可靠性和权威性。加强交流合作，加强与境内外生产力促进机构和中小企业服务机构，特别是港澳台地区生产力促进机构和中小企业服务机构的交流与合作，学习借鉴先进地区经验，提升平台核心竞争力。要坚持以企业需求为导向，加强与企业的联络与沟通，了解企业的需求和难点，为企业提供及时、有效、专业化的服务。一方面，针对产业发展中遇到的共性问题，利用平台集聚的科技资源，组织联合攻关。另一方面，切实发挥平台的中介作用，帮助院校和技术开发机构进行成果转化，提供小试研发、中试、技术中介、技术信息咨询服务、产品分析检测、人力资源培训等全方位服务，切实提高中小企业科技创新能力，提升企业综合竞争力。坚持"不求所有、但求所用"，充分借用"外脑、外力"，以科技成果、项目、人才和资本等为纽带，组建产学研一体化平台，促进高校、科研院所与企业"无缝"对接，促进科技成果产业化。引进高级技术专家、高技能人才以及国际和国内的检测、设计机构，支持国家级、省级创新平台在专业镇设立分支机构，破解当地资源短缺问题，提高中小微企业服务平台的服务层次和水平。

完善平台体制机制，激活平台"自我造血"功能。加强平台体制机制建设，激活内生动力，实现平台的自我造血和良性发展。一是建立市场化运行机制。要坚持市场主导，政府引导，尽快理顺政府和平台之间的关系，让平台在市场经济环境下焕发活力。平台要根据自身条件为自己定好位，主动发掘市场，扩大服务的需求范围，提供定制服务，更好地贴近市场需求。整合科技创新的各个要素，与产学研企联手承担国家级、省级、市级相关领域的科研项目，共同解决产业发展中的技术难题。在最大限度为企业科技创新服务的同时，通过承接企业的技术研究项目经费、各类技术服务收入、会员企业每年的会员费、成果转让收入，获取一定经济收益，培育良好的"自我造血"功能，实现自我发展，从而实现平台与产业的互动良性发展。二是积极建立多元投入机制。积极建立多元化、多渠道、多层次的科技创新平台建设投融资体系，突出企业的主体地位，引导和推动企业和社会各界对科技创新的投入，形成政府为主导、企业为主体、社会为补充的良性格局。鼓励企事业单位、科研院校、行业协会等创办专业性科技中介服务机构，在有条件的产业整合各类科技资源，共建公共技术服务平台。

整合平台资源，提高资源使用效率。针对已有平台共享开放不足，重复建设问题突出，创新资源利用率不高等问题，坚持"盘活存量，促进共享"的原则，大力实施平台资源整合共享计划，提高资源的共享范围和使用效率，为推动产业转型升级和中小企业创新创业提供科技资源条件支撑。盘活各地已经建成的分散于各企业、大学和研究机构的创新资源，对其进行功能整合、优化重组、资源共享和充实提高。将具有功能相同、业务萎缩、名存实亡等平台进行撤销或合并，减少社会资源浪费。通过集聚、整合省内各类专业科技服务机构和社会资源，建设服务于中小微企业创新发展全过程的"一站式"服务大平台。对已建成运营平台的仪器设备的发展动向和使用情况进行评估，有针对性地进行设备购置和升级、更新。打破部门壁垒和条块分割，探索建立平台共建共享机制，鼓励和引导高等院校、科研机构和企业联合共建各类公共服务平台，实现仪器设备、文献资源、共性技术等的跨组织使用和技术成果信息的分享，减少仪器设备的重复购买和资源浪费，推进各类平台之间资源共享。建立社会资源加盟机制，制定加盟管理办法，设置一定的门槛和准入标准，吸引优质资源加盟平台，重点考察加盟单位的服务有效性和服务意愿，并通过服务奖励和用户补贴的方式强化加盟机制，提高资源的使用效率，形成"以资源集聚优势吸引用户、以用户汇聚优势吸引加盟单位"的双向吸引的良好效应。

优化平台运营环境，提升平台可持续发展能力。优化公共服务平台的软硬件环境，为平台可持续发展提供重要保障。加大省中小企业发展专项资金的投入，各市、县、镇也应根据实际，设立中小微企业服务平台建设专项资金。参照国家创新基金安排方式，制定具体使用办法，对服务平台的专业技术服务运营费用、技术转移服务费用等给予补贴，促进更多技术成果转让和产业化。在中小微企业服务平台建设专项资金中安排贷款贴息资金，将中小微企业服务平台基础条件建设、公共服务平台建设等项目纳入支持范围，给予专项贴息支持。中小微企业服务平台研究开发新技术、新产品、新工艺发生的研究开发费用，符合有关规定的，享受研究开发费税前加计扣除政策。对有融资需求的中小微企业服务平台，视同成长型中小企业，享受省相关政策支持。对中小微企业服务平台建设项目涉及的用地，在符合土地利用总体规划的前提下，各地倾斜安排其所需的土地利用年度计划指标。对中小微企业服务平台涉及的用水、用电等生产要素优先供应，并参照享受省内重点企业生产要素减免优惠政策。

第三节　专业镇协同创新机制深化

一、推进金科产三链融合，提升专业镇创新驱动发展能力

（一）转变财政科技资金扶持产业发展方式

从单一无偿资助向多元结合支持转变。改变现有单一财政资助的支持方式，探索财政、金融共同引导资源配置的有效方法，建立财政与金融相结合、事前与事后相辅的多元支持体系，更好地推动和支撑产业创新发展。充分发挥政府资金的杠杆作用，撬动更多社会资金推动科技发展。通过风险补偿金等形式，发挥财政资金的杠杆作用，分担社会资金承受不起的超额风险，撬动更多社会资金的投入，满足企业巨大的资金需求，减少政府在项目评审和科技资金管理等方面投入的人力、物力、财力。加强对企业的技术创新和产业化项目以科技金融为主的引导性投入，设立引导基金、融资风险补偿、融资补贴等专项资金，利用市场化机制筛选项目、评价技术、转化成果，带动风投、创投、信贷、保险等社会和金融资本共同投入科技产业。依据科技创新活动的不同周期，运用相应的科技金融手段，优化财政科技支出结构，发挥财政资金的杠杆作用。

从分散支持向集聚使用转变。集中力量办大事，逐步减少对面上项目的支持，加强对单个企业难以完成的技术创新和转型升级服务环境建设的支持，进一

步提高科技服务产业、服务民生的能力。建立重大项目协调机制，支持重大项目多渠道融资，支撑组织重点领域前沿关键技术的联合攻关、公共服务技术平台建设、基础和共性技术研究、重大科技成果中试等。

从注重项目资助向支持平台建设转变。逐步减少对企业点对点的项目资助，加大对辐射面广、带动效应强的产业公共服务平台的支持力度，为产业发展营造良好的政策环境。重点用于构建基础平台，企业信息平台，融资服务平台和交易平台。围绕传统产业重点领域，统筹扶持关键技术、共性技术研发，鼓励和支持以创新平台、科技特派员为依托，对重点平台和重点项目的技术创新给予财政补贴，鼓励和支持产学研创新联盟和产业创新平台承担竞争性前沿技术与共性关键技术的研发。

（二）发挥粤科金融在推进多主体协同创新的积极作用

不断拓展粤科金融在科技金融领域业务范围，在原有的创业投资（风险投资）业务基础上，积极拓展科技小额贷款、科技融资担保、科技融资租赁、科技资产评估与交易、科技产业基金、科技金融产业园区等业务，形成"2+6"的科技金融产业发展新格局。发挥粤科金融集团作为广东省科技金融服务的主平台、主渠道和主力军的重要作用，不断完善吸纳和对接产业资本、金融资本和社会资本的机制，增强通过市场化手段向广东省科技型中小微企业和战略性新兴产业进行投融资的能力，全力助推广东省产业转型升级和金融强省建设。发挥市场机制，吸纳带动社会资金向企业集聚。充分发挥粤科金融集团在科技创新支持中的引导作用，按照科技企业创新发展的运行规律和资金需求层次创造性地给予融资支持，通过政府资金引导和服务机制创新，凝聚整合各类金融服务资源，充分发挥市场机制的作用，吸纳带动社会资金向科技型中小微企业聚集，激发社会多主体协同创新活力。

（三）鼓励民间资本以多种方式支持多主体协同创新

拓宽民间资本进入科技创新领域的渠道。鼓励广东相关创业投资机构申报科技型中小企业创业投资引导基金项目，运用阶段参股、风险补助和投资保障等方式，支持民间资本创办或参股科技创业投资机构，支持以民间资本为主体的科技创业投资健康发展。设立科技成果转化引导基金，采取设立创业投资子基金、贷款风险补偿和绩效奖励等方式，支持和引导民间资本参与科技成果转化。鼓励和引导民间资本投入到国家鼓励的产业与行业，为广东产业升级换代提供可靠的资金保证。鼓励民间资本活跃的地区的"天使"投资人，将分散在民间的资金集中起来，投入到具有潜力、处于起步阶段的中小科技型企业上。建立科学有效的民间资本投资监管制度，合理地引导民间资本进行投资，实现直接投向科技创新产业，服务于科技创新产业的发展。对民间资本采取"非禁即入，有需则让"的方针，逐步扩大民间资本投资领域，建设多层次、多元化、多渠道的科技投融资体系。

支持民间资本通过发行债券产品和设立科技金融专营机构等方式开展科技投融资活动。组织发行中小型科技企业集合债券、集合票据、私募债券以及信托产品等债券产品，并引导民间资本合法合规投资。鼓励和支持民间资本与科技管理部门、国家级高新区共同设立科技小额贷款公司、科技担保公司、科技融资租赁公司等专业机构。

加大扶持力度，搭建民间资本服务平台。采用"政府引导、企业主体、市场运作"的方式搭建具有资本支撑、信息交流、项目推介、产权交易等功能的民间资本服务平台。积极引入风险投资，用专业的管理来帮助科技企业分析市场和整合资源，创新广东民间金融和地方资本市场发展新模式，推动更多的民间资本、高新技术和有市场前景的企业和项目、国内外投融资机构、中介服务机构进入平台，实现资本和项目、资本和企业、资本和市场、资本和资本的有效对接和转换，促进广东产业结构调整和转型升级，提高产业竞争力。

二、深化专业镇产学研合作，推动传统产业转型升级

（一）加快专业镇产业升级示范建设

专业镇应从本镇的实际情况出发，围绕产业转型升级和城镇化建设等内容，提出发展的思路、发展的目标，出台相应配套政策，通过实现设定的技术经济目标，推动产业的升级转型，建立专业镇产业升级转型的示范区。通过凝练产业共性技术难题，组织企业、高校、科研院所联合攻关，突破产业技术瓶颈制约，为产业升级换代提供技术支撑；同时，通过品牌战略，以提升产品质量为目标，创建、培育更多的名牌产品和驰（著）名商标，提高特色产业品牌知名度和市场影响力，从而提升产品的附加值，推动产业升级。通过创新驱动，推动现代服务业和传统产业的融合发展，以商贸会展、现代物流、工业设计、文化创意、科技金融、电子商务以及大数据等现代服务业手段，创新和发展产业的发展模式，支撑和引领产业的高端发展。结合国家和省提出的城镇化建设要求，通过顶层设计，合理谋划全镇的城市发展规划，从产城融合、绿色发展、宜居环境等方面着手，提升城市发展的水平。充分发挥专业镇规模生产优势和专业市场优势，吸引高校、科研机构科技成果到专业镇进行转化和产业化，发展战略性新兴产业，发展壮大镇域经济。

（二）深化"一校（院、所）一镇"产学研合作，建立产学研长效合作机制

结合专业镇的产业优势和企业科技需求，深入实施产学研合作"走出去"和"引进来"的战略，在继续做好"一校（院所）一镇"产学研合作对接，集聚国内外优质创新资源的基础上，实施"校镇"协同创新人才计划，组织企业科技特派员、农村科技特派员组团支持专业镇依靠科技推进转型升级工作，组织广东科技管理人员、大中型企业技术骨干到国家重点建设大学、中科院院属单位挂职学习，积极引导和推动高校尤其是省外重点高校、国家级科研院所与我省相关专业镇开展"一校（院、所）一镇"全面战略合作，通过全方位的产学研合作，共同解决专业镇经济社会发展过程中的科学规划、产业转型升级、社会管理、人才培养和引进、可持续发展等方面的问题，形成产学研长效合作机制。

（三）加快专业镇各类创新平台建设

充分发挥现有专业镇公共服务平台的作用。通过政府引导和市场化运作，实现协同创新和资源共享，统筹安排，有序发展，坚持有所为有所不为，充分发挥现有专业镇中小微企业公共服务平台的作用，避免低水平重复建设。重点推动高校、科研院所及省级服务机构深入专业镇合作，共同构建滚动发展、良性循环的运行机制，形成以生产力促进中心为支撑点的专业镇中小微企业服务网络体系。充分考虑区域性差异、产业性差异等因素，发挥政策、资金等政府"有形之手"，突出亮点特色，强调示范效应，紧紧围绕本地主导产业、优势产业因地制宜，合理布局，引导全省专业镇中小微企业服务平台建设的需求，构建面向全省中小微企业技术创新服务体系。

推动特色产业相似和关联的专业镇开展协同创新。充分发挥专业镇的技术优势和产业优势，利用区位和地理的资源优势，延长和完善专业镇特色产业链，建立技术和产业合作联盟。通过区域分工，优化配置生产要素，降低成本，提高竞争力，促进专业镇特色产业向其他地区转移、辐射。同时，积极承接国际产业、技术转移，加强本地企业的产业配套能力。通过专业镇创新联盟建设，提高专业镇的创新能力，实现资源共享，形成新型的专业镇创新网络，推动专业镇向创新集群发展。

（四）加强专业镇科技产业园区建设

加快专业镇高水平科技产业园区建设。按照企业集中、产业集聚、土地集约、特色鲜明的原则，在基础好的专业镇重点建设一批具有较强竞争力和影响力的科技产业园，集聚创新平台、服务平台。鼓励兴办专业化产业转移园和民营科

技产业园，积极推动土地资本、工业资本、金融资本"三资融合"。对专业镇产业集聚度高的重点工业园区经营性用地和工业用地进行统一规划和储备，将专业镇发展土地审批纳入"绿色通道"。做好科技园区的规划和布局，通过再造新机制、再造新环境、再造新特色，引导高新区等各类园区向专业化、高集成、大基地方向发展，推进工业化进程。优化专业镇内高新区、民科园等各类园区的管理体制，要开展制度创新，建立科学、合理、高效的运作机制，要大力引进科技人才，搭建园区公共的技术创新平台，寻找能够支持园区发展的稳定智力源，提升创新能力。把支持创业服务中心、专业孵化器等各种类型的科技企业孵化器建设放在突出位置。

鼓励高校在专业镇内设立大学科技园分园。吸引社会力量参与，引导社会资金、企业和专业化人才的积极参与和投入，促进大学科技园迅速成长。结合政府和大学两方面的优势，地方政府出地、出税收和财政支持政策、人才政策，将大学科技园纳入当地的经济科技发展规划；大学出科技成果、研发力量和校内支持创新创业政策。双方合力创造优良的创业条件，共同构建适宜的科技创新开发环境，实行强强联合，共同发展。加速技术转移，全面推进科技成果产业化，实现高校与专业镇互动发展。建立健全专业镇协同发展机制，促进专业镇企业和区域自主创新能力的提高。提高入园企业的自主创新能力，提高高新技术产品的竞争力，同时源源不断的推出高新技术企业和产品，积极投身市场竞争，直接参与国民经济建设，充分发挥各个大学的特色资源，实现大学科研机构与企业、政府之间的密切合作，有效配置创新资源，实现技术创新与制度创新的相互协同。

第十章 中山专业镇协同创新的
探索与实践

第一节 中山专业镇协同创新发展概况

一、中山专业镇协同创新的发展背景[①]

(一)产业结构特征

传统产业专业镇占主导地位。 截至 2015 年末,中山 18 个专业镇中,除南区电梯、火炬开发区生物医药、港口游戏游艺产业、南朗旅游、民众农产品外,其余 13 个镇区均为传统制造业,占比 72.2%;传统制造业专业镇的特色产业产值在全市专业镇特色产业中的比重达 76.8%,其工业产值占全市 60.9%,GDP 占全市 69.0%。显然,传统制造型的专业镇在中山专业镇中居于主导地位,而传统制造型特色产业也是中山专业镇的主导产业。

特色产业处低附加值环节。 中山专业镇产业领域涵盖了灯饰、五金、纺织服装、家电、家具、农产品加工等传统产业,也有部分节能环保和 LED 等新兴产业,诸多专业镇产品是全国"单打冠军",港口游艺设备、古镇灯饰、大涌红木家具和小榄五金的国内市场占有率分别达到 70%、60%、40% 和 38%。但总体来看,中山专业镇特色产业总体处于低附加值环节,全市 18 个专业镇的平均销售利润率仅为 4.0%(全省工业平均为 5.7%),人均工业产值 53.1 万元/人

---

① 资料来源于中山市科技局提供的专业镇统计调查系统。

（全省工业平均约 80 万元/人）。

（二）区域分布特征

以南头、小榄为关键点，中山 18 个专业镇在北部、西部形成了一个大 U 形传统产业集群带（约 13 个专业镇），以火炬区为核心在东部形成了一个小 U 形高技术制造产业集群带（3 个专业镇）。这其中，包括了 4 个规模超百亿元跨区域产业集群（见图 10 - 1）。

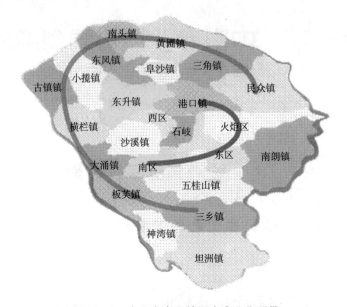

图 10 - 1 中山市专业镇两个产业集群带

一是南头、东凤构成的超 700 亿元规模的家电产业集群，这个产业集群与顺德北滘家电产业集群相联系、配套，其延伸范围扩展至邻近的黄圃、阜沙两镇；二是古镇、小榄、横栏组成的约 500 亿元规模的照明灯饰产业集群，这个产业集群正处于 LED 技术加速换代的阶段，产业规模和集群范围仍在扩张，甚至江门江海区（外海街道、荷塘镇）都受其影响，逐步聚集一批 LED 照明灯饰企业；三是火炬开发区规模约 400 亿元的生物医药集群，该集群以保健品和生物药为特色，是中山各产业集群中科技资源最为密集的集群；四是大涌、板芙、三乡、东升构成的约 120 亿元规模的家具产业集群，该产业集群由于产品技术差异，产业链有所不同，三乡和大涌以红木古典家具为主，东升、板芙以板式家具为主。此外，中山还存在少量相对规模较小的产业集群，如南区的电梯制造、黄圃的食品加工、民众的农产品。

（三）产业变动特征

总体保持增长，特色产业增长乏力。进入"十二五"时期，中山专业镇经济总量保持平稳增速，15 个可统计专业镇①GDP 年均增速为 8.80%，低于中山全市 1.3 个百分点；工业产值年均增速仅为 3.87%，特色产业年均总和增速3.26%，均低于中山平均水平。其中，1/3 的镇（东凤、三乡、沙溪、民众、大涌）工业产值下滑，近一半镇区（东凤、三乡、黄圃、三角、沙溪、港口、阜沙）的特色产业出现产值下滑（见图 10-2）。

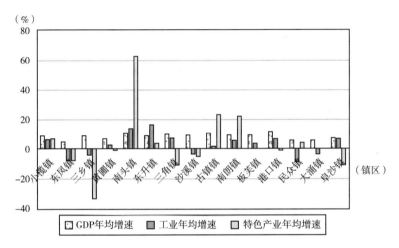

图 10-2　中山市 15 个专业镇"十二五"期间 GDP、工业、特色产业年均增长情况
资料来源：中山市科技局提供的专业镇统计调查系统。

特色产业保持稳定，集聚程度两极分化。从特色产业集聚能力看，中山专业镇特色产业在专业镇中的占比从 2010 年的 36.1% 波动下滑至 2015 年的 35.1%，基本保持稳定。分镇区看，三乡、东升、黄圃、三角、沙溪、板芙、港口、阜沙等 8 个镇区特色产业在工业中的占比呈现不同程度的下滑趋势（从下滑 2.2 个百分点到 62.0 个百分点不等），除东凤以外的其他 6 镇特色产业在工业中的占比则呈现不同程度的上升（从提高 0.97 个百分点到 66.6 个百分点不等），而东凤镇占比不变。②总体上，中山专业镇特色产业集聚程度呈现两极分化的趋势——一

---

①　2010 年，火炬区、南区、横栏三镇未认定为专业镇统计，故在"十二五"期间，可统计专业镇为 15 个，下文同。

②　在各镇街中，黄圃、三角、大涌特色产业统计与特色产业工作系统有差异，黄圃镇家电产业即不在专业镇统计系统内，也不在省专业镇工作系统中；三角镇在统计中采用纺织印染产业，而在中山专业镇工作体系中采用环保产业；大涌牛仔布产业在 2005 年之后就没有进入统计系统，但在省、市专业镇工作体系中都有记录。

部分专业镇特色产业在本镇产业中地位不断强化，主导产业地位稳固；一部分专业镇特色产业在本镇工业中地位趋于弱化。特别应该指出的是，由于黄圃镇家电产业未纳入专业镇统计系统，虽然其食品加工特色产业在工业中呈下降趋势，但家电产业在工业中的占比则可能呈上升趋势，这也从一个侧面体现了黄圃镇特色产业、主导产业变化的趋势；大涌镇的情形与此类似，未纳入统计的牛仔服装可能呈下降趋势或持平趋势，而红木家具特色产业则呈上升趋势。三角镇情况相对较为特殊，由于统计口径的差异，印染特色产业在工业占比呈下降趋势，但更大范围的环保特色产业则可能呈上升态势。

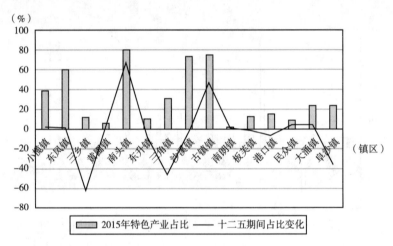

图 10 - 3　中山市 15 个专业镇"十二五"期间特色产业集中度变化情况

资料来源：中山市科技局提供的专业镇统计调查系统。

（四）专业镇发展趋势

新产业专业镇逐渐成为拉动专业镇增长的主力。 2015 年末，中山 18 个专业镇中，南头、火炬区、南区 3 个镇区的特色产业为高新技术产业或先进制造业，是新产业专业镇的代表。这 3 个专业镇 2015 年的 GDP、工业产值、特色产业产值分别占全部专业镇的 29.3%、42.1% 和 48.2%，已逐渐成为专业镇增长和产业发展的主力。其中，南头镇在"十二五"期间对 15 个可统计专业工业产值的增长贡献达到 36.1%；且特别需要指出的是，"十二五"期间，7 个专业镇特色产业产值下降，8 个专业镇则产值增长。其中，南头家电产业以年均 62.7% 的超高增速带动中山专业镇特色产业保持增长①，古镇、南朗则保持 20% 以上的高速增长，小榄、东升、

---

① 除南头镇以外的 14 个可统计专业镇（均为传统产业）的特色产业合计产值共下降了 174.2 亿元（下降 15.1%），而以家电产业为主导的南头镇成为中山专业镇保持特色产业增长的核心主力。

民众保持 1% ~8% 以下的中低速增长，板芙、大涌则保持 1% 以下的低速增长；黄圃、沙溪、港口出现 5% 以下的低速下滑，东凤、三角、阜沙则出现 5% ~15% 的中低速下滑，三乡出现 33.3% 的高速下滑，"十二五"期间特色产业产值累计减少了 150.2 亿元。除了受经济形势的冲击导致产值下降之外，特色产业中低速或高速下降的镇区可能正处于特色产业、主导产业转换的时期。

部分镇区可能寻求"特色产业"之外的新主导产业。中山专业镇获得批准时，其特色产业在工农业中的占比均超过 30%，是当地的主导产业和产值最大的产业。经过多年发展，中山部分专业镇特色产业与产值最大产业已逐步出现不相符的现象。在可统计的 15 个镇区中，仅小榄、南头、沙溪、古镇、港口、大涌、黄圃的特色产业与产值最大产业相符，其他 8 镇已不相符。如东升（家具特色产业与五金电器最大产业）、阜沙（精细化工特色产业与五金电器最大产业）均为类似情况。

部分特色产业出现显著的跨区域产业扩散。"十一五"以来，中山北部的家电、照明等特色产业扩散现象显著，横栏、黄圃等镇区迅速成长为新的照明专业镇和家电专业镇，东升、民众、阜沙均从周边镇区或周边地市（如顺德）不同程度地接受产业辐射和产业转移，从而使中山专业镇若干个形成跨区域的大型产业集群，如横跨古镇、小榄、横栏，并延伸至江门江海区的照明灯饰产业。

（五）小结：专业镇转型升级亟须创新支撑

中山专业镇经济、工业、特色产业的发展特征表明中山专业镇的转型升级正在自发推进。一方面，传统专业镇通过产业转移腾出高端产业环节和创新资源入驻的空间，通过产业扩散延伸本地产业链，通过技术升级提升本地特色产业的发展质量；另一方面，高新技术和先进制造类型的专业镇则持续通过产业集聚、科技资源集聚增强专业镇及其特色产业竞争力。值得注意的是，深圳、东莞以产业换代实现转型升级的模式，在中山专业镇可能正在萌芽状态。

无论技术升级、高新技术产业集聚甚至是产业换代，专业镇及其产业的转型升级对"创新"提出了更为急迫、更多层面的需求。在短时间内无法实现大规模科技资源形成的背景下，协同创新则是中山专业镇发展的必然选择。

二、中山专业镇协同创新的基本情况[①]

（一）创新主体情况

企业是专业镇创新主体，但企业创新能力有所欠缺。2015 年，中山专业镇

---

①　本部分数据来源于中山市专业镇统计调查系统和中山科技局工作数据。

企业和其他创新主体的科技投入经费为58.5亿元，占全部科技投入经费的83.7%，充分体现了专业镇企业的创新主体地位。但是，专业镇企业创新能力仍存在较大提升空间，专业镇企业设立研发机构的规上企业446家，占规上企业比重仅为17.2%。2015年中山专业镇企业平均研发投入强度约为0.8%，低于全省工业企业1.1%的平均水平；专业镇拥有省级以上工程中心94家，占工业规上企业的比重仅为3.7%（平均每27家规上企业才拥有1个省级以上工程中心）。这表明中山企业研发能仍有较大提升空间。值得注意的是，企业设立研发机构和省级工程中心主要来自火炬开发区和小榄镇等少数镇区，大部分传统工业镇的两项指标表现均较差。这表明中山企业虽然创新活跃但高质量创新主要来自少数创新强镇，且由于产业创新需求的差异，其专业镇之间的创新对比会呈现特定的产业差异。

高新技术企业和新兴产业企业是专业镇创新的重要力量。 至2015年，中山18个专业镇拥有高新技术企业355家，占全市的比重达83.1%，占专业镇工业企业的比重达0.63%；高新技术企业总产值1 671.0亿元，占专业镇工业总产值的27.2%；高新技术企业户均产值4.7亿元，是专业镇工业企业平均产值的43.2倍，是专业镇产业增长和创新的主要力量之一。同时，中山专业镇还拥有新兴产业类企业359家，占专业镇规模以上企业数的14.0%；专业镇新产品产值达295.9亿元，占专业镇工业比重达5.4%，表明专业镇工业中新兴产业的企业已成为专业镇创新的重要力量。

（二）产学研合作情况

产学研已成为专业镇协同创新的主要方式之一。 目前，中山形成了两个战略层次的"产学研合作"。在全市层面，中山建立了以中山工业技术研究院为核心的"1+4"平台体系，即以工研院为主体，与北京理工大学、武汉理工大学、武汉大学、华南理工大学分别共建市校科技平台，工研院体系与火炬区生物医药集群、港口镇游艺设备集群开展了广泛的合作，推动高新技术在产业中的应用，实现了引进一所著名高校、形成一个重点创新团队、共建一个重点实验室、组织一个创新联盟、实施一批关键项目、带动一个产业发展的目标。在专业镇层面，小榄（香港生产力促进中心）、大涌（广州测试分析中心）、南头（广东工业大学自动化学院）、古镇（中山大学半导体研究中心）、东凤（南京理工学院）等各个专业镇都不同程度地开展了镇校、企校级的产学研合作，不但与中山大学、华南理工大学、广东科学院等省内高校科研院所建立密切联系，而且将产学研网络扩展至南京理工大学、武汉大学、武汉理工大学等省外高校和科研院所。

企业产学研合作规模和质量仍有待提升。 2013～2015年度参与产学研合作的企业数基本维持在 200 家上下，其中 2015 年，中山专业镇产学研合作的企业为 195 家，仅占规上工业企业的比重为 7.6%，且 2013 年以后，中山专业镇产学研合作企业占比呈逐年下滑趋势。从产学研合同经费来看，除个别年份以外（2012 年达 53 亿元），"十二五"期间，中山专业镇产学研合同经费基本保持在 12 亿元上下波动，平均每个产学研合同经费额约 70 万元上下。其中，2015 年，中山专业镇产学研合同总经费 15.3 亿元，共达成 171 个合同，平均合同经费达 89.8 万元。与其他地区相比，"十二五"时期，中山专业镇企业产学研活动频率基本与东莞持平，落后于佛山（300家以上）；但是产学研合同强度则优于佛山，远低于东莞（合同金额平均达120 万元）。

（三）创新载体情况

创新服务平台基本覆盖专业镇。2015 年末，中山各专业镇已建立 40 个专业镇公共创新服务平台，占全市公共创新服务平台总数的 71.4%。除民众、板芙、东凤、东升 4 镇以外，公共创新平台已全部覆盖了中山各专业镇（见表 10-1），部分专业镇还根据自身产业特点建立了多个公共创新服务平台，如大涌针对本地家具产业、牛仔服装产业分别建立了检验检测平台、技术研发平台，形成了以产业技术研发和产业技术服务支撑产业提升的发展模式。从分布密度看，专业镇公共创新服务平台主要集中于健康基地（10 个）和古镇（8 个），两者合计占专业镇公共创新服务平台总数的 45%。小榄、大涌、南头、横栏、沙溪也根据产业特色建立了多层次的公共创新服务平台体系。

表 10-1　　　　　　　　中山各镇区的公共创新平台

镇区	公共创新服务平台
小榄镇	1. 小榄生产力促进中心 2. 中山市工业设计产业园 3. 中山市立创检测技术服务有限公司
古镇镇	4. 古镇生产力促进中心 5. 中国中山（灯饰）知识产权快速维权中心 6. 中山大学（古镇）半导体照明技术研究中心 7. 中山市古镇 3D 打印快速成型公共服务平台 8. 中山市华标检测有限公司 9. 广东天圣高科股份有限公司 10. 灯灯网电商服务平台 11. 东莞市中正知识产权事务所中山分所

镇区	公共创新服务平台
健康基地	12. 广东中测食品化妆品安全评价中心 13. 现代中药与天然产物对照品研究平台 14. 珠中江健康医药综合检测平台 15. 中山介入医疗装备临床试验中心 16. 安士软胶囊中试研发服务平台 17. 杰圣药理数据统计与临床安全性评价中心 18. 星昊冻干粉针剂中试生产服务平台 19. 珐玛斯药物临床前筛选与药代动力学研发外包服务平台 20. 中山康方生物大分子新药研发平台 21. 中山精准基因检测服务平台
南头镇	22. 中山家电创新中心 23. 广东中认华南检测技术有限公司
大涌镇	24. 中山市中广测协同创新中心 25. 中山市大涌镇纺织服装检测服务平台 26. 大涌镇红木家具中小微企业公共服务平台
南朗镇	27. 华南现代中医药城生产力促进中心
横栏	28. 中山市横栏生产力促进中心 29. 中山一职灯具、家电检测认证技术服务平台 30. 中山市广通检测技术有限公司
黄圃镇	31. 黄圃镇工业设计中心 32. 黄圃镇机器人工业技术改造公共服务平台
港口镇	33. 中山龙城（国际）游戏游艺交易中心
阜沙镇	34. 广东省质量监督淋浴房检验站
三乡镇	35. 中山市三乡古典家具产业科技服务创新示范基地及创新服务平台
南区	36. 中山市民科企业管理咨询有限公司
三角镇	37. 广东（中山）软件和数字家庭产业孵化基地
沙溪镇	38. 中山市休闲服装工程研究开发中心 39. 中山市沙溪电子商务技术服务中心 40. 中山市服装产业跨境电商平台

资料来源：中山市科技局工作数据汇总。

创新平台集聚大量创新资源，服务企业创新。通过上述专业镇公共创新服务平台，专业镇创新资源贫乏的状况得到极大改善，自专业镇工作以来，中山专业镇平台累积引进合作单位 175 家，其中，企业 88 家，研究院所 41 家，高等院校 24 家，协会或政府 22 家。专业镇公共服务平台主要服务于中山本地企业。专业镇公共创新服务平台历年服务企业合计 48 132 家，其中中山市本地企业约 39 866 家，本地服务率为 82.83%，其中 23 家平台的本地服务率超过 90%。部分平台已走上服务市场化的良性发展轨道，如小榄镇的公共创新服务平台体系中，不但孵化出中山市汉信现代设计制造技术服务中心、中山市汉信精密模具有限公司两家规模型的科技服务型企业，同时自身仍保有强大的产业创新服务能力，其旗下的产品质量检测公共技术服务平台、国家灯具质量监督检验中心（中山）和小榄镇生产力促进中心每年服务企业数均超过 1 000家次。

第二节　中山专业镇协同创新主要经验

一、中山专业镇协同创新的主要模式

（一）工研院："高校"专业服务模式

面向创新需求高水平引入创新资源。工研院的"高校"专业服务模式旨在通过有针对性的引进高校资源在中山成立新型研发机构，汇集产业发展的前沿技术，吸引掌握前端技术的高级创新人才落户中山，实现孵化战略新兴产业的目的。自 2007 年以来，北京理工大学、武汉大学、武汉理工大学、华南理工大学四所国内顶尖高校先后在中山成立研究院并入驻工研院，初步形成了 1 + 4 科技创新驱动体系，形成了"高校 + 基地模式"。其中，北京理工大学重点针对新能源汽车产业及光电产业，武汉大学重点针对卫星导航产业及文化创意产业，武汉理工大学重点针对水泥建材行业以及海洋工程装备，华南理工大学重点针对自动化控制行业。

"高校"专业服务模式主要包括三种方式。一是高校研究院将本校高校教师、科研团队或院系的科研成果在中山专业镇进行推广应用，如武汉大学的北斗技术在中山的应用（先后承担 3 项北斗技术方面的市级项目）；二是根据专业镇企业的需求，定向开展研究、或与企业联合开展研究，其中，高校在创新中主要集中于创新项目的学理验证、技术试验等方面，而企业更侧重技术应用或产品开发，与高校创新活动形成不间断的"创新链"。三是高校在中山直接设立企业开展研发、项目孵化和创业孵化，如武汉大学建立的中山珞珈产学研有限公司就致力于水处理薄膜技术在中山的孵化、应用和产业落地。

（二）火炬区：创新环境支撑模式

中山火炬开发区健康医药专业镇以国家健康基地为基础，通过打造多元化多层次的创新平台，营造良好创新环境，吸引创新人才、创新团队、高校、研究院所的集聚。

打造有利于"三链融合"的产业创新环境。火炬基地已建立起涵盖研发、中试、检验检测、成果转化、资本金融、孵化加速全过程的、具有生命力的产业创新体系，建成了建设了现代中药与天然产物对照品研究平台、新药临床前药代动力学研发外包服务平台等近20个公共创新服务平台，建设国家中医药管理局重点研究室1家、国家技术专业示范机构1家、国家重点实验室分室3个、工程技术中心40个、企业技术中心21个、博士后科研工作站2个、博士后创新实践基地6个、高校附属生物医药实验室9个、生物医药产学研基地4个、医药信息公共服务平台2个，医药、医疗器械行业协会2个，形成了科技型企业快速成长和集群化发展的创新环境。

以人才项目、实验室建设为抓手打造创新人才高地。火炬开发区健康医药专业镇引入健康医药专业技术人才和管理人才约1.2万人，其中入选国家千人计划2人，万人计划1人，科技部创新人才推进计划科技创新创业人才2人，教育部长江学者特聘专家2人，引入省部企业科技特派员51人；并与清华大学等国内外60多所高校和科研机构开展产学研合作，组建了2个博士后科研工作站、3个国家重点实验室分室，2个院士工作站、6个博士后创新实践基地，2个特派员工作站，2个产学研示范基地、1个省级工程实验室，9个联合实验室、1个中药研究生创新培养基地、10个教学实习基地等合作平台。

以科技金融结合工作为抓手创新金融环境。火炬健康医药专业镇还将创新环境的打造延伸至科技金融领域，以"推上市、引创投、建体系、促对接"为主线，引进中穗融资租赁、上市快车两个金融服务类企业，积极推动知识产权抵押贷款，为科技型中小企提供多样化的融资服务，2015年中智医药集团在香港上市，腾骏、利德、能龙新三板上市，培育乐心医疗在创业板上市，培育海济、爱科、尚瑞和、长宝、易山重工计划在新三板挂牌。

（三）小榄镇：科技服务孵化模式

借助国际先进科技资源培育本地创新能力。借鉴香港生产力促进局的成功经验。2000年起，小榄与香港生产力促进局开展合作，共建小榄生产力促进中心，重点开展"模具研发"工作。起始，香港生产力采取异地服务的模式对小榄地区企业开展模具研发的服务，同时培训小榄生产力本地人员；随着小榄生产力中心人才队伍的扩大和科研基础设施的快速改善（科研能力的提升），香港生产力逐渐改变为联合接单—联合服务的模式；更进一步地，在强大市场需求大的驱动下，小榄生产力中心加速改善自身科研设备，仿制购入的设备，通过自主研发提升自身创新能力。

夯实科研基础强化科技孵化基础条件。经过10年发展，小榄生产力促进中心所属各创新平台拥有专业化服务团队500多人，43个服务实体，总资产近3.5

亿元，服务场地 3 万平方米，各类先进设备 400 多套，初步形成了技术创新、质量检测、资金担保、信息网络、工业培训、科技创业六大服务板块，累计服务企业 6 248 家。

坚持市场导向孵化科技服务企业。小榄生产力中心一直坚持政府主导，以市场需求为导向，以项目为载体，以公司化运作，引导社会力量共同参与技术创新服务平台建设。在产业服务环节，通过项目、企业的孵化，推动产业科技服务向科技服务业转化和发展。在小榄生产力促进中心孵化和成长起来的"汉信现代设计制造服务中心"即是这样的代表。截至目前，汉信现代设计制造服务中心共服务企业 1 300 多家，设计新产品 600 多个，制作各类快速首板、模具 15 000 多件，估计为企业增加工业产值 15 亿元，增加利税 1.4 亿元；投资 3 000 多万元建成的立创化学检测服务平台，取得国家和美国 UL 安全实验室认可证书，检测结果获得国际 30 多个国家认可，累计服务企业 2 844 家、检测 17 109 批次；中心先后被授予国家级示范生产力促进中心、广东省中小企业服务机构示范单位等称号。

（四）南头镇：科技服务采购模式

南头镇建设创新中心采用"轻资产"模式，通过搭建一个统一的服务平台，引入科技服务业专业化的服务厂商，对本镇企业乃至周边企业开展服务。

面向产业链创新需求引入专业化科技服务。南头家电创新中心建立以来，打造公共技术创新服务平台，完善生产性配套服务业链条，为企业技术革新提供必要支撑。先后引入中国质量认证中心、中国家电研究院、中国日用电器科学院、德国莱茵公司等权威机构，每年服务镇内及周边 3 000 多家企业。其中中国质量认证中心（CQC）将南头作为其华南地区总部，打造国家级实验室，南头还专门提供 35 亩土地用于其建设三期项目。此外，南头通过项目引导科技服务平台的建设。如利用宏基工程项目，探索与开发商合作打造大学生创业中心，建设科技企业孵化器。

扶持企业建立技术创新平台延伸科技服务产业链。至 2015 年末，南头全镇拥有 3 家省级工程研发中心，4 家省级企业技术中心，20 家市级工程研发中心，27 家市级企业技术中心，30 多家企业与国内高校、科研机构建立长期合作关系。2015 年上半年，全镇专利申请量达 648 件，增长 30.91%，有效发明拥有量 145 件，总量排名全市第 4，企业的自主研发能力不断提高。

（五）大涌镇：共性技术研发模式

2000 年以来，大涌已经和中国林科院、北京林业大学、南京林业大学、华南农业大学、华南理工大学、香港理工大学等多所国内外知名大学开展了产学研合作，其合作重点落在产业共性技术的研发方面，主要体现在"技术与标准的协同开发与应用"、"公共协同创新机构的建设"两个方面。

协同开发与应用产业技术与标准。大涌主要着力于共性技术的开发、技术在企业的转化、标准的编制三个方面。一是在木材干燥技术方面，已形成常温干燥、真空干燥等核心技术，年干燥量能力达 20 万立方米。二是在红木家具设计方面，已形成新中式、新东方、后现代等设计风格，开创了红木软体系列，与中国家具协会、广东家具协会及多家高校开展产学开合作，从 2008 年开始连续开展全国性设计大赛，取得显著成效。目前红木家具外观申请量达 1 000 多件，多家企业已经成立工程技术研究开发中心，并建立 3 家博士后实践基地。三是与多家高校合作，修订行业标准和国家标准。

建设公共协同创新机构。大涌镇 2012 年成立生产力促进中心，组建"大涌镇红木家具中小微企业公共服务平台"，诚意引进中国广州分析测试中心入驻大涌，服务大涌的红木家具企业和牛仔服装企业。

二、中山专业镇创新发展存在的问题

（一）战略领域

传统产业技术提升空间有限。中山专业镇经过 15 年的发展，照明灯饰、家具制造、家电五金、服装制造等传统产业的技术水平已达到国际国内先进，甚至在部分领域甚至达到国际领先的地位，其技术提升空间、产业提升空间极为有限，这是造成中山部分专业镇在"十二五"期间工业、特色产业增速放缓甚至出现负增长的主因。

传统产业面临产业扩散和技术升级瓶颈的双重挤压。由于上述传统产业的技术门槛低，大量土地价格、人力成本低于中山的地区（如江门）接受技术扩散和产业转移开始快速发展，在较短的时间对中山传统产业形成较大的竞争压力；而中山专业镇的技术则受限于产业技术特征，不具有广阔升级前景，升级速度低于外部产业集群产能扩张的速度，因此导致中山传统产业集群的"转型困境"。

新兴产业增长点和战略性创新平台偏少。在产业部署方面，中山战略新兴产业增长点明显偏少，目前主要集中于生物医药领域、LED 装备领域，而与东莞、佛山专业镇加快发展电子信息、新材料等技术快速变革的专业镇特色产业形成鲜明对比。在产业布局方面，中山高新技术企业和高新技术产业主要集中于火炬开发区，大部分专业镇逡巡于传统产业的极为微小的技术升级，这使得新兴产业难以有充分的发展空间。在科技战略方面，中山在城市科技战略层面仅进入武汉理工、武汉大学等 4 所高校，难以覆盖中山多个产业集群的创新需求，也难以满足中山电子信息、生物医药等战略新兴产业快速发展的要求。

所以，中山专业镇践行创新驱动发展战略，不仅要从产业技术升级考虑问题，更要从产业周期更替的视角来考虑专业镇产业的换代升级。

（二）产业领域

企业规模小、集群能力弱。由于行业特点所限，中山专业镇以中小企业为多，且主要集中于制造产业环节；专业镇产业链条较短，仅有产业集中优势而难以形成产业集聚优势。这使得专业镇内特色企业竞争激烈，企业利润水平极低，小榄五金和古镇灯饰的销售利润率仅为 4.0% 和 5.0%，企业持久竞争力较弱，产业集群不得不依靠企业的新老交替而实现长久、低水平的稳定。

专业镇特色产业集中度下滑。"特色不特"，是中山部分专业镇特色产业近期发展的一个重要特征。2015 年，已有三乡、黄圃、东升、板芙、港口、大涌、阜沙 7 个镇区的特色产业占工业比重低于 30% 的认定标准[①]，其中三乡、黄圃、板芙、港口已低至 15% 以下。这使得专业镇在面向产业开展创新活动时失去明确的产业目标，与本地产业结构相左，难以实现有效的创新支撑。

传统制造业进入长尾阶段。中山绝大部分传统行业专业镇的产业制造水平已达到行业先进水平，在基础技术方面已难以得到大幅度提高，主要技术差异表现在工艺能力而非技术能力。这导致传统产业集群大量进入长尾发展阶段，增速显著放缓，要素驱动模式难以再现高速增长景象，低利润率，高度竞争是这些产业集群的共性特点。

（三）创新领域

企业创新需求旺盛，但创新供给不足。调研表明，由于中山企业的内源性特征和国内市场导向特征，企业竞争激烈程度高于国外市场竞争程度，企业不得不依靠创新获取竞争优势。这种创新需求主要分为两种。一是行业领军型企业，在生产制造的基础技术和工艺技术两个方面都有旺盛的需求；二是行业内的跟随型企业，更倾向于工艺技术改进和更为直接的生产制造技术的应用。但中山目前的协同创新资源难以满足企业的创新需求。2015 年中山全部公共创新服务平台仅44 个，其中专业镇拥有 40 个，远不能满足企业创新需求。对比来看，而东莞同类型的公共创新服务平台超过 100 个，其中市级战略平台 24 个，专业镇平台 12个，省部产学研示范基地和创新联盟 41 个，引入高校、科研院所累积 100 多家。此外，还有依托龙头企业建立的行业技术平台 12 个。

---

① 黄圃镇的家电产业和大涌镇的纺织服装产业未纳入专业镇统计，按黄圃镇、大涌镇提供的统计数据资料，黄圃家电产业占工业比重超过 30%，而大涌的纺织服装与家具产业之和占工业比重则超过 30%。

缺乏高端人才平台，创新人才紧缺。目前，中山除中山电子科技大学等少数几所高校和 44 个平台能够储备部分高端创新人才以外，严重缺乏高端人才平台。虽然，中山已有部分镇区通过博士后流动工作站等方式吸引高端技术和管理人才，以"项目制"解决科研人员难以长留问题。但是，中山市专业镇，由于存在总体收入、家属安置、个人学习进修和信息获取的方便性等诸多问题，企业和创新服务平台引进的人才扎根难，长期留驻中山的积极性不高，领军人物和核心技术团队形成困难。

企业对创新资源不清晰，无法有效利用。中山产学研结合目前仍处于一种零散的"点对点"状态。这使得企业技术开发时开展产学研合作处于一种"随机"状态——大量企业依靠师生关系、学生实习关系或企业间介绍与高校建立产学研联系。在某些企业的研发过程重，甚至存在不清楚应该找哪些高校、哪些团队进行研发协助和产学研合作的现象。这种零散的态势难以形成产学研的规模化优势，在科研上增大了研发失败的风险损失；另一方面由于企业接触创新资源少，从而使高校、研究所在特定研究项目上形成一定程度的垄断性，反而提高了企业创新成本，制约了协同创新的大规模发展。

公共创新平台规模小、产业影响力弱。目前，中山除中山市小榄镇生产力促进中心、中山市家电创新中心、大涌木材干燥中心等少数专业镇拥有成熟的公共创新平台，大量专业镇公共创新服务平台仍处于起步阶段，服务能力不强、平均规模不大、高素质人才缺乏、服务水平不高是平台运作中存在的突出问题。首先，受产业发展水平的制约，平台北多南少的不平衡现象较为突出。部分镇在产业发展方向上缺乏前瞻性，例如板芙、民众等镇产业没有长期定位，产业分散，科技公共服务平台存在产业服务方向不明确或平台的利用效率低的问题。其次，平台普遍存在高端设备缺乏、专业人才缺乏等硬件上的缺陷以及高端服务能力（例如研发）弱、资质低等缺陷，服务能力显然满足不了日益增长的服务需求。最后，不少企业感觉公共服务平台跟企业的现实需求相比仍有一定差距，平台的内容没有围绕区域科技创新的要求而不断丰富。平台的以上局限使其辐射能力有限，覆盖面窄，接受服务对象过少，既达不到为产业内大部分企业服务的初衷，也使平台无法发挥规模效应。

（四）体制领域

产学研合作中高校、研究所的体制机制桎梏仍存在。高校、研究所和企业由于存在技术创新能力的层级差异和创新链关注点的差异，导致产学研合作中"产"与"学研"之间往往存在较大的创新"误区"。这种体制机制的症结在于缺少"产"与"学研"之间的应用研究体系。在健全的科研体系中，如德国，这项功能由科研院所系统承担；在美国，则有高校中的工程化的教师担任或由企业负责（美国高校教师和企业科学家是可以互换的）。而在专业镇采用这两种模式都是不可能的，目前较为现实的方案是高校、科研院所的教师、科研人员与企业科研人员联合组成科研团队，通过联合研发达成企业创新的目的。这就需要通过企业与高校的精确对接——不但在专业领域对接，而且要实现专业能力对接，最大可能地实现创新链的"无缝"连接。

产学研双方缺乏有效的第三方技术评估体系。高校、科研院所的科技成果的市场价值对高校、科研院所参与专业镇创新具有有效、直接的市场信号作用。而中山目前仍缺乏规模化、体系化的第三方技术评估机构系统[①]，不能对科技成果的市场价值、应用效果、价格等信息进行判别。在产学研过程中，对科技成果和联合研发成果定价就成为一种事后的市场博弈。这种市场的不良印象反作用于产学研合作，则使得企业和高校、科研院所之间的信任机制收到严重损害。

创新平台仍有待进一步"体系化建设"。由于缺乏全市专业镇公共创新服务的整体规划，专业镇平台建设整体上处于个体的自发行为，从市层面的系统组织偏少，难以形成合力和品牌，从而使中山专业镇创新平台目前仍存在一定程度的重复建设现象和科技资源分散的现象。同时，由于专业镇经济已出现跨镇区、跨产业的创新扩散和创新融合（如小榄、古镇和横栏），"一镇一品"逐渐演变成"多镇一品"的大集群，这使得创新平台的体系性整合更为必要。

第三节　中山专业镇协同创新需求及对策

一、中山专业镇协同创新需求分析

为把握中山专业镇、专业镇企业及驻中山高校、科研院所和科技服务机构（创新服务平台）对协同创新的需求，笔者围绕着协同创新的服务需求、政策需求开展了问卷调查，共发放问卷55份（专业镇组14份、企业组30份、高校与平台组11份），回收有效问卷53份，有效问卷达96.4%。

但考虑到调查对象的选择性和代表性，53份调查问卷所得结论并不能完全代表中山全部专业镇企业的特点，以下结论供参考。

（一）专业镇组别需求分析

中山16个专业镇（镇区单位）共有14个镇返回了调查问卷，且均为有效

---

① 第三方技术评估机构系统，包括技术鉴定、科技评估、知识产权服务、知识产权质押、司法服务、检验检测、技术中介、科技小贷等服务技术交易的机构，为技术的定性、定价、交易各个环节提供服务。

问卷，有效回收率87.5%，能够代表中山专业镇协同创新的基本情况。

1. 中山专业镇普遍开展了不同程度的产学研合作。参加调查的14个专业镇中，仅南朗镇未开展有效产学研合作（一项产学研合作正在洽谈中），其余13个镇区均存在不同层次的产学研合作，产学研合作覆盖率达92.9%。从合作对象来看，专业镇合作对象主要包括三个层次，一是本地高校和驻中山高校研究院，如中山一职、中山电子科技大、中山北理工研究院等；二是省内高校和研究院所，如中山大学、华南理工大学、广东工业大学等；三是省外高校，如华中科技大学、香港理工大学。绝大部分镇区选择本地或省内高校、研究院所，仅有南头、三角、沙溪三个个镇区选择过省外高校和研究院所作为主要产学研合作对象，其中，仅有沙溪一个镇区全部选择省外高校/科研机构合作。这表明，中山专业镇协同创新主要依赖省内甚至于市内合作，对协同创新资源的认知和利用也主要集中于广东省内。

2. 协同创新需求主要集中于信息、技术和金融。在参与调查的14个专业镇中，71.4%的专业镇在最紧迫的技术协同创新需求中选择了技术信息、技术开发和创新的金融支持三个选项；而产品开发、工艺改进和科技政策支持则有42.86%的专业镇认为较为重要；技术规划则仅有35.71%的专业镇予以支持；检验检测服务、知识产权获取和保护仅有28.57%的专业镇认为重要。

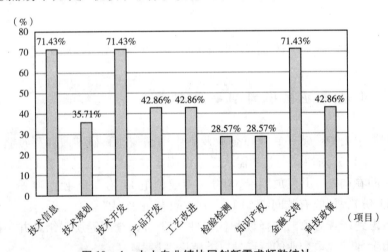

图10-4 中山专业镇协同创新需求频数统计

这种专业镇的认识表明：首先，大部分已建立创新服务平台的专业镇绝大部分已建立了检验检测服务和知识产权服务，如大涌创新服务平台依托广东分析测试中心，能够对红木家具和服装；两个行业的产品和原材料进行检验检测服务。其次，大部分专业镇并未认知产业集群或镇域的产业技术规划的价值，调查组抽查表明，中山专业镇极少开展科技领域的专门规划，也不清楚技术路线图方法、

TRIZ 方法在产业规划、技术规划中的应用。再次，中山专业镇的特色产业绝大部分为"长尾产业"，主导产业技术十分成熟，产品和工艺基本定型，因此仅有近半数的专业镇在产品和工艺方面有较为急迫的创新需求。最后，由于中山专业镇已基本完成了企业主导的零散产学研合作模式阶段，从区域宏观层面建立战略产学研合作框架和协同创新机制则成为未来发展的重点，在这样的发展阶段中，专业镇必然需求更为高端、全面、多层次的协同创新信息服务（包括协同创新主体、协同创新项目、协同创新团队等信息），在产业基础技术的突破和开发更为急迫，同时，这种远比产品开发、工艺开发拥有更高风险的创新活动也更需要金融要素的支撑和扶持——例如古镇、横栏、小榄都不同程度地引入"孵化器＋金融"的模式开展 LED 产业技术开发。

（二）企业组别需求分析

在专业镇企业组别中，笔者发放了 30 份问卷，回收 28 份有效问卷，有效回收率 93.3%，能够代表中山专业镇企业协同创新的基本情况。

1. 企业对科技政策扶持呈现高需求。与专业镇政府的认知相区别，中山专业镇企业对科技政策的支持更为关心，71.43% 的企业均选择此项作为协同创新最紧迫的需求（见图 10-5）。这一方面反映了中山创新政策覆盖面或支持强度可能存在不足，另一方面也反映了企业创新更趋活跃，亟须政策的支持。从企业所需政策分析，主要包括三个方面。一是科技政策便捷化，例如，爱美泰电器提出进一步简化科技政策支撑流程。二是对研发和创新予以减税、补贴等方面的支持，如大洋电机和汉唐量子均提出"加大对企业研发投入的扶持政策，可采取减免税、直接资助等方式扶持"。三是强化研发配套政策，特别是人才服务政策。如汉唐量子提出"为企业引进科研团队及技术成果创造便利的条件"，高璐美认为应仿照浙江省的"柔性引进"和"海鸥计划"，罗顿五金希望"人才子女积分入学入户上给予更多政策上的优惠"。

2. 企业倾向产品开发导向的技术研发创新。与专业镇政府相类似，专业镇企业也认为技术开发是协同创新最为紧迫的需求之一，而与专业镇政府的认知相区别，企业对产品开发具有更高的兴趣，在最紧迫的协同创新需求中，67.9% 的企业选择了技术开发和产品开发，表明中山专业镇企业在创新中更趋向以新产品和核心技术进行竞争，而不仅仅是通过产品质量（工艺水平）进行竞争，这也从一个侧面表明中山专业镇企业已步入研发和品牌的微笑曲线两端的"高端化竞争"。在笔者收到的 28 份有效问卷中，几乎所有企业都进行了不同程度的产学研合作，32% 的企业直接提出了技术研发的需求方向和要求，表明企业对技术开发、产品开发的导向具有清晰的需求导向。

3. 过半数企业需求技术信息支持。虽然几乎全部企业均有产学研合作经历，

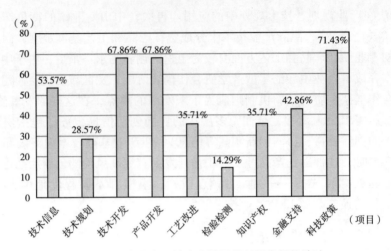

图 10 – 5　中山专业镇企业协同创新需求频数统计

但企业以往的产学研合作更多地表现出一种"碰运气"，而不是在掌握全面协同创新需求的基础上进行比对、竞争而进行的创新合作。这突出表现在 53.6% 的企业选择技术信息为最紧迫的创新需求，也表现在仅有 1/3 的企业能够清晰地提出自己希望的合作方（在提出明确技术创新方向的企业中）。

（三）高校与平台组别分析

笔者发放了 11 份高校与平台组别的协同创新问卷，回收 11 份有效问卷，有效回收率达 100%，能够代表中山专业镇高校和平台协同创新的基本情况。

中山专业镇高校与平台协同创新的基本需求反映如图 10 – 6 所示，90.91% 的高校和平台认为技术开发是专业镇当前最为紧迫的需求，表明高校和平台呈现显著的"技术开发"导向——高校和平台更趋向将自身拥有或引入的技术开发资源、项目引入企业。同时，63.64% 的高校和平台认为"技术信息"也是最为紧迫的创新需求之一，这表明中山仍可能缺乏宏观、大规模、多层次的协同创新或产学研合作的基本信息库，难以满足大规模协同创新的需求。值得注意的是，与企业、专业镇政府相区别，高校和平台对产品开发的认知程度较低（36.36%），其重要的原因是高校和平台的技术优势在于基础技术开发、实验等方面，而在产品开发方面不具有技术能力优势，这种认知差异对这是协同创新的合作机制影响重大。

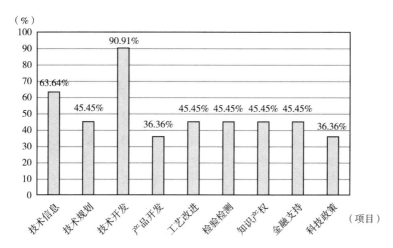

图 10 – 6　中山专业镇高校与平台协同创新需求频数统计

二、中山专业镇协同创新的对策与政策

（一）以优势产业为基础探索布局国家和省大科学中心

以 LED 照明、生物医药、智能家电等优势产业为基础，仿照东莞散裂中子源项目形式，争取国家和省的大科学中心项目的布局落户专业镇，高水平建设创新资源集聚平台，以为平台和项目为契机，集聚产业创新人才，强化科技基础设施，并围绕大科学工程进一步引进相关的应用型科研机构，在中山形成战略性协同创新资源网络。同时，扶持专业镇领军型企业和创新型企业围绕大科学工程开展产学研合作，推动科研成果在中山专业镇落地和形成新兴产业。

抓住军工科研院所改革机遇和新一轮国资国企改革机遇，鼓励中山企业或者组织企业联盟，通过并购和参与国有科研院所股份化改制等方式，以资本为纽带引入省外优质科技资源，如在 LED 领域引入电子科技集团 43 研究所。

以产业龙头为重点，放眼国际，引入行业关键性科技资源。例如，以中山火炬区为基础，引入美国安德森肿瘤中心，带动火炬区高端生物制造产业的发展。

（二）推动同类特色产业专业镇建设专业区

鼓励小榄、古镇、横栏建设照明灯饰协同创新专业区；大涌、板芙、三乡建设家具制造协同创新专业区。由科技副市长或科技部门负责人兼任专业区协同创新工作小组组长，统筹专业区发展。支持外资、民资和社会资本采取 BOT、BT、PPP 等方式，投资建设专业区基础设施。对建设期内土地产出率和国家高新技术企业数年增长率均超过 10% 的专业区，给予一定额度配套资金后补助，新增建设用地审批按照"先期介入、预审协调、快速办理"的原则，实施"绿色通道"审批制度。

（三）支持专业镇科技中介服务机构的建设

培育和发展专业镇科技中介服务机构是加强技术创新，发展高科技，实现专业镇产业转型升级的必要条件，加强科技创新平台的建设必须要重视科技中介服务机构的建设。根据中山专业镇科技中介机构薄弱的发展现状，今后在继续增加机构数量、扩大服务面的同时，着力培育高水平的科技中介机构，建成一批国内规模较大、水平一流、实力较强的中介服务机构，形成一批为创新服务的骨干中介服务组织和自律规范的行业协会；要在努力改善服务设施、服务手段的同时，大力推进人才队伍建设；要积极培育新型科技中介机构，加强生产力促进中心、科技企业孵化器、科技咨询和评估机构、技术交易机构、创业投资服务机构等科技中介机构建设；积极引导各种技术创新服务机构、技术评估机构以及技术经纪机构等中介机构，为加速科技成果的转让提供良好的服务。

（四）建立专业镇大数据平台

根据专业镇企业产学研合作需求，依据专业镇特色产业特点，全面掌握可用于专业镇企业产学研合作的科技人才、项目、专利、标准等科技资源，并以此为基础建立产学研合作服务数据库和中山专业镇大数据应用和服务平台。为企业、科研院所等用户提供数据支撑和决策咨询服务，实施工作主要分三步进行：

一是获取专业镇产学研合作数据资源，如利用国家和省科技部门的科技成果数据库、专利局的专利数据库，质监局的标准数据库，通过大数据技术将可能的产学研合作项目、人才、成果、专利、标准等数据进行规范化搜集和整理。

二是完成数据库设计与建设。针对专业镇数据特性及开放式数据接口设计理念，基于标准完成数据库建设。预计应建成专业镇基本信息数据库、特色产业数据库、专业镇样本企业数据库、专业镇服务平台数据库、专利统计数据库、专业镇企业需求数据库等若干个子库；

三是完成应用与服务平台开发。基于专业镇数据库资源，建设专业镇应用与服务平台，根据企业需求提供相关的信息、咨询、中介、科研管理等多层次服务，协助企业完成协同创新。

（五）引导有条件专业镇培育和发展第二专业镇

在"十二五"期间，黄圃镇通过接受产业辐射和产业集聚发展，已逐步将特色产业由食品制造为主转换为家电产业为主。"十三五"期间，与黄圃相似，中山传统产业专业镇导入新产业将可能成为专业镇发展的重要趋势。

一方面，中山可考虑推动已成熟的产业集群申报第二专业镇，如火炬区的电子信息、新材料制造两个集群，直接增强中山专业镇的创新实力。另一方面，中山可考虑推动在"特色不特"的专业镇实施"特色换特色"的专业镇产业发展计划，引导三乡、东升、三角、沙溪、板芙、佛山等镇结合自身产业基础、创新基础，利用好深中通道建设的发展利好，抢抓深圳产业集群跨区域转移的机遇，择优集聚发展新的特色产业。此外，还应注意培育南部对接珠海的各镇区可能成长的新集群，如坦洲正在逐步成长的打印耗材制造集群（与珠海南屏关系密切）和制药集群（珠海联邦已落户）。

（六）培育发展新业态专业镇和第三产业形态专业镇

中山专业镇中除了民众为农业专业镇外，其他专业镇均为工业专业镇。这使得中山在过去十年专业镇发展过程中，由于不掌握附加值较高的物流产业环节，从而使传统产业长期处于产业链中下游。而广州、佛山、东莞等地区都大量集中了专业市场，部分地区甚至培育发展了物流专业镇，从而部分地把握住产业链的关键环节，保持了高端产业要素、创新要素的集聚，实现了产业低端转移而高端升级。例如，佛山陶瓷产业、家具产业、家电产业拥有乐从物流专业镇，集聚了家具、钢铁、塑料、陶瓷建材等大量专业市场，从而有力地支撑了佛山产业的转型升级。

"十三五"期间，中山市应在灯饰、家具、家电等传统产业制造优势的基础上，适应当前"互联网＋"井喷发展的趋势，加速推动"互联网＋物流仓储"的传统产业转型模式，加速发展物流专业镇，推动传统产业的升级。另一方面，推动部分专业镇在"互联网＋"快速发展的形势下向信息服务专业镇转型提升。

此外，中山市还应考虑在南部旅游资源相对较优的区域，对接传统制造向文化产业发展的趋势（如大涌红木文化），积极培育和布局文化旅游产业领域的专业镇，推动中山专业镇多元化发展。

第十一章 东莞市专业镇协同创新实践

第一节 东莞市专业镇协同创新概况

一、东莞市专业镇协同创新成效

东莞是一座以制造业闻名的城市，市直接管辖镇街一级，如何让创新驱动更"接地气"、在基层开花结果，让基层充分享受到创新驱动带来的红利，是东莞市政府一直深入研究探索的重大课题。

多年来，东莞从适应和引领经济发展新常态的高度和推动供给侧结构性改革的要求出发，大力推动专业镇协同创新发展，取得了积极成效，具体体现为"一个基本全覆盖、三个明显提升"。

一是省级技术创新专业镇实现基本全覆盖。全市 32 个镇街中，有 30 个镇街共获认定省级技术创新专业镇 34 个（其中有 4 个镇街分别拥有 2 个不同产业的专业镇称号），比 2010 年 14 个镇街获认定 15 个专业镇翻了一番多，涵盖了电子、家具、服装、毛织、物流、五金模具、造纸等多个产业，不少专业镇在国内外都具有一定影响力。二是专业镇综合实力明显提升。2015 年，全市专业镇地区生产总值达 5 050 亿元，占全市的 80.5%，平均每个镇街 168 亿元。专业镇特色产业工业产值合计 5 544.4 亿元，规模持续壮大。三是专业镇创新能力明显提升。全市专业镇拥有国家高新技术企业 769 家，占全市总数的 78.1%，工业产值 2 241.9 亿元。专业镇专利申请量 3.2 万件、授权量 2.3 万件，专利结构不断优化。四是专业镇创新服务能力明显提升。建设了专业镇创新平台 12 个，集聚了工业设计等创新服务机构 521 个，构建了镇与市级平台及更高中心机构的合作关系。据统计，全市专业镇共与 100 多所科研院校建立了联系，并拥有省评定的院士专家企业工作站 12 个。这些平台在技术创新、品牌推广、人员培训等方面为企业提供了大量服务，取得了良好成效。在专业镇协同创新的带动下，"十二五"东莞科技创新水平明显提高。全市国家级高新技术企业从"十一五"末的 334 家增至 986 家，新型研发机构从 11 家增至 31 家，省级创新科研团队从 9 个增至 26 个，发明专利申请量和授权量分别增长 255.3% 和 532.3%，总量位居全省第 4 位和第 3 位。拥有各类科技孵化载体 36 家。R&D 占地区生产总值连续 5 年快速提升，上升 1.1 个百分点，达 2.3%。实践证明，专业镇已经成为创新驱动发展战略在基层落地见效的主战场，成为提升产业集群核心竞争力的主抓手，对地方经济发展和产业转型升级起到了实实在在的促进作用，做法得到了中央和省领导的肯定。

由于东莞市专业镇企业以加工制造型中小企业为主，大多处于产业链条的低端，从事研发设计和市场营销的人员较少，缺乏自主技术和自有品牌，对共性技术研发需求较强，迫切需要各类公共平台提供转型服务。因此，东莞市抓住落实广东省"三部两院一省"产学研合作战略任务的契机，积极围绕专业镇产业转型升级的需求，大力引导鼓励专业镇与高校院所合作，联合搭建大型的专业化创新服务平台，为产业转型升级发挥技术支撑和公共服务功能。目前东莞市已先后组建了横沥模具制造产业协同创新中心、虎门服装产业协同创新中心和桥头环保包装产业协同创新中心 3 个专业化的专业镇创新服务平台，并在资源引进、行业服务、人才培养、技术攻关等方面取得了较好的成效。

二、主要做法

近年来，结合各专业镇的特色和优势，东莞市在政策扶持、资金投入、交流对接、队伍建设等方面加大引导和推动力度，着力提升专业镇的发展水平和服务水平。具体做法包括以下几个方面：

（一）以顶层设计和政策扶持为先导，营造有利于专业镇协同创新的整体环境

东莞市把专业镇协同创新作为基层落实创新驱动发展战略的重中之重，按照"一镇一品、一镇一策、专业强镇"的思路，出台了科技创新平台建设资助办法等系列政策文件和扶持措施，大力支持专业镇科技创新。"十二五"时期，市财政投入 100 亿元实施"科技东莞"工程，出台《东莞市科技创新平台建设资助办法》等系列配套办法，支持专业镇的科技创新活动，特别是支持专业镇联合高校院所、行业龙头企业共建创新服务平台，其中大部分政策和资金都用在扶持专业镇协同创新和创新型企业上，有效增强了镇街和校企协同创新的积极性，在全市形成了浓厚的创新氛围。同时，东莞市积极指导各专业镇根据镇的发展情况、经济特色、存在问题以及转型升级需求等，制定"一镇一策"的发展规划。如横沥镇制定了《横沥建设模具强镇的发展规划》、虎门镇制定了《虎门镇产业升级做强服装产业工作方案》、石龙镇制定了《石龙镇电子信息产业发展技术路

线图》等。

（二）以专业化创新服务平台建设为重点，实现对专业镇协同创新的精准发力

东莞市专业镇中小企业较多，大多缺乏自主技术和自有品牌，迫切需要公共平台提供共性技术研发等转型服务。为此，一方面，从市一级层面推动松山湖加快珠三角自主创新示范区建设，强化对专业镇的辐射带动和纵向服务，先后引进北大、清华、中科院等一批高校院所，共建了新型研发机构31家，并组织与专业镇"结对子"，累计服务企业超过2万家。另一方面，从镇一级层面大力推动专业镇与高校院所合作，主导建设了12家创新平台，就地为产业转型提供技术支撑和公共服务。特别是落实省科技厅"一镇一校"行动计划，先后组建了横沥模具、虎门服装、桥头环保包装3个大型产业协同创新中心。在此过程中，坚持政府引导、市场主导，非常注重机制和模式创新，努力做到"三个化"：一是专业化定位。专注于为特色产业集群提供共性研发等支持，不仅服务当地特色产业，还服务全市同类企业。例如，横沥镇在专业化服务的支撑下，2013～2015年，模具行业总产值增速分别达27.3%、21.4%和21.1%。同时，常平、塘厦、万江等镇街也有不少模具企业到横沥镇平台寻求合作。二是多元化共建。在投入机制上采取"共同投入"模式，市财政最高扶持5 000万元、市镇两级1：1投入引导资金，政府、高校院所、企业根据各自优势分别提供资金、场地、技术、人才等资源，对等投入、优势互补。3个大型协同创新中心市财政投入1.4亿元，带动各方累计投入约7亿元。在共建主体上采取"灵活共建"模式，横沥镇联合上海交通大学等7所高校以及中泰模具等行业龙头企业，共同组建模具协同创新中心；桥头镇则以美盈森等龙头企业为依托，引进东华大学、上海理工大学等5所高校共建环保包装协同创新中心。三是市场化运营。政府不直接参与运营，只提供公共服务，平台与企业按照市场化规则对接运营。比如横沥模具产业协同创新中心对内实行"理事会治理"模式，政府、高校、行业协会、企业共同派员组成，共同协调处理事务，对外实行"企业化运作"模式，更加精准地为企业提供协同创新服务。

（三）以产学研合作为主要形式，充分发挥企业在专业镇协同创新中的主体作用

推动专业镇创新平台进企业、进车间，为企业提供解决方案、培训工人等服务。针对专业镇产业的技术、人才等需求，每年开展了系列产学研考察对接活动，积极为专业镇及广大企业与科研院所的对接创造条件。2011～2015年，东莞市共组织镇街、企业开展产学研考察活动50多批次，达成产学研合作项目

1 200 多项，并从高校引进了 587 名科技特派员进驻各专业镇。加强校企合作，从高校引进 587 名科技特派员进驻各专业镇企业，促进技术对接、产品研发、成果转化。开展多层次、多形式的产学研对接活动。从 2004 年起，"东莞国际科技合作周"活动已成功举办十一届，特别是自 2013 年合作周升格为国家级科技展会以来，展会的国际性和专业性效果更加突出。2015 年合作周以"创新创业融合发展"为主题，设有"科技展览、高峰论坛、项目签约、创客路演"四大专题，邀请了 16 名两院院士、300 多名海内外知名专家学者、超过 4 000 个国内外相关领域的研发机构和企业代表参与，吸引来自 32 个国家和地区的 160 多名外宾出席。2011～2015 年，共达成技术服务及合作项目 2.5 万项。经过努力，企业创新意愿不断增强，全市企业工程中心、重点实验室增至 289 家，比 2010 年几乎翻了一倍，规模以上工业企业自建研发机构达 2 229 家，实现了大幅增长。

（四）以品牌建设和产业链整合为方向，不断拓展专业镇协同创新内涵

东莞市在加强科技协同创新的基础上，积极探索协同创新新模式。注重与会展业、专业市场建设相结合，打造了厚街名家具展、虎门服装展、横沥模具展等知名展会，进一步打响了专业镇区域品牌。注重与行业标准制订相结合，积极整合知识产权服务工作，鼓励区域企业建立知识产权制度，创建了石龙 IT、大朗毛织等技术标准示范专业镇，产业链向高端迈进。注重与电子商务等新业态相结合，运用互联网技术不断强化信息服务平台建设，选择电子、服装、毛织、家具、五金模具等行业特色明显的专业镇，建设了一批涵盖销售、设计、生产、电子商务等方面的信息化服务平台，推动虎门服装、道滘食品等加速向线上线下结合转变，虎门镇 90% 的电商从事服装贸易，年销售额近 300 亿元，年快递业务量达 2.3 亿票。这些创新元素的注入，为专业镇转型升级开辟了新的领域与空间，也进一步丰富了协同创新内涵。"模具强镇"、"虎门时装城"、"中国环保包装名镇"等代名词成为各专业镇产业发展的重要名片。

三、存在的问题

虽然东莞市专业镇创新发展取得一定成效，但与东莞市当前实施创新驱动发展战略走在前列的目标要求还存在较大差距，主要面临四方面亟待突破的瓶颈：一是专业镇特色产业大多处于价值链低端，产业结构不合理。二是专业镇龙头企业缺乏，产业带动效应不明显。佛山的北滘家电专业镇拥有美的、惠而浦等大型知名企业，美的公司年产值超过千亿元；江门的蓬江摩托车专业镇拥有大长江、

民隆、长铃等 8 家大型整车生产企业，具备年产 400 万辆整车的生产能力。而东莞目前的专业镇产值超百亿元的企业屈指可数。三是专业镇缺少与国际产业接轨的高层次人才和管理团队、科研团队，产业科技竞争能力不强。四是专业镇创新平台运营机制仍不完善，服务水平有待进一步提升，尤其是缺乏专业化和产业化的运营理念，对行业关键技术、产业链配套孵化等高端增值服务能力不足，对区域内企业和产业转型升级支撑力有待进一步提升。

四、下一步发展计划

东莞将积极贯彻落实中央和省市关于实施创新驱动发展战略的有关精神，一方面继续推动横沥模具产业协同创新中心的发展，为全省专业镇发展提供示范样板；另一方面在东莞市率先推广横沥经验，全面推进东莞市专业镇的转型升级。东莞市将认真贯彻全国科技创新大会、全省创新驱动发展大会和本次会议精神，以建设珠三角自主创新示范区为契机，以推进国家构建开放型经济新体制综合试点城市建设为动力，把创新驱动发展作为经济社会发展的核心战略和经济结构调整的总抓手，力争到 2020 年，实现"五个大幅提升"的目标：全社会创新投入大幅提升，R&D 占地区生产总值比重达到 2.8%。科技创新支撑能力大幅提升，高新技术产品产值占规模以上工业总产值比重超过 50%。高新技术企业数量大幅提升，国家级高新技术企业总数达到 1 500 家。发明专利产出大幅提升，每百万人发明专利申请量达到 1 600 件，每万人发明专利拥有量翻番，达到 20 件以上。创新载体数量大幅提升，新型研发机构数量达到 50 家以上；科技企业孵化器达到 100 家以上。其中，尤其要坚定不移地把专业镇协同创新工作摆在突出位置抓紧抓实，具体如下：

（一）加大协同创新的效应

进一步加强横沥等专业镇创新服务平台的发展，创新专业镇的发展模式，加强协同创新，推进专业镇的发展模式从生产型向创新型转变，引导专业镇转入创新驱动的发展轨道；充分发挥财政的杠杆作用，引导更多的社会资本投入到专业镇的高端项目引进、技术管理创新、综合服务体系建设等领域，健全政府、行业、企业、金融、风险投资机构等多元化、多层次的融资扶持体系。

（二）加强协同创新的政策扶持

统筹运用"科技东莞"、"人才东莞"等现有相关专项资金，加大对专业镇开展协同创新的扶持力度，引导各镇财政及社会投入相应配套资金，用于推进专业镇创新服务平台建设、科技服务体系建设，加强关键共性技术攻关、人才培养引进等工作。落实国家、省关于扶持小型和微型企业发展的金融、财税政策措施。认真落实国家关于高新技术企业所得税减免和企业研发费用加计扣除等优惠政策，鼓励专业镇企业加大研发投入力度。

（三）加强协同创新的联盟建设

努力构建完善多层次全覆盖的协同创新体系，在组建专业镇创新服务平台的基础上，加大专业镇与东莞市新型研发机构的对接力度，充分利用新型研发机构的创新资源，灵活运用产学研结合的相关机制和模式，将高校院所、科研机构创新项目源源不断地导入专业镇，全面提升专业镇科技创新的能力水平，推动传统产业由产业链末端向中上游和高附加值环节加速攀升。

（四）推动专业镇专业孵化器建设

结合各专业镇自身产业发展特点，鼓励联合有资质的企业或相关新型研发机构，以特许经营等多种方式，共同建设和运营专业化的科技企业孵化载体。利用存量"三旧"资源，在"三不变"（土地性质不变、产权归属不变、建筑结构不变）的前提下，通过翻新改造、搭建公共服务平台等方式，推动镇街孵化载体建设。

（五）优化科技金融机制

充分利用市科技创业投资引导资金，发挥市财政资金的杠杆作用，深入研究，调动民间资本力量，条件成熟的专业镇可在当地设立创业产业发展引导基金的子基金，扶持专业镇企业开展各类产学研合作项目，加快科技成果在专业镇的转化，推动专业镇转型升级发展。

第二节　横沥镇协同创新实践经验

横沥镇是"广东省模具制造专业镇"。近年来，横沥镇模具产业的后续发展面临着土地资源严重不足，环境容量逼近极限，持续发展难以为继的困境。针对发展面临的瓶颈制约，结合东莞市委、市政府"建设全省科技与产业融合发展的示范区和打造创新型经济强市"的部署要求，横沥镇及时转变方式、调整思路，积极为东莞传统制造业转型升级开题破局，"立足专业镇主导优势产业，打造了政产学研合作的协同创新服务平台，促进产业、科技、金融、人才深度融合，带动传统产业转型升级和高端发展"，探索走出了一条面向传统模具产业集群实施协同创新的新路子。

一、协同创新工作背景

横沥模具制造业起步于 20 世纪 90 年代，经过近 20 年的发展，已经从最初的分散经营逐步向集聚发展转变。作为市的重大产业集聚区之一，2011 年，全镇模具产值 46 亿元，占工业总产值近 36.5%。在取得较大发展同时，横沥模具产业整体规模偏小、科技创新滞后、大多数企业还处于生产加工低端环节。

2012 年 3 月，时任东莞市委书记、市人大常委会主任的徐建华考察上海市高校时指出，东莞的产业转型离不开高校提供的科技和人才支持，希望通过加强与重点高校的联系，借力科技助推东莞实现高水平崛起。2012 年 6 月，横沥镇紧跟东莞市委、市政府步伐，先后拜访了上海交通大学、上海市教委科发中心、广东工业大学、东莞华中科技大学制造工程研究院等高校院所，在原有"一镇一校"合作的基础上向"一镇多校"协同创新模式转变。在东莞市科技局等部门的指导下，经过 5 个月的高效筹建，横沥模具产业协同创新中心于 2012 年 11 月 29 日正式挂牌运营。

二、协同创新工作特点

协同创新中心当年就被列入东莞市的重大科技专项，预算投入 2.05 亿元。截至 2015 年已累计投入资金约 5 300 多万元。横沥镇政府提供横沥创意产业园的场地、办公楼等配套设施，按专业镇创新服务平台的标准来建设。针对东莞模具制造产业实际需求，协同创新中心建设以下子中心：与上海交通大学合作建设材料塑性成形技术中心、模具检测技术中心；与东华大学合作建设模具产业电子商务研究中心、新材料成形模具研究中心；与广东工业大学合作建设模具设计与制造中心、模具信息服务中心；与上海第二工业大学合作建设模具展览展示与品牌创意设计中心、模具应用人才培训中心；与东莞华中科技大学制造工程研究院合作共建模具装备制造创新中心；与广东东科集团合作建设模具企业孵化中心。

横沥的协同创新工作主要有六个方面的特点：

一是聚焦产业。通过协同创新加快模具产业转型步伐，做精做专做强模具支柱产业，壮大产业集群。始终聚焦模具特色产业发展，提升协同创新服务的精确度和高品质，紧扣"模具强镇"战略，围绕推动模具产业转型升级做文章，有效提升了协同创新的效应。

二是多校合作。发挥高校的科研资源和优势学科，最终达到协同作战、良性竞争的效果。对接上海交通大学、广东工业大学等高校，为协同创新中心引入了高校创新资源，结合横沥本地的企业、技术、设备、人才、资金等条件的基础上，确立了"专业化、精准化、系统化"发展路径和目标，使得高校和科研院所服务横沥中小型模具企业精准、贴身、高效，不断做精内容做优服务，向模具企业提供了最适合、最高效的创新服务。

三是机制灵活。协同创新中心没有级别，没有编制，就是政府出资引导、高校出资源和人才，共同建设，狠抓技术创新、模式创新、组织创新、直接推动"政产学研"合作，服务基层企业。打造有技术能创新、有活力高效率的新型专业镇。一方面，不断加大投入，提升自身服务能力。镇政府为协同创新中心引入高校创新资源，同时不断加强资金扶持，并提供了镇内地理位置最优越的区域约3 100平方米办公楼给协同创新中心使用。另一方面，不断创新体制机制，始终坚持"政府引导、市场主导"。在建设机制上，协同创新中心由政府出资引导、高校出资源和人才直接构建，没有级别、编制等束缚，开展"政、产、学、研、金、介"多方协作更"接地气"。

四是管理创新。成立理事会，下设两个机构，一个是专家咨询委员会，由大学专家教授负责产业的发展规划、技术支撑等；另一个是产业指导委员会，主要是对接产业发展。在管理机制上，推行"理事会治理"模式，建立与协同创新相匹配的柔性无边界组织。理事会成员由政府、高校、协会、企业共同派员组成，在具体管理中，强调协商，注重综合各方意见和需求，共同协调处理事务。协同创新中心以组织结构和管理活动的协调，合理有效地配置创新资源。

五是体系服务。构建了"965"创新体系，包括9个创新子平台，6个配套工程，5个产业平台。以专业、系统的服务体系衔接上下游，服务企业发展。一是建立起覆盖模具全产业链的平台体系。平台涵盖模具制造装备、模具设计、材料应用、制造工艺、检测与生产、电子商务等模具产业链上的多个环节，包括3D打印技术公共平台、模具检测技术中心、模具产业电子商务信息中心、模具技术培训学院、广东模具与汽车零部件产业技术创新联盟、模具装备制造创新中心、模具设计中心、金融综合服务一体化平台、模具行业中小企业精益研发创新服务平台9大子平台。二是规划建设模具产业发展载体。包括模具创新设计园、模具产业总部大楼、模具产业配套服务园、模具科技企业专业孵化器、创意产业园（二期）、模具城（二期），有力地承载了横沥模具产业发展。三是打造模具产业升级发展提升项目。主要包括模具园、模具城、模具网、模具展、模具论坛，从宣传推广、市场营销、电子商务等方面助力模具产业发展。

六是要素融合。不仅推进科技创新，还注重打好创新"组合拳"，推进产业与科技、金融、人才深度融合。特别是在金融方面大胆创新，设立风险资金池，为科技型、创新类的企业融资进行担保和风险补偿，解决企业融资难问题，同时配套了企业信用信息管理体系，把企业的租金、纳税、用工、用电等 30 多个指标综合起来，推动银企之间信息对称。建立起企业信用评估体系，联合中山大学管理学院开展模具企业信用评估工作，推动信用文化建设。

三、协同创新成效

横沥产业协同创新工作为步入新常态的东莞提供了一个"稳定增长、动力转换、结构优化"的鲜活样本。

从"稳增长"来看，2013~2015 年，横沥镇模具行业总产值增速连续三年均在 20% 以上，分别为 27.3%、21.4% 和 21.1%，带动规模以上工业增加值和 GDP 增速连年保持在 10% 以上，其中，规模以上工业增加值分别为 15.7%、12% 和 10.5%，GDP 增速分别为 13.5%、10% 和 10.5%，位居全市 32 个镇街前列。同时，全镇厂房需求大幅上升，基本保持"零空置"，厂房租金上涨 40% 以上，促进农村集体经济和村民财富稳步增长。

从"换动力"来看，经济发展逐步从外延扩张转为内生增长，全镇 R&D 经费投入从 2011 年的 5 650 万元增长到 2015 年的 2.94 亿元，增长 420.4%。2015 年每平方米土地 GDP 产出 226 元，比 2011 年增长 53.7%。2013 年、2014 年全镇规模以上先进制造业总产值分别同比增长 11.4% 和 19.4%，高新技术企业产值分别同比增长 282.6% 和 35.8%，成为经济增长的主要动力。

从"优结构"来看，模具企业从 2012 年的 363 家增加到 2015 年的 1 142 家，集群集聚程度明显提高；达到规模以上的模具企业，从 2011 年的 13 家增加到 2015 年的 74 家，企业规模体量显著增强。2015 年模具行业总产值达到 103 亿元，预计 2018 年达到 200 亿元。

四、协同创新经验

协同创新是科技创新的新模式，为产学研合作带来新的理念和机遇。协同创新强调创新主体协同配合，对各类创新要素系统化高效组织和有机融合，是一个转变发展方式、优化资源配置的过程，成为当今世界科技创新活动的新趋势和创新理论研究的焦点。为此，横沥把推进协同创新作为实施创新驱动发展战略的主阵地，作为推进专业镇创新平台的主战场，贯穿于产业转型升级，以及经济社会发展的各个领域和各个环节。

（一）四结合谋划，突出创新引领

与全面深化改革紧密结合，在协同创新中厘清政府与市场的边界。全面深化改革的核心任务之一就是调整政府与市场的关系，发挥市场的决定作用。坚持把构建产学研一体化的协同创新体系作为深化改革的重要内容，突出"政府引导，市场主导"。在建设机制上，采取"共同投入"模式，政府主要投入引导资金、提供研发用房，高校院所投入技术、人才、品牌、专利等无形资产，企业推进科研成果产业化，做到对等投入、优势互补。在管理机制上，推行"理事会治理"模式；在运行机制上，实行"企业化运作"模式，政府回归公共服务本位，让高校和企业按照市场化规则对接，逐渐发挥市场对技术研发方向、路线选择、要素价格以及其他创新要素配置的主导作用。

与产业转型升级紧密结合，以协同创新拓展延伸产业价值链条。以满足模具产业升级需求、能够与企业有效进行技术对接为基本前提，有选择性地引进高校的优势科技资源，同步整合与科技创新紧密相关的创意咨询、产权交易、创业孵化、金融服务等要素资源，建立覆盖模具全产业链的平台体系，涵盖模具制造装备、模具设计、制造工艺、材料应用、检测与生产等产业链环的技术研发环节，协同为产业链升级提供全方位技术支持和服务支撑。

与新型城镇化进程紧密结合，以协同创新促进产城融合。适时推出"产城联动"战略，有意识把实施协同创新、优化产业资源配置的过程，拓展为促进城镇空间整合、产业与城市功能融合的过程，面向协同创新和产业升级的现实需求，主动调整、优化公共基础设施布局和产业基础设施布局，引领土地资源整合、"三旧"改造实施和城镇面貌提升，实现产城统筹发展、统筹联动。

与富民惠民紧密结合，以协同创新助推"大众创业、万众创新"。通过市场化机制、专业化服务和资本化途径，在协同创新中心集成各类创业服务资源，提供线上服务平台、线下孵化载体、创新创业辅导体系以及技术与资本支撑等要素，以满足创业者不同的需求。

（二）四层面联动，强化组织协同

发挥政府的先导和引领作用。政府在协同创新中心的组建和运营中，始终发挥着牵头引领和服务保障的作用。一是在理念上率先突破，主动对接上海交通大学、广东工业大学等高校，为引入高校创新资源、实施协同创新奠定组织基础。二是在资金上侧重扶持，投入 2.05 亿元支持协同创新中心建设。镇财政每年又安排 1 000 万元配套资金，鼓励企业科技创新。三是在资源上优先配置，选取了镇内地理位置最优越的区域，整合 3 100 平方米办公楼无偿提供给协同创新中心使用。目前正抓紧将面积 2.5 万平方米的镇文化大楼改建为"横沥镇协同创新中心大楼"，并预留了 60 亩建设用地用于保障协同创新中心未来扩张。

发挥高校的研发核心作用。通过每季度举办一期的"校企合作"推介会及上门推介等方式，引导扶持高校与企业紧密对接，为企业提供技术支撑和科研服务，积极发挥高校的研发核心作用。以前企业有技术难题，只能自己找专家解决，对接效果差。如今由政府出面将高校资源集中整合，与企业需求对接，在高校与企业之间搭起了一条直通连廊，解决了实际问题。

发挥协会桥梁纽带的作用。引进东莞 3D 打印技术产业联盟落户协同创新中心，首批会员企业约 30 家；成立了东莞市机械模具协会，会员企业 100 多家；引入了广东省机械模具科技促进协会，发展会员企业 200 多家；支持上海交通大学成立"横沥模具工程师俱乐部"，截至目前已发展会员 700 人。几年来，在各个协会组织安排下，协同创新中心开展了多次交流活动，动员企业 300 多家，参加的企业科研、管理人员多达 2 000 余人次，成为促进企业交流的纽带、协同创新的纽带、产业协作的纽带。

发挥了企业创新主体的作用。近年来，全镇共有 500 多家模具企业通过协同创新中心获得科研支持或咨询服务，达成合作项目 40 项。依托协同创新中心，企业真正成为科研成果项目决策、项目投入和组织实施的主体，也成为直接受益者。

（三）四要素融合，激发创新活力

一是加快推进产业与科技融合。组织开展"专利提升"和高新技术企业"育苗造林"工程，2012 年以来，协助企业建立了 2 个"中国合格评定国家认可委员会认可的实验室"、3 个省级工程技术研究中心，新增国家高新技术企业 33 家，总数达到 40 家。2015 年全镇发明和实用新型专利申请 582 项，比 2011 年增长 81.3%，专利授权量 426 项，比 2011 年增长 108%。

二是加快推进产业、科技与金融融合。与多家银行共建"金融综合服务一体化平台"，针对模具企业融资需求的特点，协调银信机构推出订单贷、设备抵押贷、链式快贷、联保贷款、产业集群贷等具有行业特色的"模具专业贷"，2013 年以来累计协助 340 多家企业融资，融资总金额超过 10 亿元。2014 年底，开展专业镇金融信用体系建设试点工作，由政府、银行、协会、企业四方联动共建小微融资平台，建立首期规模各 1 000 万元的两个"风险资金池"，配套企业信用信息管理系统、企业信用评级系统，构建多维度的融资增信体系，着力解决中小企业融资难、融资贵的问题。积极扶持企业上市融资，中泰模具和台一盈拓上市资料获证监会受理，正在等待 IPO 审批；引导和支持 4 家企业到新三板挂牌上市，其中顺林模型已完成股份制改革，2015 年底挂牌。

三是加快科技与创新人才融合。2012 年以来经协同创新中心引进的科研团队达到 28 个，其中包括华中科技大学的热压成型装备科研团队，重庆汽车研究院的汽车轻量化装备科研团队，上海交通大学的材料成型科研团队，武汉纺织大学的高分子材料科研团队等。

四是加快推进产业与应用人才融合。依托落户横沥的东莞职教城，横沥镇筹办了"模具技术培训学院"，实施按需定制教学，计划每年培训 2 500 名学员。与东莞职教城、上海二工大合作，共建"东莞职业教育人才培训（引进）中心"，以解决模具产业应用型人才短缺问题，促进产业与技能人才融合。

（四）四平台支撑，保障创新发展

创新创业平台。一是技能培训平台。镇财政每年拨出 150 万元作为培训经费，选取 30 多家企业作为模具产业人才培训基地，成功开办了 8 期"百名模具师傅"培训班，培养本地模具技术人才近千名。已有十多名学员已开办了模具企业。二是创业服务平台。在协同创新中心设立模具设计、模具检测、电子商务等多个工作室，开展创业辅导服务，提供创业政策的知识培训、融资、法律等方面协助。

空间承载平台。科学合理布局，规划建设了模具科技产业园、汇英国际模具城、模具创新设计园、模具产业配套服务园、模具产业总部大楼、创业产业园、模具科技企业孵化器等一大批产业载体。

市场拓展平台。着重抓了四个方面工作。一是壮大"模具城"。着力提升汇英（国际）模具城集交易展示、技术交流、物流仓储、电子商务、国际贸易的功能，改善营商软硬环境，打造华南地区乃至全国最大的机械模具商贸交易平台，目前模具城每年的营业额近 20 亿元。二是提升"模具展"。目前已经成功举办了 9 届模具展，累计吸引参展企业 1 400 多家次，入场观众近 22.5 万人次，现场成交额累计 2 亿多元，意向成交额累计近 10 亿元。三是建设"模具网"电子商务平台。与镇电子商务协会联姻，在协同创新中心网的基础上建设具有完善的商家企业站、供求信息、产品销售信息、资讯发布和管理等功能的"模具网"电子商务平台。四是积极打造"横沥模具"品牌。不断加大集群品牌的宣传力度，着力提高"横沥模具"品牌在业界的知名度和影响力。

政府服务平台。一是加强组织领导。成立以镇委书记、镇长为正副组长的"模具强镇工作领导小组"。二是加强顶层设计。制定《横沥建设模具强镇发展规划》，明确目标和方向，出台系列的模具产业扶持政策，引导和扶持模具产业有序发展。三是加强行政服务。实施"4 个 50"重点优质企业培育计划，按照"一个企业，一位领导挂点，一个团队服务"的要求，建立领导挂点服务优质企业工作制度，成立 19 个挂点小组，配套建立"问题认领、工作例会、工作督办、问题销号、走访报告、检查考核"等六个制度，营造良好政务服务环境，不断打造产业生态圈。

五、实践体会

（一）传统制造业通过协同创新转型升级大有可为

转型升级不仅仅是淘汰传统产业，转而发展新兴产业；不仅仅是一哄而上追逐新兴产业，固然发展新兴产业是产业结构转型升级的重要途径，但不是唯一途径。产业转型升级，是产业结构高级化，在保持稳增长的同时，向更有利于经济、社会发展方向调整结构。横沥镇抓住了产业转型升级的关键——技术进步，同之前纯引进先进技术再消化吸收不同，横沥镇整合国内高校资源和优势学科资源，与企业一起加以研究、改进、创新、消化，让高新技术在接地气的基础上协同创新发展，建立起属于产业、行业、企业自身的技术、人才、金融体系。

（二）专业镇作为传统制造业转型升级的主战场奋发有为

横沥镇立足和聚焦专业镇主导优势产业，政府牵头行政法规指导以及资金、政策支持，奋发推进技术创新、模式创新、组织创新、集群创新、要素资源集约配置创新，在产业层面推进高校、协会、风险投资机构的高度市场化合作，在企业层面推进人才、技术、金融的深度商业化融合，共同打造和运营政产学研合作的协同创新服务平台，建立产业、科技、金融、人才、成果、市场的快速孵化成长机制，带动传统产业转型升级和高端发展，探索走出了一条面向传统模具产业集群实施协同创新的新路子。

（三）打破机构和体制壁垒积极作为

产学研合作是企业与高校、科研院所合作共同开展的技术创新活动，由于企业技术创新能力普遍偏弱，产业链不完整，企业与高校、科研院所合作的重要动机偏向于获取较成熟的技术，即已经基本完成商业化的成熟技术。这种现象的存在一方面使得产学研合作的主体——企业与高校及科研院所面临更多的文化和价值观念的冲突，另一方面使得企业对眼前利益和快速回报的追求过程中忽略了对企业自身创新能力的培养和提高。再加上产学研合作过程中，企业内部交流机制的不完善，企业对产学研合作的知识获取和利用效率也不高，从而致使大量创新资源处于游离分散状态，创新效率不高。

横沥镇以建设专业镇创新平台为载体，搭建起协同创新模式，从知识管理、合作动力、利益分配、协同模式等方面进行了有益的探索，横沥镇的协同创新与传统的"产学研合作"不同，其旨在打破机构和体制壁垒，强调多个组织和要素的一体化深度合作，不仅要求创新主体的协同合作，也要求创新目标、组织、制度和环境的协同与整合。

横沥镇的专业镇创新平台在搭建之始，就把协同的思想引入创新过程，引导创新主体发挥各自作用，在提升自身效率的基础上，通过机制性互动产生效率上质的变化，为产学研结合这个重要的技术创新模式的升级带来有益的启示：

一是解决科技、经济"两张皮"问题，进一步促进科技对经济社会提供全面有效支撑。二是通过协同创新形成新的合作机制体制，解决产学研结合松散，以及产业技术创新链持续稳定合作问题。三是通过协同创新，解决创新资源分散、资源利用的投入产出效率不高的问题，为企业特别是中小企业技术创新提供全面支撑。

横沥镇的实践为协同创新和转型升级提供了以下经验借鉴：一个创新实体组织：由政府牵头，成立市场化主导、多方协同、互利共赢的"镇级协同创新中心"，给场地、筹资金、无编制、先行先试、敢闯敢为，闯出了"政产学研接地气协同创新，传统产业闯新路转型升级"的路子。两个创新实践方向：积极探索"高校国有知识产权市场化、金融化办法"、"企业技术创新课题化、学术化办法"。三大创新实用做法：一是以模具产业协同创新建设为核心，充分发挥高校重点学科优势，聚合有效资源，打破市场阻隔和行政壁垒，形成促进校企联合、市场融合、共生共赢发展的协同创新生态格局，带动人才培养质量和创新研究水平同步提升，增强了校企创新综合实力。二是以协同创新中心为载体，构建多方参与、深度融合、独立运营、可持续发展的实体组织，通过这一载体，培育一批优秀创新团队，培养一批拔尖创新人才，产出一批重大创新成果，有力推动了镇域经济发展。三是以体制机制改革为关键，突破长久以来制约高校和企业协同创新的内部机制障碍，充分激发多方主体的积极性和创造性，最大限度地实现政策互惠、信息互通、资源共享、成果共用，构建了良好的产学政研用互动链。四是创新实际意义。提供了传统制造业升级转型的新路子；探索了高校技术产业化的创新模式；诠释了镇域经济挖潜增效的价值效应；创造了知识、金融、人才、市场协同创新的组织与运行经验。

经过三年多的探索实践，横沥越来越深刻认识到协同创新对于横沥镇产业转型升级的核心驱动作用，也进一步坚定了继续推进的信心和决心。横沥将按照"市场化、产业化"的方向，继续完善协同创新中心的服务功能和运作机制。一是进一步提升协同创新目标。在多元协同的基础上保持整体协同，在开放协同的过程中推进持续协同。以推动多方联动和多要素深度融合为目标，集成有效资源，形成推进合力，围绕产业链完善创新链、根据创新链部署资金链，全面激发协同创新内生动力，着力构建专业镇协同创新体系，为破解资源瓶颈约束、加快模具产业转型升级、推动模具强镇建设提供强大技术支撑和服务保障。二是进一步提升协同创新水平。围绕关键环节，突出产业导向，聚焦核心环节，深化要素协同，坚持环境优先，健全完善合作机制，聚合内外资源，全面提升协同创新水平。三是进一步提升协同创新实效。以协同创新中心为载体，夯实和构建多方参与、深度融合、动态开放、相对独立、可持续发展的实体组织。通过这一载体，对准问题发力、对准需求发力，培育一批优秀创新团队，培养一批拔尖创新人才，产出一批重大创新成果，成长一批优秀创新企业，进一步提升协同创新实效。

横沥模具产业协同创新中心组织架构见图 11 – 1。

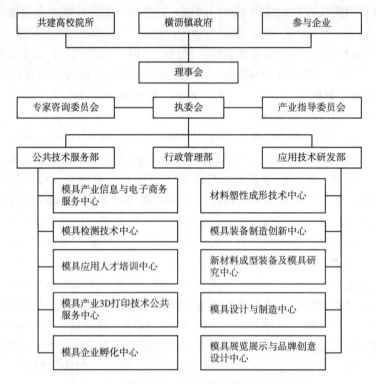

图 11 –1　横沥模具产业协同创新中心组织架构

第三节　虎门镇协同创新实践经验

一、专业镇基本情况

虎门镇位于东莞市西南部，珠江出海口东侧。面积 178.5 平方公里，常住人口超过 60 万。虎门是珠三角工商业重地。服装服饰产业规模全国第一。改革开放初期，虎门"洋货一条街"上售卖的由香港流入的多姿多彩的服装服饰，吸引了来自周边镇街的众多顾客，虎门的服装贸易声名鹊起。经过 30 多年的快速发展，形成了规模庞大的产业集群、配套完善的产业链条、成熟发达的市场体系，成为享誉国内外，以女装、童装、休闲装为特色的"中国服装服饰名城"，荣获了中国女装名镇、中国童装名镇、全国服装（休闲服）知名品牌创建示范区、全国首批纺织产业集群试点、首批全国纺织模范产业集群、首批中国服装产业示范集群、国家火炬计划服装设计与制造产业基地等诸多国家级荣誉。

截至 2015 年底，虎门镇生产总值 447 亿元，同比增长 8.1%。虎门有服装服饰生产加工企业 2 200 多家，市场区域面积约 7 平方公里，总生产面积 251 万平方米，从业人员超过 20 万人，有 40 多个专业市场，虎门服装服饰市场年销售额超过 600 亿元，年工业总产值约 400 亿元。2004 年，虎门被国家信息产业部评为国家电子信息产业基地。虎门是广东省科技厅认定的双料技术创新专业镇，分别于 2002 年和 2013 年被认定为省级服装技术创新专业镇和信息线缆传输技术创新专业镇。

虎门是中国服装服饰电商重要基地。虎门依托丰富的服装服饰产业资源、雄厚的客商基础、强大的实体经济支撑和优越的区位交通，大力发展电子商务，2015 年被国家商务部认定为"国家电子商务示范基地"，成为全国第一个服装类国家级电子商务示范基地。主要特点是：一是电商发展势头迅猛，成为华南地区电商集聚区。目前，全镇从事电子商务的企业及个体户超过 8 000 家，约占东莞市的 1/9。2014 年全镇通过第三方平台实现的网上销售额达 295 亿元，约占东莞市的 1/10。2012 年 11 月，虎门成立了东莞市首个镇级电子商务协会以及 9 个分会。二是快递业务量占东莞市半壁江山，成为华南地区网购物流集聚区。2014 年全镇年快递业务量 2.3 亿票，日均电子商务快递业务量近 63 万票，约占全市快递业务量的 50%。三是电商园区不断涌现，呈现集聚化、全产业链化发展趋势。现有的 9 个电商产业园区总建筑面积超 28 万平方米，入园电商企业超 3 000 家，其中大型跨境电商企业迈峰乐在虎门设立中国区华南分区进出口运营管理中心，并在虎门上线迈峰乐中国站；9 个电商产业园功能定位涵盖了综合性内外贸、专业跨境贸易、服装网络供货批发、特色港货进出口、服装服饰类、服饰小商品、服装面辅料以及电子商务品牌孵化等服装服饰产业链各个环节。其中，虎门电商产业园被省科技厅评为"广东省众创空间试点单位""国家级科技企业孵化器培育单位"。

虎门服装产业集群以中小企业居多，创新资源分散、重复、效率不高，亟待打破各类创新主体间的壁垒，推动企业协同创新、协同发展，突破服装产业发展瓶颈，加快服装产业升级。为此，虎门镇于 2012 年由镇政府牵头，在中国纺织工业联合会的指导下，着手建设"东莞市虎门服装协同创新中心"这一创新服务平台，致力于整合创新资源、搭建平台载体、服务企业发展，提升虎门服装产业协同创新能力和核心竞争力。

二、主要做法

2012 年 9 月，虎门与中国纺织信息中心、东华大学、上海海事大学、北京服装学院合作，由市镇两级财政和行业龙头企业共同投资 1.5 亿元建设"虎门服装协同创新中心"。为更好地推动产业转型升级，虎门镇着手建设"东莞市虎门服装协同创新中心"，主要做法如下：

（一）搭建创新平台，完善服务体系

从产业生态视角出发，围绕服装服饰产业发展链条，建设十大创新平台，分别是技术创新中心、国家纺织面料馆虎门分馆、中国纺织工业联合会检测中心虎门实验室、新丝路时尚发布中心、以纯集团服装展示中心、设计研发中心、技术培训中心、品牌推广中心、国家电子商务示范基地十大平台。截至 2015 年 12 月，国家纺织面料馆虎门分馆已收集面料样品超过 10 万件，面料信息超过 50 万条；中国纺织工业联合会检测中心虎门实验室已为 1 000 多家企业提供了检测服务，出具检测报告 24 528 份；新丝路时尚发布中心和培训中心共举办各种培训及品牌发布活动 124 场；虎门服装设计研发中心购置德国先进的 3D 人体扫描设备及三维设计系统，提供服装高级定制服务，已研发不同功能的服装 98 款，为高校、企业和设计师提供对接服务，帮助中小企业解决一系列的关键技术和共性技术问题。服装企业应用 3D 设计系统后，节省制版成本 30%。创新中心形成了以设计研发、创新孵化、质量检测、品牌推广和电子商务为主体的技术创新服务体系。

（二）增强品牌意识，强化产品创意设计

在品牌文化方面，虎门建设了虎门城市展馆、新丝路时尚发布中心、以纯品牌展示中心，以大品牌带动创业氛围，实施品牌企业集聚战略。虎门已成功举办 20 届中国（虎门）国际服装交易会，紧抓以纯集团、富民集团两个产业龙头，发挥品牌的引领、催化、衍生作用，在品牌培育、创意设计上形成浓郁的创业氛围。

（三）推进"互联网+"行动，促进电商发展

虎门依托丰富的服装服饰产业资源、雄厚的客商基础、强大的实体经济支撑和优越的区位交通，大力发展电子商务。2012 年 11 月，虎门成立了东莞市首个

镇级电子商务协会；2013 年 8 月，虎门与阿里巴巴合作建立全省第一个产业带平台；2015 年 7 月，虎门被国家商务部评为"国家电子商务示范基地"，成为全国首个服装类国家级电子商务示范基地。

（四）大力发展产学研，建设新型研发机构

虎门服装协同创新中心由虎门镇政府牵头，大力发展产学研，以中国纺织信息中心、东华大学、上海海事大学、浙江理工大学、北京服装学院等高校和研发机构为技术支撑，引进国家级行业服务资源，其中与中国纺织信息中心和国家纺织面料馆合作，建立中国纺织工业联合会检测中心虎门实验室和国家纺织面料馆虎门分馆。与新丝路时尚机构合作，对品牌创意升级、旅游业融合、饰品与服装创意关联、服装模特、服装市场和服装企业发展等问题进行研究。与东华大学、上海海事大学合作，建设虎门电子商务研究院。基于云计算、物联网、移动技术进行服装行业电子商务研发。与浙江理工大学、北京服装学院合作，建设服装企业孵化服务中心和虎门服装教育示范基地，整合优质资源，帮助虎门服装产业引进和培养人才。

（五）建设科技企业孵化器，推动创业创新发展

虎门服装创意设计孵化器和虎门电子商务产业孵化器分别获得了国家级科技企业孵化器培育单位，共孵化企业 79 家。通过孵化器的建设，为企业提供孵化所需创业基础设施及具有针对性的政策类、技术类个性化支撑服务，大力引进、培育、壮大科技创新孵化器产业，打通技术成果、产业项目与金融资本对接的渠道，力争使虎门成为全市科技创新的重要节点。

三、协同创新成效

在创新平台项目实施过程中，通过运用协同创新机制，实现了以下示范带动效应：

（一）进一步提升虎门产业科技创新能力

协同创新中心在新面料研发与检测、新工艺应用、电子商务、供应链信息技术等方面，积极支持服装企业通过科技创新提高产品质量和品牌竞争力，鼓励和协助企业加大科技投入，提升装备水平，积极采用新技术、新工艺、新面料推动产品升级，推动企业信息化建设和标准化工程建设，进一步提高企业创新开发能力。2015 年，虎门共有国家高新技术企业 40 家，国家委员会认可实验室 3 个，建成国家级科技企业孵化器培育单位 2 家，申请专利总数超过 1 500 件，授权专

利 1 200 件，全社会研发（R&D）投入达 8.31 亿元。

（二）实现优势产业、优质资源的融合发展

虎门镇通过与中国纺织工业联合会、中国纺织信息中心、东华大学、北京服装学院、浙江理工大学、新丝路公司、以纯集团等单位合作共建虎门服装协同创新中心，实现优势产业、优质资源的强强联合、优势叠加、融合发展、互利多赢。

（三）逐步增强服装服饰产业集聚力增强

2012 年，虎门明确提出"创新驱动"的发展战略，创新中心为服装企业提供了交流、促进和发展的大平台，在镇政府引导下形成了强大的服装区域集群。2014 年 2 月，经广东省人民政府同意认定东莞虎门服装市场集群为"广东省休闲服装国际采购中心"。强大的区域集群进一步推动虎门的专业市场蓬勃发展。如今，虎门服装服饰市场区域面积约 7 平方公里，总经营面积 245 万平方米，有 40 个专业市场、1.5 万经营户，年销售额超 800 亿元。

（四）加快了电商与产业的融合发展

2015 年，全镇从事电子商务的企业及个体户超过 8 000 家，通过第三方平台实现网上销售额 332 亿元，全镇年快递业务量 2.63 亿票，日均电子商务快递业务量近 72 万票。虎门共有九大电商产业园，总建筑面超过 30 万平方米，园区入驻的电商企业现已超过 3 000 家。其中大型跨境电商企业迈峰乐在虎门设立中国区华南分区进出口运营管理中心，并在虎门上线迈峰乐中国站；9 个电商产业园功能定位涵盖了综合性内外贸、专业跨境贸易、服装网络供货批发、特色港货进出口、服装服饰类、服饰小商品、服装面辅料以及电子商务品牌孵化等服装服饰产业链各个环节。

（五）引领服装服饰产业转型升级

目前，虎门服装协同创新中心已成为虎门服装服饰业发展的有力引擎，使虎门服装产业转型升级的步伐不断加快，加速实现服装服饰产业技术、质量、品牌、价值链的不断提升。在 2002 年被评为"中国女装名镇"的基础上，虎门镇于 2013 年被中国纺织工业联合会和中国服装协会授予"中国童装名镇"称号，于 2015 年被国家质检总局命名为"全国服装（休闲服）知名品牌创建示范区"，成为目前全国唯一一个以休闲服命名的知名品牌示范区；同时，2015 年虎门还被国家商务部命名为"国家电子商务示范基地"，成为全国第一个服装类国家级电子商务示范基地，被中国纺织工业联合会授予"2014 年度纺织产业集群创新

发展示范地区"称号。

四、下一步发展计划

虎门镇将以服装协同创新中心建设为龙头,加快专业镇创新服务平台建设,进一步提升服装产业整体竞争力。一是以"政产学研"协同创新为着重点,推动企业强化研发设计。通过借助东华大学等高校的优势资源,继续加大虎门服装设计研发中心建设投入,建立虎门女装流行趋势设计指导会,开发服装流行趋势快速反应系统和服装云设计平台,建设服装陈列展示厅和品牌推广服务体系。帮助虎门服装服饰业形成技术合力,构建人才高地,提升研发设计水平,推动虎门服装向价值链高端发展,引导虎门从服装制造向服装创造转变。二是以服装产业供应链创新为切入点,完善电商服务体系。加大力度为虎门电商产业园在孵企业提供创业基础设施及共性技术支撑服务,在虎门电商产业园建设可视化现代网仓平台,发展以现代储运、物资配送和多式联运等功能为主体的服装物流中心。依托"速卖通""迈峰乐"等跨境电商平台,做好做强出口电商,带动服装企业开拓国际市场,推动虎门服装产业升级。三是以服装产业转型升级为落脚点,推动产业跨界融合。积极推动"互联网＋服装产业",鼓励服装企业积极利用移动互联网、云计算、大数据、物联网等新技术手段开展品牌、管理、商业模式等方面的全面创新,面向个性化、定制化消费需求深化电子商务应用,实现产业转型,形成竞争新优势。

第四节　桥头镇产业协同创新实践经验

一、专业镇基本情况

桥头镇位于东莞市东部,总面积56平方公里,下辖17个村(社区),常住人口20万人,其中本地户籍人口3.4万人,是珠江三角洲腹地一个非常适宜创业发展和生活居住的城镇。2015年,全镇实现国内生产总值110.2亿元,同比增长7.3%;规模以上工业增加值48.5亿元,增长5.2%;出口总值32.6亿美元,增长7.3%;社会固定资产投资23.2亿元,增长4.8;社会消费品零售总额27.1亿元,增长6%;各项税收收入15.8亿元,增长9.4%;镇级财政收入7.35亿元,增长9.28%,桥头镇综合实力不断增强。2011年7月,桥头镇获评"广东省技术创新专业镇(环保包装)",2012年7月获得"中国环保包装名镇"称号。2015年12月获得"中国包装优秀产业基地"称号。

二、主要做法及经验

（一）搭建园区载体，完善产业园区建设

在全镇土地资源紧缺的情况下，桥头镇划出 1 000 亩环保包装产业专属用地，建设环保包装产业园。经过多年来的发展，目前园区已引进美盈森、汇林、汉维、雅康宁、华晟、骏兴、新望、鸿裕等一批环保包装大企业，初步形成了桥头环保包装产业发展的集聚区。

（二）组建行业协会，促进企业加快发展

2012 年，促成"东莞市环保包装行业协会"在桥头镇成立，成为全国第一个市级环保包装行业协会，为企业搭建了一个信息共享和企业交流平台。目前，桥头镇已有美盈森、汇林、嘉颐 3 个中国包装联合会副会长或理事单位。

（三）搭建交流平台，帮助企业开拓市场

从 2011 年开始，在桥头连续举办了 4 届华南地区环保包装应用技术交流会暨环保包装高峰论坛，每届均吸引 200 多个知名企业和专家参加，并建立健全了环保包装专家信息库和后备人才信息库，帮助企业抢抓行业和市场先机。另外，为进一步创新企业互联，2014 年桥头镇组织举办首届"中国绿色环保包装与安全设计创意大赛"，为环保包装企业提供了更多的应用技术交流和信息沟通平台。得到了全国设计类人士及团体的积极响应，有来自全国 100 余所高校，近 2 000 幅作品参赛。通过大赛有效地增强了社会、特别是广大学生和包装设计工作者的生态文明意识，让包装的造型、结构、材料、色彩与无害化、少污染、可再生利用完美融合，可行性、经济性、时尚性、可持续和谐共处，从企业形象、产品品牌、产业链的源头根植"生态文明、绿色环保"的主题，引领桥头环保包装企业深入推进自主创新，促进包装产业向更高层次发展。

（四）构建环保包装产业协同创新中心

环保包装产业协同创新中心由桥头镇人民政府牵头组建，由桥头镇创新发展服务中心以及参与企业共同出资，从 2013 年 1 月 1 日开始，计划用 5 年时间，共计投入 2.087 亿元全力推进协同创新中心建设，其中镇政府投入 5 000 万元，市科技局提供 5 000 万元扶持资金，企业出资 1.087 亿元。以桥头镇创新发展服务中心为运作主体，以湖南工业大学、上海理工大学、东莞华中科技大学制造工程研究院、江南大学等高校为技术支撑，吸纳东莞市美盈森环保科技有限公司、

东莞市汇林包装有限公司、东莞嘉颐实业有限公司、东莞市骏兴机械科技有限公司、东莞市汉维新材料科技有限公司等企业参与共建，面向桥头镇环保包装产业发展需求，以机制体制改革为引领，实现政府、高校与企业创新要素和资源的高度汇聚和深度融合，在环保包装领域开展协同创新，以建成东莞市一流的创新基地，该中心将建设覆盖环保包装全产业链的平台体系，下设环保包装材料应用研发中心、环保包装装备制造创新中心、环保包装创意文化设计中心、环保包装印刷技术研发中心、环保包装产品检测中心、环保包装技术成果转化与孵化中心、环保包装应用人才培训中心、环保包装产业电子商务服务中心、环保包装产品品牌创新与推广中心、环保包装产品展示与交易中心10个子中心。

近年来，桥头镇充分发挥"广东省环保包装专业镇"、"中国环保包装名镇"、"中国包装优秀产业基地"的品牌效应，加大专业镇建设力度，着力在创新服务上下工夫，积极推进环保包装特色产业发展，探索"政校企"产学研合作的新模式。协同创新中心围绕重点发展的环保包装产业领域，在环保包装材料、包装创新设计、环保包装装备、环保包装印刷突破一批关键核心技术，产生一批国内领先水平的原创性成果，同时推动一批重大创新成果的规模示范和产业化基地。

环保包装产业协同创新中心主要针对制约产业升级和经济发展中的关键问题，围绕环保包装创新设计与产品加工制造关键技术进行攻关；加大环保包装材料的研发和配套设备与工艺的改造提升；与世界接轨的环保包装装备研发及产业化；提升包装印刷技术水平和环保生产；研究和孵化具有桥头自主知识产权和品牌的新产品、新成果；形成一批国内行业标准或国家标准，占领产业链的高端；强化专业技术人才引进和培训；创建电子商务服务平台及其企业信息化等方面的系统建设；建立线上线下包装交易平台，为企业提供"门到门"的一站式服务，带动东莞乃至广东环保包装产业的转型与升级。

1. 已建成子中心运作情况。人才培训中心由桥头镇与湖南工业大学开展"一镇一校"产学研合作，共建东莞包装学院，为环保包装产业发展培育和提供人才，目前已培训人才约3 300多人。同时，为满足桥头产业转型升级对人才的需求，人才培训中心面向桥头镇环保包装企业和国家高新技术企业在职员工开展成人专科、本科学历教育。2015年成功举办了华中科技大学2015级（秋季）桥头班，约50名在职员工顺利通过考试取得大专、本科在职教育资格；2016年（春季）桥头班现已有60余名在职员工报名就读，为整个环保包装产业链的可持续发展提供人才。

产品检测中心主要以美盈森为主，投资约2 000万元购置检测设备，建成了一个可进行包装材料、包装结构、包装运输等多方面检测的服务平台。目前，该检测中心已被认定为省级企业技术中心和东莞市工程技术研究开发中心，该中心的顺利建成，推动美盈森公司成立"美莲检测有限公司"，该公司初期投资超过5 000万元。

材料应用研发中心由汇林公司、汉维新材料公司共同组建，对环保包装产业的前沿课题进行技术研究和攻关。目前，该中心已成功为汇林公司解决了纸浆模塑行业长期难以解决的色差不均、防水不佳、掉粉、掉屑等质量控制问题，并组织对《纸浆模塑制品工业品包装》（国标 BB/T0045 - 2007）进行修编，现已提交了修订申请。

2. 初步建成子中心现状。装备制造创新中心主要以汇林、骏兴等企业为主，开展包装生产工业机器的设计与开发。该中心现已在开展纸浆模塑设备研究设计与开发制造，骏兴公司现已完成设备搬迁，正在逐步投产，并开展卷筒纸分切机等设备的研发制造。2016年4月举办第二届中国印后一体化解决方案推介会，有不少于10家来自全国各地的知名机械企业，推出30多款高度自动化的印刷包装设备进行展览，展示智能包装设备新工艺，吸引了3 000多人现场参观，有效地提高了桥头镇包装企业智能制造设备应用意识。

创意文化设计中心主要以嘉颐、美盈森等企业为主，现已初步建成，并成功举办大型赛事。2014年6月举办首届"中国绿色环保包装与安全设计创意大赛"，得到了全国设计类人士及团体的积极响应，有来自全国100余所高校，近2 000余幅作品参赛。2015年1月20日，顺利举行中国绿色环保包装与安全设计创意大赛颁奖礼，有效的吸纳环保包装创意设计人才，建立健全包装文化创意设计专家信息库和后备人才信息库。现正组织开展第二届中国绿色环保包装创意设计大赛征稿工作。

技术成果转化与孵化中心主要以嘉颐、汇林等企业为主，嘉颐公司2.4万平方米孵化中心场地已基本建成，正在进行装修工程和项目招引工作。目前，汇林公司已腾出1.5万平方米新建厂房与湖南工业大学合作，共建孵化中心，正在进行内部装修，已有3个项目有落户意向。

3. 计划于2017年建成子中心现状。印刷研发中心主要以嘉颐等企业为主，正在组建云印刷服务平台，搭建一个可在网上发送和接受印刷任务、包装产品个性化设计、线下印刷生产以及物流服务的云印刷服务交易平台。现已兴办了基于互联网电子商务功能的印刷专业门户网站——"创印网"，该网站具有在线设计、网上快印、印刷资讯共享、印刷包装企业链接库等功能。

电子商务中心主要以美盈森为主，目前正在组建大数据网络平台，搭建一个集信息交流、产品展示、商务洽谈、产品交易、网上支付、物流配送、安全认证为一体的服务支撑平台。

产品展示交易中心，以美盈森和嘉颐等企业为主，搭建一个集展示博览、品牌塑造、采购交易、渠道对接、结算支付、物流仓储、公共信息服务一体化的交易平台，实现一站式轻松采购，多重增值服务，助推企业做大做强。目前该中心正在进行场地建设。

品牌创新与推广中心以汇林为主，正在桥头镇环保包装龙头企业为抓手，推进品牌建设，旨在为东莞包装企业提供展览展示、品牌创新设计等服务，该中心已协助汇林、汉维等企业获得广东省名牌产品称誉。

三、协同创新成效

从桥头镇创新发展的情况看，近年来，桥头镇通过一系列工作部署和狠抓落实，推动创新驱动发展取得实实在在成效，全镇创新驱动发展也呈现了不少亮点。

（一）创新能力明显提升

通过落实创新型重点企业培育对象、引导企业增强研发投入、协助企业建立研发中心等措施，夯实了桥头镇企业科技发展基础，企业创新能力明显提升。一是研发投入大幅增长。2014 年全镇 R&D 经费为 2.25 亿元，比 2012 年增长了373.84%，R&D 经费占 GDP 比重为 2.18%，比全市平均水平高 0.22 个百分点，2015 年初步统计 R&D 经费投入达 3 亿元；二是企业研发机构数量进一步增加。截至 2015 年底，已推动 14 家企业建立了研发中心，全镇拥有省级企业技术中心和市级工程技术研究开发中心各 2 个，另有多家企业正建设市级以上的工程技术研究开发中心；三是专利优势进一步凸显。专利申请量与授权量逐年增加，2015 年，全镇专利申请量 646 件，专利授权 476 件，同比分别增长 23.75% 和 17.53%，其中发明专利申请量 91 件，发明专利授权量 33 件，发明专利授权量同比增长 200%，企业创新能力进一步增强。

（二）高新技术产业快速发展

目前，全镇已有国家高新技术企业 18 家，比 2013 年增长了 500%，在全镇规模以上企业的占比为 11%，同时在 2015 年有 11 家企业成功申报进入国家高新技术企业培育库，2015 年高新技术企业总产值 68.34 亿元，同比 2014 年增长41.81%。全镇高新技术产业呈现总量增长、结构优化的发展特征。

（三）"机器换人"带动产业升级

2015 年全镇完成 500 万元以上工业技改投资 6.74 亿元，同比增长 27%。目前，全镇共有 30 余家企业，约投资 2 亿多元进行"机器换人"项目，通过机器换人推动"技术红利"代替"人工红利"，提高生产设备水平和劳动生产率，带动产业升级。

（四） 节能降耗促进企业可持续发展

截至 2015 年底，桥头镇累计申报完成注塑机伺服节能改造 699 标准台，目标完成率达 303.8%。淘汰电机及能效提升功率累计 3.6 万千瓦，目标完成率达 128.5%。2015 年桥头镇单位 GDP 能耗下降了 5.17%，2015 年单耗值 0.312 吨标准煤/万元，超额完成市政府下达的"十二五"期间单位 GDP 能耗累计下降 18% 的任务。2010～2015 年，单位 GDP 能耗累计下降了 22.07%，全面完成市政府下达的示范城市"十二五"期间单位 GDP 能耗累计下降 22% 的示范进度任务，进一步提高了企业可持续发展能力。

（五） 产业竞争力不断增强

目前，全镇有省名牌产品 3 个，省著名商标 7 个，省企业技术中心 2 个，市工程技术研究开发中心 2 个，省专利优势企业 2 家，在市科技局备案企业研发中心 14 家，新三板挂牌企业 2 家。区域产业在自主品牌建设、研发能力提升、核心技术储备、融资能力提升等方面都得到了大幅成长，产业竞争力不断增强。

（六） 环保包装产业主导地位日渐突出

桥头镇的发展定位是积极打造"产业强镇、文化名镇、宜居新城"，其中"产业强镇"放在首要位置。近年来，桥头镇高度重视环保包装产业化龙头企业集群发展，将其作为建设产业强镇的重要抓手，作为提升镇域经济整体竞争力的重要举措，注重创新工作思路，积极培育出一批环保包装企业主力军，基本覆盖环保包装的各个环节，涉及包装机械制造、包装材料生产、包装产品设计和生产等领域。通过发展，桥头镇逐步转变经济发展方式，初步形成以环保包装、电子信息为主导，先进制造业、高新技术产业协调发展的现代产业体系。据统计，2011～2015 年，桥头镇环保包装产业产值从 40 亿元增长至 90 多亿元，增长率达 125% 以上，占桥头镇总产值的比重从 2011 年的 30.8% 上升至 2015 年的 34.3%，成为带动桥头镇经济增长点的重要引擎，支柱地位日益显现，主导地位更加突出，并逐步形成环保包装的产业优势、创新优势和品牌优势。目前桥头镇内已拥有多家包装龙头企业，其中，东莞市美盈森环保科技有限公司是一家以包装产品生产为依托，集包装产品的设计、流转、仓储直至生产辅助于一体的包装服务提供商，其母公司在深圳上市，为中国包装联合会副会长单位，目前，美盈森公司计划增资扩产三个新项目，其中环保包装生产建设项目，计划增资 3 亿元，新建厂房和购置各类先进设备以提高产能；智能包装物联网平台项目，计划增资 7 亿元，主要用于智能可循环物流箱、智能包装盒等智能物联网平台服务建设；包装印刷"工业4.0"智慧型工厂（东莞）项目，计划增资6.6亿元，将建成一个具有国内外领先设备的智慧型自动化工厂。东莞市嘉颐实业有限公司是环保包装现代化综合生产基地，业务范围涵盖产品设计、流转、仓储和生产，创建了以优化印刷产业链为目标、以"创意"和"文化"为核心的"力嘉创意文化产业园"，兴办了基于互联网电子商务功能的印刷专业门户网站——"创印网"；东莞市汇林包装有限公司是纸浆模塑设计生产及设备研发的龙头企业，产品应用涉及电子电器、玩具、工艺品、医疗器材等；东莞市汉维新材料科技有限公司是一家专业生产无毒环保硬脂酸盐类石化、橡塑、涂料助剂产品的企业，产品生产过程节能、低耗、无污染，产品质量达到世界先进水平，已远销20多个国家和地区；东莞市凯成环保科技有限公司、东莞市瑞兴纸制品有限公司为纸制品包装及印刷的龙头企业；东莞市宏浩包装机械有限公司、东莞市骏兴机械科技有限公司、东莞市健华机械有限公司、东莞市新望机械有限公司为包装成型加工设备的龙头企业。以核心与龙头企业为牵引，桥头镇基本形成了涵盖纸制品包装、塑料包装制品、包装印刷，包装设备研发与制造等的包装产业集群格局。这些龙头企业已经由传统的包装企业发展成为了能提供综合一体化包装解决方案服务的供应联合体，促进了环保包装工业产值的稳步增长。

（七）人才战略不断开展，产业发展后劲不断加大

通过协同创新中心建设，现已为桥头镇企业培训管理、技术等方面的人才约3 300多人；并已经组织开展两期高起专、专升本的学历教育培训班，2015年成功举办了秋季培训班，约50名在职员工顺利通过考试取得大专、本科在职教育资格；2016年春季培训班截至目前也有约60名在职员工报名就读，为企业人才升级提供了渠道，为整个环保包装产业链的可持续发展提供人才，实现人才向生产力的转化。此外，首届"中国绿色环保包装与安全设计创意大赛"的桥头圆满成功，也有效的吸纳了环保包装创意设计人才，进一步建立健全包装文化创意设计专家信息库和后备人才信息库。

四、下一步工作计划

（一）加强产业集聚

着力引进投资6亿元以上的重大项目、重大发展平台和重大科技专项，力争吸引包括世界500强企业在内的更多环保包装企业进驻；紧紧把握当前环保包装产业国际转移加快，广州、深圳等上市公司、大型民企对外产能扩张和梯次转移的有利机遇，充分用好环保包装专业镇品牌效应，重点引进拥有自主技术和自主

品牌的高新技术包装企业、大型企业研发中心和支撑产业创新的各类生产性服务企业，高质量、有规模地引进环保节能型、高税收型环保包装产业配套项目落户桥头，逐步实现环保包装企业从点状分散向园区集聚转变。

（二）促进转型升级

坚持走科技含量高、经济效益好、资源消耗低、环境污染少、人力资源优势得到充分发挥的新型工业化道路，完成"桥头制造"向"桥头创造"的转变。从财政税收、融资担保、企业内销、品牌创建、招商引资、研发创新、人才服务以及成果转化等方面，促进现有产业升级，形成强力的政策保障体系，确保以传统包装产品为主的产业结构向包装设计、包装物流以及包装一体化等领域拓展；以全新的产业集群和产业链模式，推动产品由低附加值向高附加值升级，企业由高能耗高污染向低能耗低污染升级，经营管理模式由粗放型向集约型升级。

（三）推动协同创新

构建覆盖环保包装全产业链的协同创新机制，通过政、校、企、研协同合作，加快推进东莞市桥头镇环保包装产业协同创新中心建设进度，确保平台 10 个子中心能在 2017 年全部完成建设，并充分发挥子中心作用，切实提升中心软实力：一是依托环保包装人才培训中心，开展形式多样的人才培训活动。开设成人教育培训班，计划今年组织开展两期高起专、专升本培训班，为在职员工提供再教育机会；开展包装设计师职业资格培训，为培训人员提供初级、中级、高级的包装设计师职业资格考试鉴定；召开华南地区环保包装应用技术交流会暨第六届环保包装高峰论坛，为环保包装企业、行业专家、包装及应用专业人员，提供包装应用技术分享、信息沟通、资源共享和现场交流的有效平台。二是加快创意文化设计中心建设，推动第二届"中国绿色环保包装与安全设计创意大赛"顺利完成。搭建高端、专业、顺畅的沟通交流平台，将大赛打造为吸纳人才的重要载体，建立健全包装设计人才信息库。三是利用产品检测中心日益提高的公信度，推动美盈森公司"美莲检测有限公司"项目的开展。协助该公司申报国家级检测机构，为环保包装产品提供公共检测服务，切实加快环保包装产业发展。四是借助各子中心功能，推动美盈森、汇林、汉维三家企业组建申报东莞市院士工作站。帮助企业解决研发过程中遇到的技术难点，攻克产业关键、共性技术，促进重大科技成果转化及产业化。五是开设窗口和提供展示平台，强化产业公共服务。以镇环保包装产业协同创新中心建设工作领导小组为协同创新中心的最高领导和决策机构，组建以专家咨询委员会、产业指导委员会、执委会、行政管理部、公共技术服务部、应用技术研发部、人才培训中心、成果转化与孵化中心等为管理部门的对外服务窗口和展示平台，为桥头包装企业提供研发、设计、培训、孵化等公共服务。

（四） 引导企业创新孵化成长

大力推进 3.5 万平方米鸿华·新阳创客中心建设电子产业创客平台，为企业提供科研、融资、成果展示和转化、产业集聚、生活配套等"一站式"服务，帮助孵化创意理念和创新技术。加快位于东部工业园桥头园区的 1.5 万平方米汇林孵化中心和位于桥东工业园区 2.4 万平方米嘉颐孵化中心的建设，建立桥头镇一东一西两个具有环保包装特色的孵化器，将包装设计、印刷、设备等方面的先进技术转化为成果，提高转化为企业生产力。

第五节　常平镇协同创新实践经验

一、专业镇基本情况

常平镇位于东莞东部，地处广深经济走廊的黄金地段，全镇面积 103 平方公里，总人口约 50 万，下辖 33 个村（社区），因经济实力名列京九沿线县（市）前茅，素有"京九第一镇"之誉。近年获得了全国重点镇、全国文明镇、国家卫生镇、中国最佳物流名镇、中国电子信息产业名镇、中国粮油物流重镇、广东省教育强镇、广东省物流专业镇、广东省半导体照明专业镇、广东省双提升专业镇、广东省教育部产学研结合示范镇、广东省知识产权试点镇、广东省首个"互联网＋创新创业示范镇"等多项国家和省级荣誉称号。

常平工业基础雄厚，镇内形成了以毛织、玩具、塑料制品等优势产业为基础，电子信息产业为支柱，高端电子、装备制造、LED 智能应用、分子材料、生物制造等为先导的现代工业体系。2015 年，全镇共有制造业企业近 7 000 家，实现规模以上工业增加值超过百亿元。常平镇传统物流业发达，拥有大型综合市场、专业购物商场、铁路货场及各类专业市场达 90 多万平方米，并且是珠三角重要的粮油饲料和农副产品集散地，同时建有吞吐量中国第三、中国华南地区第一、陆路快件中国第一的世通快件中心，现正加速形成珠宝、电商、塑胶、粮油、汽贸五大产业集聚区。半导体产业是常平镇的特色产业和支柱产业，涉及产业门类较齐全，并在 LED 照明、汽车光电子产品、激光雕刻及应用、光通信器件等领域具有优势和特色。目前，常平镇光电及其配套企业超过 700 家，产值超过 180 亿元。得益于雄厚的产业基础，常平镇积极参与到市科技局组织实施的东莞市第三代半导体专利导航产业发展项目建设中，并与市知识产权保护协会、北大光电研究院共建第三代半导体产业技术公共服务平台，为全镇乃至全市半导体产业转型升级提供支撑服务。

二、主要做法

（一）完善政策扶持体系，加大资金投入力度

在政策制定方面，修订和新出台了《常平镇科技创新券实施管理办法》、《常平镇加快科技企业孵化器建设的实施办法》、《常平镇推动企业挂牌"新三板"工作方案》、《常平镇科技创新专项资金管理暂行办法》等多个促进创新驱动发展的政策性文件，对科技企业孵化器、国家高新技术企业、上市企业、中小微创新企业等给予不同程度的政策资金扶持；在资金投入方面，在原来每年安排5 000万元科技创新及产业扶持资金的基础上，计划每年新增投入4 000万元作为企业发展项目资助经费，采用事前资助模式，专项用于推进全镇企业技术研究开发、品牌推广应用及产业转型升级。

（二）构建多层次创新服务平台，加快协同创新发展

一是政府主导。与上海交通大学、上海海事大学、上海第二工业大学张展教授工业设计技术团队、东莞上海高校产学研中心共建"东莞常平上海高校科技创新中心"，推进常平镇智能制造、现代物流、工业设计三大产业科技创新发展。二是政企联合。与北京大学东莞光电研究院、东莞市知识产权保护协会共同开发运营"第三代半导体专利导航与创新服务平台"项目；与东华大学、广东东科集团共建东莞市针织智能化协同创新平台；与欧洲商业创新联盟（EBN）筹建东莞中欧创新中心。三是企业主体。由标塑新材料公司引进工程塑料国家工程研究中心华南分中心，为常平镇塑胶新材料发展把脉开方、提供技术支撑；玩具龙头企业龙昌数码科技以龙昌智能技术研究院为技术依托，以龙昌工业园为载体，建立以智能产品为主的东莞龙昌智创孵化园。

（三）努力营造"双创"氛围，激发全民创新活力

举办"科技之春"音乐会、"常平杯"2015年首届智慧型机器人大赛暨学界研发成果展、市首届青年创业大赛和市科技创新创业大赛新能源及节能环保行业总决赛。支持创客空间发展，东莞市创客联盟成立国内首个为创客服务的工业级3D打印综合网络平台；百润工贸园自建全市首例酒店物业转型升级改造而成的青年创新创业孵化基地"LoveWork·爱创社区"。

（四）借力"三旧改造"建新园，推动产业转型升级

引进深圳元创集团将10万平方米的旧工业区改造为元创动力互联网＋创新

产业园，打造国家级"创客实训示范基地"；全力支持常平科技园扩容，将金美村 3 万平方米的旧厂房打造成为常平科技园金美园区；将木榄工业区 21 万平方米旧厂房加快建设成为常平科技加速园，力争打造成为全省全市科技创新绿色示范园区、全省全市三旧改造示范点、全国绿色示范园区。

三、协同创新成效

（一）经济产业结构有效优化

在"打造活力宜居东莞东部创新中心"的战略目标引导下，常平近年来的发展势头明显加快，经济运行呈快速稳定增长态势。2015 年实现地区生产总值 280.2 亿元，同比增长 8.5%；规上工业增加值 101.12 亿元，同比增长 10.2%；固定资产投资 52.04 亿元，同比增长 29.4%。其中，民营经济固定资产投资总 31.04 亿元，增长 37.1%；全镇高新技术产品总产值约 235 亿元，占规上工业总产值比重约 47%。

（二）科技创新能力明显提升

在高企培育方面，全镇已获认定国家高新技术企业 39 家，2015 年新增省高新技术企业入库培育企业 30 家；在 R&D 投入方面，2015 年全镇规模以上工业企业投入总额达 5.43 亿元，同比增长 15%；在创新平台建设方面，全镇共培育建设国家认可委员会认可实验室 10 个，省工程研发中心 3 个，省产学研示范基地 3 个；在专利保护方面，全镇累计申请专利超过 8 000 件、授权专利超过 6 800 件；在上市企业培育方面，培育勤上光电一家中小板上市企业和林氏生物技术、希锐自动化两家新三板挂牌企业，并形成一批上市梯度培育企业。

（三）创新创业资源集聚成型

2014 年以来，常平镇大力招引国内外创新创业优质资源，目前，已成功引进上海交通大学、上海海事大学、上海第二工业大学张展教授工业设计技术团队、东莞上海高校产学研中心共建"东莞常平上海高校科技创新中心"，引进深港产学研基地、深圳弈投孵化器、盛景网联、北京绿圃科技等国内知名孵化服务机构，以及车库咖啡、中科绿圃、极地国际创新中心、洪泰众创空间、硬蛋等国家级众创空间。

（四）人才队伍建设进一步加强

据不完全统计，截至 2015 年全镇拥有大专以上学历人才 10 468 人，其中博士 7 人，硕士 162 人，本科 2 911 人。常平镇人才主要集中在各类企业工作，尤其是科技型企业招纳的高层次人才越来越多。目前，常平镇已建成勤上光电、宝丽美化工、华立实业等 3 个博士后工作站，先后引进博士后研究人员 8 名，开展科研项目 7 个。建立龙昌科技、天盛生物等 2 个院士工作站，共引进研究人员 7 名，开展科研项目 2 个。

四、下一步发展计划

（一）积极构建创新孵化服务体系，打造创新生态系统

以全市创建国家自主创新示范区为契机，积极引导创新要素集聚，打好政、产、学、研、用、介、金七个要素的"组合拳"，完善集"前孵化—孵化—加速—产业化"的一体化创新创业孵化链条，加快创新生态系统平台建设。设立 2 亿元的创业投资引导基金，建立以政府基金为引导、民间资本参与为主体、银行风险共担为保障的融资模式，吸引、鼓励社会资金投向科技创新，重点联合绿圃、盛景网联、深圳商弈投资、深港产学研基地等机构共建创投基金。重点抓好木榄工业区的一体化改造，盘活资源，加强统筹，加快建设常平科技加速园，着力打造国际创新港、全省全市科技创新示范园区。突出抓好常平创新科技产业园建设，积极整合卢屋、土塘村近 800 亩土地建设高端科技产业园，着力打造新型制造业和创业基地，争取成为全省"互联网＋制造业"的镇级试点，打造成为珠三角东岸的设计基地。

（二）推动"智造常平＋互联网"融合发展，建设智能制造专业镇

立足常平制造业特色的提升，结合广东省"互联网＋创新创业"示范镇建设，以实施"东莞制造 2025"战略为契机，开展智能制造、服务型制造、创新制造、优质制造、集群制造、绿色制造"六大行动"，全力推进常平制造业企业转型升级发展，着力建设特色智能制造产业链。依托现有智能装备制造业，加强与上海交通大学、省智能机器人研究院、松山湖工业机器人协同创新中心等对接合作，组建智能装备协同创新中心，打造工业机器人智能装备生产基地，争创"广东省智能装备制造技术创新专业镇"。

（三）深化企业创新主体地位，打造更为活跃的"双创"氛围

大力推进"育苗造林"工程，力争年内高新技术企业总数达 51 家以上。加大成长型企业扶持力度，推动小微企业上规模和走"专、精、特、新"发展道路；鼓励企业开展核心技术攻关，推动企业建设重点实验室和工程中心等研发机

构。加大创新券推广及发放力度，对企业研发投入和购买技术服务予以补助补贴，推动企业持续加大研发投入，力争全年 R&D 投入增长 13%，专利发明授权量增长 10%。加大"新三板"上市企业培育力度，引导大型企业开展兼并重组和股改上市。策划举办东莞青年创客活动周及创新创业大赛，吸引港澳台及全球青年来常平创新创业。

（四）积极对接"一带一路"建设，推动物流业发展上新台阶

充分利用维龙项目优势，争取把蓉欧快铁延伸到常平，建设莞货直达欧洲、中东、俄罗斯的陆路新通道，加快跨境物流速度，降低物流成本。利用铁路直达香港的优势，协调海关等部门，打通跨境电商铁路物流新通道。利用铁路通达盐田港、高速路通达虎门港的优势，积极协调建设"无水港"，改造升级常盛铁路货场等，使常平成为"一带"与"一路"的交汇点，进一步提升常平物流基础，推进常平跨境贸易发展，争创"一带一路"战略红利。

参 考 文 献

[1] Nonaka K. jurio. The knowledge creation company, Harvard Business Review, 1991, (11 – 12): 96 – 104.

[2] Debra M. Amidon: Knowledge Innovation——The Common Language. Journal of Technology Studies, 1993, 5.

[3] Wiig K. Knowledge Management Foundations [M]. Arlington: Schema Press, 1993.

[4] Nonaka I. , Toyama R. A Firm as a Dialectic Being: Toward the Dynamic Theory of The Firm. Industrial and Corporate Change, 2002 (11): 995 – 1109.

[5] Scharmer C. O. Self-transcending Knowledge: Sensing and Organizing Around Emerging Opportunities [J]. Journal of Knowledge Management, 2001 (5): 137 – 150.

[6] Malin Brannback. R&D Collaboration: Role of Ba in Knowledge Ecreating Net-works [J]. Knowledge Management Research & Practice, 2003 (1): 28 – 38.

[7] Derek wading. The changing dymmics of the corporatemereducation maiet. strategic change, 2003, 20 (12): 137 – 143.

[8] Jeffrey L. Furman, Richard Hayes. Catching up or Standing Still? National Innovative Productivity Among 'Follower' Countries, 1978 – 1999 [J]. Research Policy. 2004 (33): 1329 – 1354.

[9] Freeman C. echnology policy and economic performance: Lessons from Japan [M]. London: Frances Pinter, 1987.

[10] G. Dosi et al. (eds), Technical change and economic theory. London: pinter, 1988.

[11] Lundvall. Product innovation and use-producer interaction [J], Industrial Development Research Series. 1985 (1).

[12] Lundvall, Bengt-Ake. National Systems of Innovation [M]. London: Pinter, 1992.

[13] 中国科技发展战略研究小组. 解读中国区域创新能力评价. 科学学与

科学技术管理，2003（5）.

[14] 柳卸林，胡志坚．中国区域创新能力的分布与成因．科学学研究，2002（10）.

[15] 中国科技发展战略研究小组．中国区域创新能力报告（2008—2009）.北京：知识产权出版社，2010.

[16] 任胜钢，彭建华．基于因子分析法的中国区域创新能力的评价及比较．系统工程，2007（2）.

[17] 官建成，何颖．基于 DEA 方法的区域创新系统评价．科学学研究，2005（4）：265 – 275.

[18] 吴悦，顾新．产学研协同创新的知识协同过程研究．北京：中国科技论坛，2012，26（12）：17 – 23.

[19] 金芙蓉，罗守贵．产学研合作绩效评价指标体系研究．科学管理研究，2009，27（3）：43 – 47.

[20] 曹静，范德成等．产学研结合技术创新绩效评价研究．科技进步与对策，2010，27（7）：114 – 118.

[21] 肖丁丁，朱杜龙．R&D 投入与产学研绩效关系的实证研究．科研管理，2011，8（5）：706 – 711.

[22] 喻汇．基于技术联盟的企业协同创新系统研究．工业技术经济，2009，28（4）：124 – 128.

[23] 解学梅．中小企业协同创新网络与创新绩效的实证研究．管理科学学报，2010，13（8）：58 – 62.

[24] 吕静，卜庆军．中小企业协同创新及模型分析．科技进步与对策，2011，28（3）：81 – 85.

[25] 贺灵，程鑫．技术创新要素协同对企业创新绩效影响的实证分析．财经理论与实践，2012，33（177）：103 – 107.

[26] 李习保．区域创新环境对创新活动销量影响的实证研究．数量经济技术经济研究，2007，24（8）：13 – 24.

[27] 李靖，谭清美等．中国区域创新效率及其影响因素．中国人口、资源与环境 2009，19（6）：142 – 147.

[28] 王鹏，陆浩然．区域创新效率的空间差异及其影响因素研究以广佛肇经济圈为例．科技管理研究，2012，22（4）：35 – 37.

[29] 杨耀武，张仁开．长三角产业集群协同创新战略研究．中国软科学，2009，19（2）：136 – 150.

[30] 张方．协同创新对企业竞争优势的影响．社会科学家，2011，172（8）：78 – 83.

[31] 陈劲，阳银娟．协同创新的理论基础与内涵．科学学研究，2012，22
(2)：160 - 180.

[32] 吴翌琳．中国区域创新系统协同发展路径研究——基于区域集成创新
指数的实证分析．调研世界，2013，32 (1).

[33] 王萍，高洁．区域创新系统主体的解构与重构——兼论高职院校在产
学研联盟中的作用．科研管理研究，2010，30 (23)：80 - 92.

[34] 孙锐，石金涛．基于因子和聚类分析的区域技术创新能力再评价
[J]．科学学研究，2006 (12).

[35] 吴显英．区域技术创新能力评价中的因子分析 [J]．哈尔滨工程大学
学报，2003 (4).

[36] 薛薇．统计分析与 SPSS 的应用．中国人民大学出版社，2014 (4).

[37] 易伟明，刘满凤．区域创新系统创新绩效分析与评价 [J]．科技进步
与对策，2005 (3).

[38] 冉庆国．发挥高校在区域创新网络中的作用．商业时代，2005 (24)：
81 - 82.

[39] 薛捷．广东专业镇科技创新平台的建设与发展研究．科学学与科学技
术管理，2008：87 - 91.

[40] 杨勇．广东省专业镇公共创新服务平台建设研究．广东科技，2011，
20 (16)：1 - 3.

[41] 倪锋．发挥政府引导、支持作用，建设和完善中小企业技术创新服务
体系，加快提高中小企业技术创新能力．中国中小企业创新发展高级研讨会论文
集，2005.

[42] 何传启．第二次现代理论与中国现代化．中国国情国力，2002 (10)：
50 - 52.

[43] 王海花等．开放式创新模式下创新资源共享的影响因素．科研管理，
2012，33 (3)：49 - 55.

[44] 刘士忠．电子商务人才外包培养方式的研究．教育教学论坛，2015
(9).

[45] 董波波．我国高校协同创新模式及运行机制研究．安徽大学硕士学位
论文，2014.

[46] 陈劲．协同创新的驱动机理．技术经济，2012 (8)：6 - 11.

[47] 陈劲．协同创新的理论基础与内涵．科学学研究，2012 (2)：161 -
164.

[48] 饶燕婷．"产学研"协同创新的内涵、要求与构想．高教探索，2012
(4)：29 - 32.

[49] 何郁冰. 产学研协同创新的理论模式. 科学学研究, 2012 (2): 165 - 174.

[50] 徐莉, 杨晨露. 产学研协同创新的组织模式及运行机制研究. 科技广场, 2012 (11): 210 - 214.

[51] 李京晶. 产学研协同创新运行机制研究. 武汉理工大学硕士学位论文, 2013.

[52] 向荟. 产业技术创新战略联盟运行机制研究. 陕西科技大学, 2013.

[53] 陈达银. 创新实验室建设中几个问题的探讨. 实验技术与管理, 2005 (1): 9 - 12.

[54] 曾榆婷, 徐淑琴. 东莞常平科技园: "腾笼换鸟" 华丽转身助力科技企业腾飞. 广东科技, 2015 (2): 50 - 56.

[55] 张倩. 高校协同创新的运行机制研究. 电子科技大学专业学位硕士学位论文, 2013.

[56] 刘启强. 广东工业设计城助中国式工业设计腾飞. 广东科技, 2011 (15): 27 - 30.

[57] 彭纪生, 吴林海. 论技术协同创新模式及建构. 研究与发展管理, 2000 (5): 12 - 16.

[58] 周正, 尹玲娜, 蔡兵. 我国产学研协同创新动力机制研究. 软科学, 2013 (7): 52 - 56.

[59] 闫明. 我国高校协同创新中心组织创新研究. 哈尔滨工业大学硕士学位论文, 2014.

[60] 董超, 李正风. 协同创新的运营模式分析. 中国科技论坛, 2014 (9): 23 - 28.

[61] 刘丹, 闫长乐. 协同创新网络结构与机理研究. 管理世界, 2013 (12): 1 - 4.

[62] 刘雷. 协同创新项目过程及运行机制研究. 河北工业大学硕士学位论文, 2013.

[63] 李祖超, 梁春晓. 协同创新运行机制探析——基于高校创新主体的视角. 中国高教研究, 2012 (7): 81 - 84.

[64] 吕晨. 知识管理视角下的产学研协同创新模式研究. 武汉纺织大学硕士学位论文, 2014.

[65] 潘慧. 中山大学 (古镇) 半导体照明技术研究中心: 创新驱动可持续发展. 广东科技, 2014 (12): 59 - 60.

[66] 白广梅. 关于创新实验室建设的思考. 实验技术与管理, 2007 (2): 136 - 138.

责任编辑：白留杰
封面设计：谭国玮

ISBN 978-7-5141-7177-8

定 价：53.00元